標的の島

自衛隊配備を拒む先島・奄美の島人

目次

（注１）表紙カバーの写真は、２０１６年11月30日、在沖海兵隊基地キャンプ・コートニーで行われた日米共同指揮所演習「ヤマサクラ」の様相であり、米軍指揮官が指し示す島々は、宮古島を中心とした先島諸島である（facebook「在日米海兵隊」から）。

＊表紙カバー装幀　根津進司
＊写真協力　蘆川剛思ほか

プロローグ――先島パワーで日本を覆う戦雲を吹き飛ばす

三上智恵（映画監督）

無意味だった沖縄の犠牲

瑠璃《るり》色に輝く南海に浮かぶ琉球弧の島々。飛行機の窓から見下ろすその美しさは、すでに百回以上見ているだろうが飽きることはない。しかし、私たち沖縄県民の暮らすこの島を「要塞」としか見ない人々がいる。「領土」としての関心しか持ってこなかった国家がある。この島に生を受けた命が花開き、恵みの風を孕みながら精一杯咲き乱れる姿を彼らは知らない。祖先を敬い、自然に感謝し、子孫に豊かな島を残そうと汗を流す。そして収穫の喜びを歌い踊る人々の溢れ出す「生」は、いつも彼らの関心の中にはなかった。

果たして沖縄は、本土にとって同胞が住む親しい土地という位置を占めた時期があったのだろうか。今改めて問い返したくなる。「地政学的に」「防人の島」などという、もっともらしい言葉を乱発されて長い時間が経った。沖縄県民の中にさえ「地政学的に国防に使われるのは致し方ない面がある」と諦観したような言説がある。国防を背負うのは運命だといわれ続け、そう思わされ続け、そのように使われてきた悲しい歴史がある。では本当にこの島は、軍事的活用に有利な場所なのだろうか。それがよくいわれるような、日本全体にとっての利益を保証しているだろうか。

大事な検証が抜け落ちていると思う。実際この島々を防波堤にして闘った72年前の沖縄戦で、本土は防波堤に守られたか。沖縄の島々に兵を集め要塞化し、時間稼ぎの捨て石にしたことで、戦争当事国の日本は大戦末期、よりましな状況を引き出せたのだろうか。沖縄の多大な犠牲を百歩譲って脇に置いたとして、単純に作戦として、功を奏したといえるのだろうか。防波堤どころか、沖縄はあっという間に占領され、たちまち出撃基地となって本土の主要都市の空襲に使われた。県民の労働で日本軍のために造った滑走路は、原爆を抱えた米軍機に利用された。沖縄の犠牲は、国を救う結果につながってなどいなかったではないか。

沖縄戦失敗の責任を誰がとったのか

沖縄のメディアに勤務し、沖縄戦をめぐる報道に長く携わってきた。最初のうちは、地上戦の悲惨さや、軍隊の残酷さ、教育の恐ろしさなどに目が行く。ところが取材を重ねるに連れて年々怒りが増すのは、当時の国の指導者たちの浅薄さである。勝算もない、ずさんな戦略と誰も責任を取れない安易な法整備を重ね、多くの命を奪う結果になった。さらに年々、もっと明らかにしないといけないと焦りが募るのは、それを止められなかった民の無力さ。軍部の暴走を指摘し抗うことができなかったメディアや教育者や文化人や宗教者のだらしなさ。軍国主義に迎合し戦意高揚の炎に油を注いでいく大衆の愚かさだ。

大本営は沖縄が真っ先に戦場になると知りながら、住民を避難させなかった。正確には、10万人を島外に避難させる計画を立て実行したのだが、その理由は10万の日本軍を送り込むため、同じ人数を県外に出さないと食料が不足するという論理が優先していた。県民の命を重視したわけではなかったことは、食糧生産や陣地構築の労働力のために敢えて県民を島に残した事実から明白である。島に残れば、軍隊とともに玉砕する道しかない、そんな結末に住民を追い込むことは百も承知だった。

惨劇の鍵となったのは、「軍の機密」だ。戦争準備に駆り出された住民は日本軍の配置、陣地、戦力そのほか敵に知られたくない情報に通じていた。住民が捕虜になってしまったら、手の内がばれてしまう。敵の上陸が近づくと、日本軍は何よりもそれを怖れた。だから軍機保護法に則って住民には一足先に「玉砕」してもらう、つまり集団自決に追い込むことに躊躇はなかった。スパイ容疑で虐殺するのは見せしめでもあった。八重山のマラリア地獄も、高い確率で病死すると知りながら山間部に住民を強制移住させた緩やかな集団自決である。いずれも「敵」ではなく、友軍が生活圏に駐留したためにもたらされた人災であった。

そんな結末を予想だにしていなかった沖縄県民は、沖縄戦前年の1944年、日の丸を振って、牛島満率いる沖縄守備軍の来島を大歓迎したのだった。威勢よく行軍する姿を見て、これで沖縄は安泰だ、守ってもらえるのだと歓喜した。これから生まれた島が捨石にされるとも、戦場にされるとも、誰も教えてくれないまま、数か月後には戦争のど真ん中に置き去りにされた。

先島諸島を取材する筆者

一方で、沖縄に来た兵士たちもまた被害者であったと私は思う。沖縄守備軍とて、最初から玉砕ありきの見殺しにされた軍隊だった。食糧補給も戦力の補充もないまま持久戦を強いられた気の毒な軍隊は、住民から食料を奪い、住民を盾に逃げ回るほかなかった。残酷な集団に変容するしかなかったのだ。この非情で無意味な作戦の責任を、戦後、誰が取ったのだろうか。沖縄作戦の失敗を誰も追及していないからこそ、今この時代に再び、防波堤を造るという同じような愚かしい発想が湧き上がってくるのを止められていないのだ。そう思うからこそ、先島の自衛隊配備を考える本書の巻頭に、私はこれを書いている。

軍隊は住民を守らず兵士は「犬死」に

「軍隊は住民を守らなかった」

それは沖縄戦体験者がその目で見た偽らざる事実である。しかしそれは兵士一人ひとりの人間性＝残酷さや差別意識などの問題にすり換えてはならない。誰がそんな軍隊にしてしまったのか。その原因を明らかにしないまま、再軍備などの話は前に進めてはならない。

加えて、「沖縄作戦は防波堤にさえならなかった」。

その現実を今こそ認め、目をそらしてはならないのだと思う。一説には、沖縄作戦はあれだけの人数で3か月持ちこたえたことを指し、日本軍の沖縄戦での精神力は稀有なもので、戦史に残るという評価があるようだ。しかし祖国のために、と捧げた命は決して奏功していない。沖縄県民と、全国から沖縄に派遣された友軍、20万の死は、無駄でしかなかった。

尊い犠牲だとか、平和を作るための礎《いしずえ》だったなどと美化してはならない。当時の人々が最も嫌った言葉であったからこそあえてぶつけるが、「犬死」だったのだ。むごい事実から目をそむけたいからと、責任をあいまいにする行為に加担してはならない。そうでなければ、またどこかを防波堤にして少しでも生き延びることが可能であるかのような愚かな発想を止めることができない。再び「意味のある死」を捏造しようとする権力者の手口を暴くことができないではないか。

「犬死」は死者を鞭打つ言葉ではない。生き残った者に、歴史の過ちを問い直す言葉だ。「英霊」という言葉こそ、死者を粉飾することで戦争遂行者の責任をうやむやにし同じ過ちに導く、罪深い言葉だと私は思う。その信念から「英霊か犬死か」という靖国神社と沖縄戦を問うドキュメンタリーを非難も承知で制作したこともあった。とはいえ、その覚悟で言葉を選んだつもりでも、阿鼻叫喚の地獄の中で命を潰されていった人々の死を無駄だと表現するたびに、私だって耐え難い思いに苛まれるのは事実だ。

でも、彼らを犬死にしない方法が1つだけあると信じている。それは、今を生きる私たちが彼らの死に徹底的に向き合い、学ぶこと。その結果、二度と同じ過ちを繰り返さない社会を維持すること。もし仮にふたたび戦雲が湧いてきたら、いち早く察知してこの沖縄から吹き飛ばすくらいの力を持つことだ。沖縄がまずどこよりも強固な平和の砦になること。この沖縄の経験値がある限り、日本は二度と戦争に近づくはずがない。そういう揺るがぬ存在になることができたら、はじめてこの血を吸った大地は笑ってくれるだろう。

急ピッチで進む南西諸島の軍事要塞化

そんな思いで基地問題や戦争と平和の問題をライフワークにしてきたつもりだった。ところがこの数年で、明らかにいつか来た道に引き戻されていくのを実感している。報道は不自由になり、デマが飛び交う。ネットは情報に溢れているようでも、良質な考えは邪な陰謀論に潰され、踏みとどまる力は細り、社会全体がどうにも止められない濁流の中に飲み込まれようとしていると感じる。何よりも沖縄から危機感を持って発する情報が国内にストレートに伝わらなくなっている。

去年3月末、日本最西端の与那国島で新たな自衛隊部隊（160人）の発足式典があった。大半の日本人は、これを小さな島に沿岸監視隊が置かれただけの小さなニュースだとしか受け止めていないが、日本にとっての大

開設された与那国駐屯地（2016 年 3 月 28 日）

きな転換点だった（写真上）。

日本が台湾と中国に最も近い島に新たな軍事基地を展開したニュースは、いよいよ日米両国が対中国で軍事的に動き出したという衝撃をもって世界に伝わったという。自衛隊はこれから石垣・宮古・本島・奄美に次々とミサイル部隊を展開していく。南西諸島は急速に中国を睨む「軍事要塞」に変えられようとしている。ところがこのニュースを日本の大手メディアは過小評価しているのか、どこもろくに報道さえしていない。

その背景には、不安に取り付かれた国民の姿がある。中国や朝鮮半島に対する異常な憎悪が掻き立てられ、中国が攻めてくるという言説がまことしやかに流布され、漠然とした不安を軍事増強によって解消したいという欲求が大衆の中に根付いてしまった面がある。

「自衛隊の強化、大いに結構。アメリカ軍も頼もしい限り。辺野古の基地は海兵隊が必要というんだから、出ていかれたら大変だから造るべし。それに文句を言う沖縄県民などは非国民だ」

「オスプレイも、100機も来るというなら本格的な大きな訓練場が必要だろう。沖縄県民が反対しているとしても、高江のヘリパッドもちゃんと造りますからどうぞ使ってください」

そんな政府の方針に違和感を持たない国民が増えた。千人の機動隊を高江の工事現場に投入し腕力で基地を完成させたことも、民主主義が機能していない現状も、恐怖に襲われた国民の前では些細なことでしかない。では、沖縄が我慢すれば国民の不安は本当に解消するのか？　自衛隊を増強し、さらに米軍の機嫌をとっていたら、本当に安心と平和がやってくるのだろうか？

急速な南西諸島の軍事要塞化。それはいったい何のためなのか。どんな武器や装置が使われるのか。最も大事なところが知らされていない。議論もされていない。この計画が誰の発案で、誰から何を守るための作戦なのか。国防は国が考えることだと思考停止している間に、実は私たちがすでにとんでもない作戦の一部に組み込まれてしまっていることを、読者はこの本で知ることになるだろう。少なくとも島の安全を守るための配備ではないことを知り、愕然とするだろう。

先島の戦場化を想定した日米共同演習

中国の台頭に震える日本は、相変わらず国境に近い島々に防波堤の役割を押し付けて生き延びようとしている。今進んでいる先島への自衛隊配備とはそういうことだ。ところがアメリカもまた、第1列島線と呼ばれるラインを構成する日本列島を防波堤にして中国を封じ込めようとしている。つまりアメリカにとっての防波堤は日本列島そのものなのだ。アメリカは自分の国土を戦場にせず、自国の兵士の犠牲も少なくして、日本の国土と自衛隊を防波堤にしながら中国をコントロールしようとしている。それがエア・シーバトル構想—オフショア・コントロールと呼ばれる戦略であり、その作戦への協力を同盟国である日本に求めている。

そして防衛省は信じられないことに、国土を戦場にされかねないこの防衛構想に、積極的な協力を表明しているのだ。しかも軍事衝突は南西諸島の島嶼部で起きるという想定の訓練をすでに重ねている。そのひとつの証左となるのが表紙の写真である。

これは去年（２０１６年）11月30日、沖縄県うるま市にあるキャンプ・コートニーで行われた、海兵隊と自衛隊共同の指揮所演習の模様だ。指揮棒を持つ人は宮古島北部に左足を置きながら、伊良部島を指し示している。３０００メートル級の滑走路を持つ下地島とその隣の伊良部島は、かねてから軍事利用が取り沙汰されてきた島だ。頭の方に見えているのは石垣島・西表島など八重山の島々。

明らかに先島（宮古群島と八重山諸島）での戦争を想定した訓練だ。左上の方には自衛隊員の姿がある。日本の国土を対中国戦略の主戦場にしていく軍事構想に対し、彼らは抵抗を感じないのだろうか。昨年から小西誠さんが唱えている「先島戦争」がここまで現実味を帯びているのに、ほとんど報道がない現状は不気味ですらある。

しかし国防に関して、国が国民にすべて正直に情報を開示するはずもない。確かに、今わが国ではこういう作戦を仕込んでいます、と手の内を明かしていては国防にならない。それをいいことに防衛省は、沖縄への基地建設をめぐっては一貫して県民を欺く手法を取ってきた。

たとえば普天間の代わりの施設を造るという名目で、実際に辺野古に造られるのは弾薬庫と軍港と滑走路を備えた巨大な出撃基地である。あるいは北部訓練場の一部を返すための移設だという名目で、高江の周辺にオスプレイ訓練場を整備した。今度も南西諸島を守るためという名目でアメリカの対中国戦略の一翼を担うのだろう。

しかし繰り返し言うが、高江が、辺野古が、宮古・石垣の自衛隊配備が、本当に日本を守るために必要な布陣だと言えるのだろうか？　また沖縄の島々が真っ先に標的になり、蜂の巣にされ損でしかなく、防波堤の役も果たさなかったという結果になるのではないのか。過去の教訓も省みず、日本が自ら国境の島々に起爆剤を並べ

ヘリパッド工事強行に対し高江に駆けつけた山里節子氏らの先島住民（2016年11月）

て軍事衝突を誘引するとしたら、まさにアメリカの思惑通りに戦場と兵士を差し出す属国でしかない。

先島パワーは戦雲を吹き飛ばす

アメリカの対中国戦略であるエアシーバトル構想の内実を理解できるようになって3年、また沖縄が戦場になるのだという危機感で右往左往してきた。しかし実際に離島に次々と自衛隊のミサイル基地を造るなんて話になれば、沖縄中が反対するだろう。そう簡単にはいかないだろうとも思っていた。ところがおととし5月に宮古島・石垣島の自衛隊配備の方針が発表されても、県内世論はほとんど関心を示さなかった。信じられなかった。私はすぐ、先島に渡った。そしてこの本に登場する方々にお会いすることになる。

米軍基地問題に70年も翻弄されてきた沖縄本島と違い、先島の人々は軍隊の駐留に対する恐怖感は強くはない。しかも自衛隊は米軍ではないから、地位協定の問題もないし事件事故は特段増えないだろうという人もいた。災害救助の際にも心強いと自衛隊配備には肯定的な意見も多い。関心もまだまだ高いとはいえない中で、いち早く本質を見抜き、反対の声を上げて行動し始めていたのがこの本の執筆者たちである。私は彼らの声を何とかして全国に伝え、それが日本の運命まで変えるものだということを理解してもらうために映画作りに入ったのだが、それだけではまだまだ不十分だと焦った。もっと強い味方をたくさん引き込まなければならない。

そこで助けを求めたのが小西誠さんだった。離島防衛の分野に強い軍事ジャーナリストでアメリカの軍事戦略と自衛隊内部の情報に精通している小西さんに、一刻も早くこの方々に出会って欲しいと懇願しながら、私ももっと勉強させてもらうために東京に会いに行った。渋谷駅前の地下の喫茶店で初めてお目にかかった小西さんは、さすがに元自衛官だけあって体格のよい、背の高い紳士だった。しかしお話は軍事専門用語が多くて、私はその場では半分も理解できなかった。必死に取ったメモを帰りの飛行機の中で整理しながら、南西諸島の運命が想像以上に暗雲の中にあることを実感して空の上で落涙した。でもすぐに、一刻も早く映画を完成させてこの暗雲を払う風を吹かせなくてはと決意を新たにした。その映画こそ、この本の登場人物がほぼ全員登場する「標的の島〜風かたか〜」である（２０１７年3月全国公開）。

ここで映画の話をするつもりはないが、お伝えしておきたいのは、この作品は決して暗いばかりではないということだ。きっとこの本もそうなると思う。国策としてこの島々の上にのしかかって来る現実は重苦しいけれども、島人は鬱々とする現状を語りながらも、どこか未知の力に溢れている。彼らの文章もきっとまた、豊かな文化や島のもつエネルギー、不屈のＤＮＡが織り成すしなやかな精神力に彩られているに違いない。

昨年末、東村と国頭村にまたがる北部訓練場に、新たにオスプレイ訓練に使われるヘリパッドが完成してしまった。20年迷走してきた辺野古の基地建設も、今年ついに埋め立ての瞬間を迎えることになりそうだ。オール沖縄で抵抗している沖縄の基地建設をめぐる闘いだが、実際には予断を許さない状況にある。しかし、限界まで頑張ってきた沖縄本島に比べ、先島地域には、まだ見ぬ力が眠っていると私は見ている。

　琉球王府に抵抗した英雄オヤケアカハチを生んだ石垣島も、人頭税と闘ったアララガマ精神の息づく宮古島も、琉球とヤマトにはさまれつつも独自の文化を花開かせてきた奄美も、離島苦を乗り越えてきた団結力と反骨

精神というものが、島々の土に染みこんでいる。
　そこから起き上がってくるパワーが、西から戻って来る台風のように沖縄本島に逆上陸し、さらに米軍基地に抵抗してきた70年の蓄積を巻き込みながら、今の日本を覆う戦雲を吹き飛ばしていく。私はそんな妄想が現実になればいいと、真剣に願う。この本が、その第一歩になると信じている。

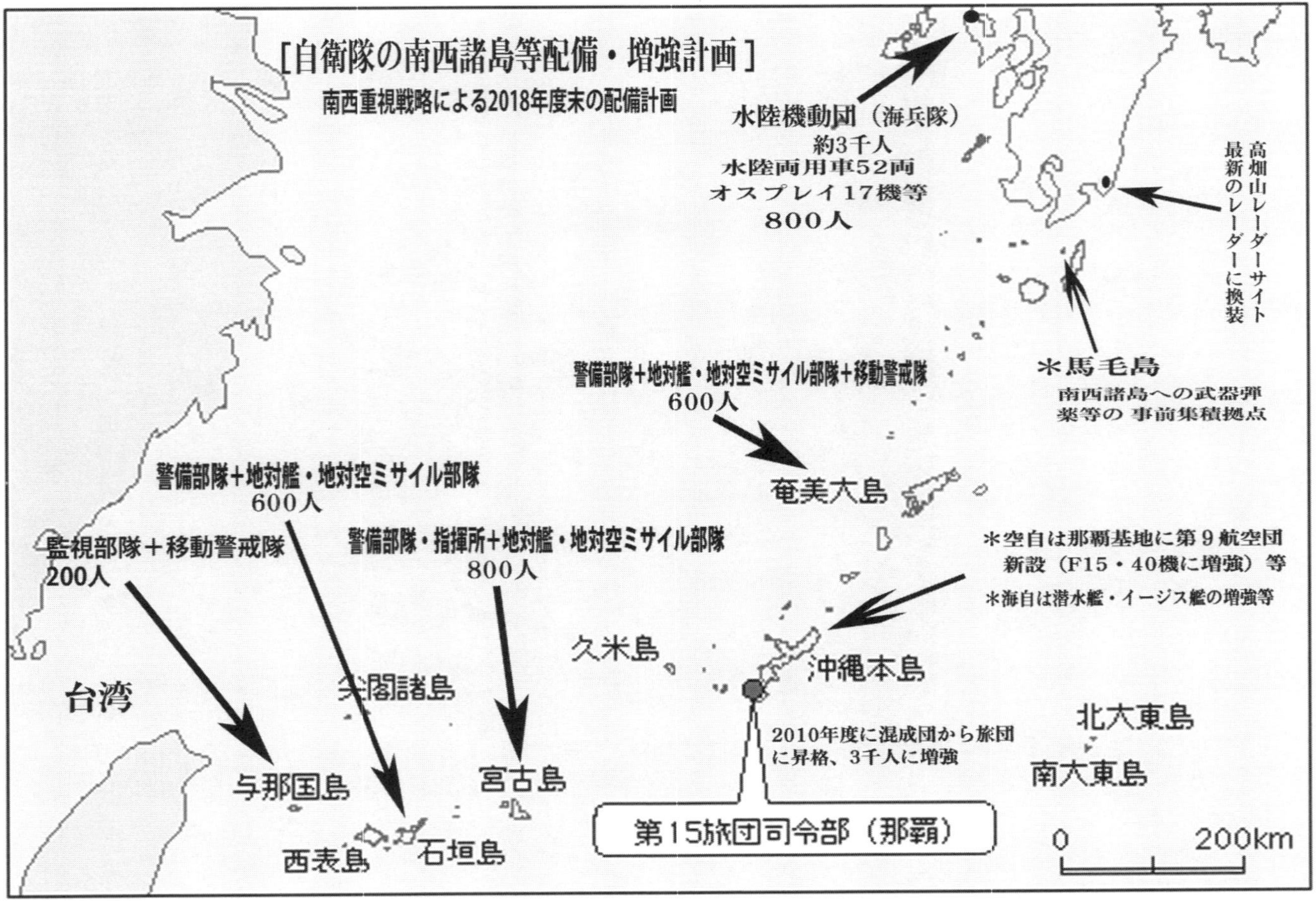

[自衛隊の南西諸島等配備・増強計画]
南西重視戦略による2018年度末の配備計画
水陸機動団（海兵隊）
約3千人
水陸両用車52両
オスプレイ17機等
800人
高畑山レーダーサイト
最新のレーダーに換装
＊馬毛島
南西諸島への武器弾薬等の 事前集積拠点
警備部隊＋地対艦・地対空ミサイル部隊＋移動警戒隊
600人
奄美大島
警備部隊＋地対艦・地対空ミサイル部隊
600人
警備部隊・指揮所＋地対艦・地対空ミサイル部隊
800人
監視部隊＋移動警戒隊
200人
＊空自は那覇基地に第９航空団新設（F15・40機に増強）等
＊海自は潜水艦・イージス艦の増強等
久米島
沖縄本島
台湾
尖閣諸島
2010年度に混成団から旅団に昇格、3千人に増強
北大東島
南大東島
与那国島
宮古島
第15旅団司令部（那覇）
0
200km
西表島
石垣島

第1章　ミサイル部隊の先島司令部が予定される宮古島
――水源地を破壊する配備予定地を中止に追いやった市民たち

岸本邦弘（宮古島市平良・在住　内科医）

●基地候補地・大福牧場を撤回に追いやった市民のたたかい

飲料水源の全てを地下水に依存する宮古島

宮古島市は、南九州から台湾へ連なる列島の弧いわゆる琉球弧のほぼ中央に沿って、北緯24度から25度、東経125度から126度の中に位置し、大小6つの島（宮古島、池間島、大神島、来間島、伊良部島、下地島）から構成されている。島の総面積は204キロメートル、人口は約5万4千人で大部分は平良地区に集中している。島全体は平坦で、山岳部や大きな河川もない。島の表層を覆っている琉球石灰岩は透水性が高く、その石灰岩層の下には、透水性の低い基盤岩である島尻群層に属する泥岩が存在する。そのため、降った雨の約40％が地下に浸透し地下水を形成しやすい。地表流出は約10％で、本州の河川地域の地表流出約55％、地下流出約4・5％と比べ、独特な水の循環である。

この島は、飲料水源の全てを地下水に依存する世界的にあまり類をみない島で、地下水汚染は、住民の生活や命にすぐに影響を与えかねない。

眼で見ることのできない地下水の保全はひじょうに難しく、河川の汚染が数か月で再生可能であるのに比べ、地下水は数百年かかるとも言われている。このため、宮古島市は２００９年に制定した地下水保全条例の第４条において、市長の責務として「地下水の保全に係る施策を実施し、地下水水質及び地下水量の保全を行う」ことを規定している。また第５条から７条に住民や事業者等の責務も示している。

人々が安心して生活し、継続して島が発展していくためにも、先人が残してくれた命の源である地下水を守り、次の世代に引き継いでいくことが今を生きている我われの当然の使命である。以下の記述は、この「命の水」を守るための私を含めた市民有志の行動とその思いである。

宮古島への自衛隊配備要請

２０１５年５月12日、いつものように手にした地元新聞の紙面に私は目を疑った。佐藤章防衛副大臣が警備部隊、地対空ミサイル部隊、地対艦ミサイル部隊の３部隊を主とする７００〜８００人規模の陸上自衛隊（陸自）の部隊配備計画を市に打診、平良字西原の旧大福牧場と千代田ゴルフ・カントリーク

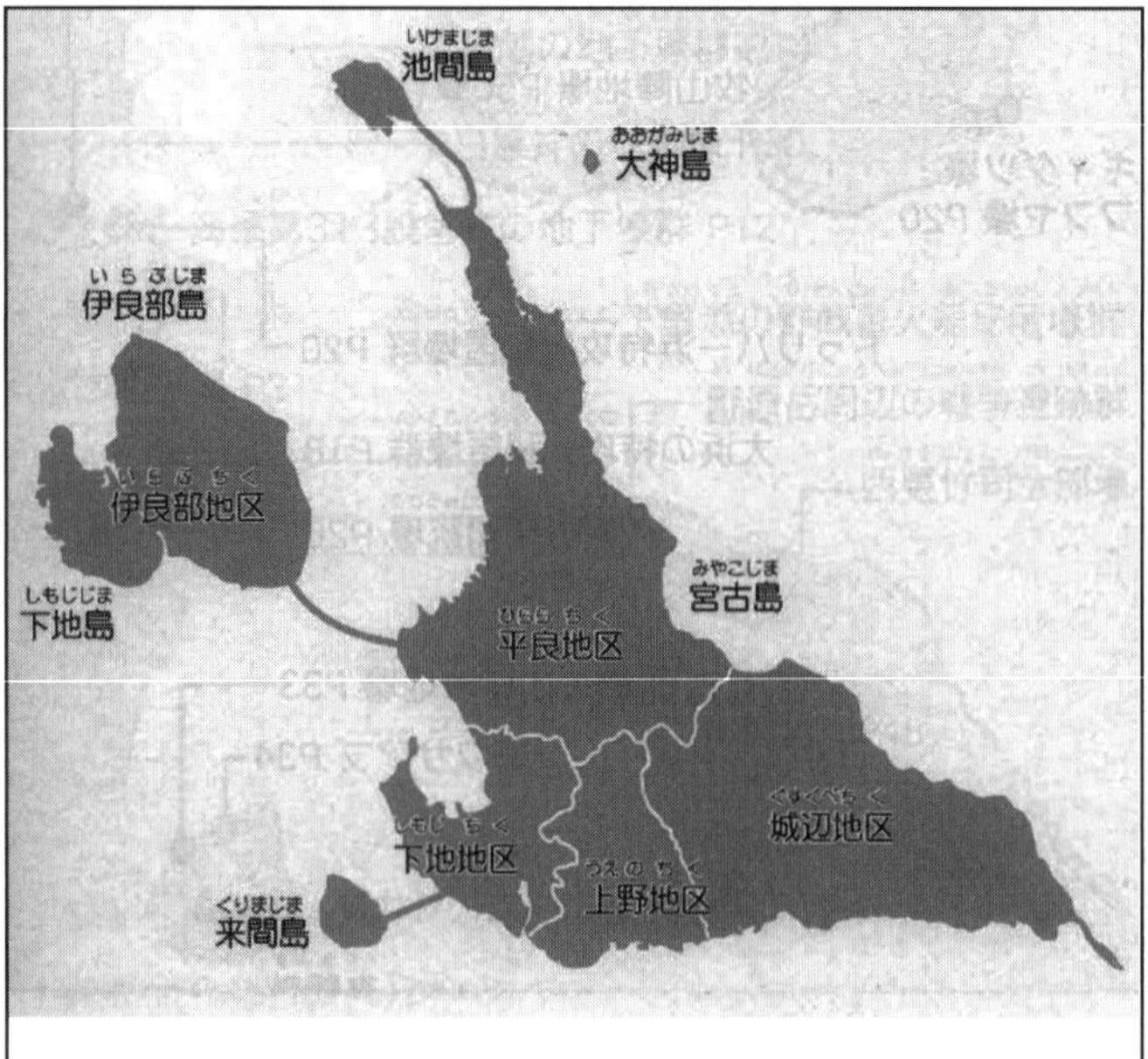

（宮古島市新歴史ロードより）

ラブの2か所を候補地としているとの記事が掲載されていたからである。

　住民に対し自衛隊誘致の賛否を問うことなしに、突然このような軍事施設の報道が何故なされたのだろう。「火の無い所に煙は立たない」と言うが、いったい誰と誰が、いつ、どこで、どのような話し合いを持って、このような報道内容が生まれたのだろう。これ程の重大事に対し下地敏彦市長（以下市長）は説明を回避し、議会の判断にゆだねるとのみ答えていた。

　同年6月29日、市議会の総務財政委員会で、自衛隊早期配備陳情書が賛成多数で採択され、7月2日、市長は議会で自衛隊誘致受け入れ賛成発言を行った。住民への配備説明会の必要性を問われ、防衛省（国）側は用地計画が確定後、具体的な配備計画が定まった段階で実施する方針であることを明らかにした。国の要請は、自らは受け入れ、住民への説明は頼んできた国から聞いてくれという態度は、一体誰のための市長なのだろうか。

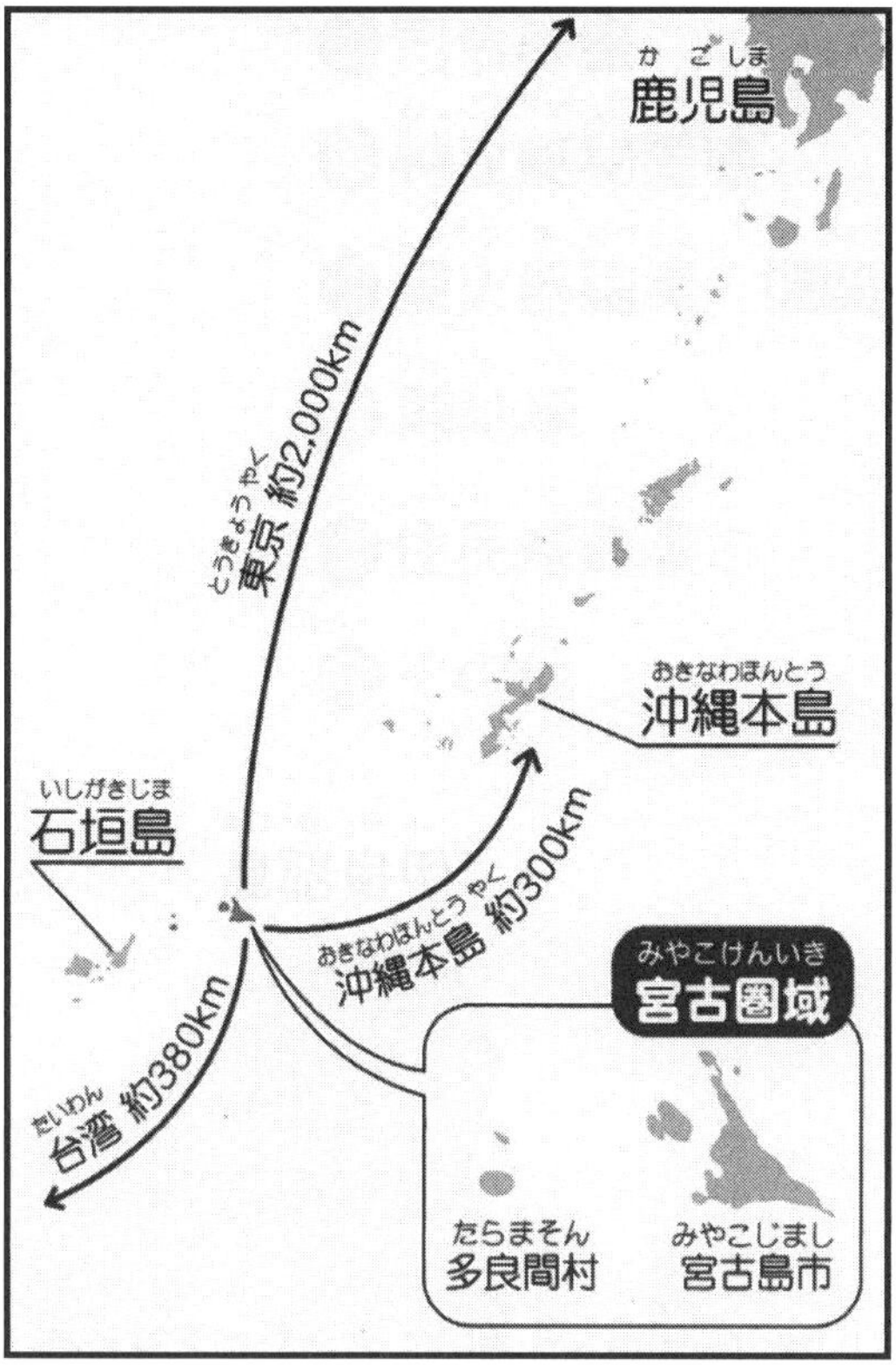

　7月8日、市議会は、陸上自衛隊配備陳情書を採択した（賛成15、反対4、退席6）。しかし、議会が防衛省などの関係機関に提出する意見書は全会一致で不採択とした。そして、市が防衛省に対し自衛隊配備内容について説明を求めるべきだとの付帯意見を付けた。

ここで注視すべきは、同日の記者会見での市長発言である。冒頭で、議会の意思を尊重すると述べた上で、今回の採択は、「市民総意」であるから、住民への「説明は不要」と述べた。退席した6名と反対した4名を加えて10名の議員がいた。これらの議員を支持する市民がいることを考えれば「市民総意」発言は大きな誤りであり、「説明不要」発言は議会の付帯意見の無視である。また、会見終盤で、自衛隊配備に関し議会で論議のさなか、「防衛省が上野と高野の集落において配備要請説明を行っていることを知っていた」と発言したことも見過ごすことはできない。これらの発言は、配備を早急に進めたいという市長の意思の表れなのではと疑ってしまう。

責任不在の市政運営は許されない

さて、あまりにも急展開だった自衛隊配備問題の1年間を検証してみた。

はじめに、2014年6月12日、武田良太防衛副大臣が来島。陸上自衛隊部隊350～400人の配備を検討していることを説明、候補地選定に向けた現地調査協力を求めた。

次に、2015年2月20日、自衛隊配備促進協議会は、市議会に自衛隊早期配備に関する陳情書を提出した。

その後、5月11日、佐藤章防衛副大臣が市長と会談。陸上自衛隊部隊700～800人で警備、地対空ミサイル、地対艦ミサイルの3部隊の配備と、候補地として大福牧場と千代田カントリークラブについて説明した。

ここには見逃せない重大な問題が2つある。1つ目は、配備計画のとてつもない巨大化である。この関連では、防衛省は、大福牧場を駐屯地の「最適地」として評価しているが、市長が千代田カントリークラブの活用も要望しているため、双方とも活用する方向で調整が進められている（『琉球新報』7月9日）との記事が報じられた。報道が正しければ巨大化の誘導に市長が関わっているのではないかというあらぬ疑いを持たれてしまってもおかしくはない（２０１６年９月議会で市長はそれが事実であることを認めた）。

２つ目は、「命の水」の問題である。平成23年度「市地下水水質保全調査報告書」によれば、配備計画予定地である大福牧場周辺の地下には、宮古島の命の源である水道水源流域として最も重要な白川田流域が存在している。まさにその場所に、弾薬庫、地対空・艦ミサイル基地、実弾射撃訓練場、着上陸訓練場、指揮所（地中に埋める）が建設されようとしているのである（『琉球新報』７月９日）。その事に対しどう対処していくかの論議もされていない。なお、市地下水保全条例の第４条では、市長の責務として「地下水の保全に係る施策を実施し、地下水水質及び地下水量の保全を行う」ことを規定している。

市長がゆだねたはずの議会は、意見書のない自衛隊配備陳情書を採択。それを市民総意と誤った判断を下し、「命の水」のある場所の用地買収が決まってから受け入れ表明をするという市長。市長も議会も誰も自衛隊配備問題の責任の所在をはっきりさせていない。責任不在で、わからないことだらけの中、恐ろしいことに「基地の島」となるような自衛隊配備計画だけが進んでいる。これで「市民の生命と財産を守る」責任ある市政運営を行っていると言えるのだろうか。

市民はどう考えているのか

７月８日の議会で陸自配備陳情書が採択される可能性が高まる中、市民有志は、７月４日「自衛隊配備について市長に説明を求める住民集会」を開催した。急な呼びかけにも関わらず、ご高齢の方、赤ちゃんを抱いた若いご夫婦、お孫さんをつれた方で80名収容の会場はいっぱいになった。

意見交換では、いろいろな疑問やご自身の体験談など活発な意見が飛びかったが最も多かったのは、具体的な陸自配備計画の内容が住民に知らされないまま、配備ありきで進められている現状に対する不満や、配備された

後の不安な思いであった。（参照：参加者の意見まとめ図）

ここで、参加者の意見をいくつか挙げてみたい。

まず70代の男性。「関西から宮古島に越して来て8年になります。私が見てきた大阪の自衛隊駐屯地のことをお話しします。本音の話をします、若い自衛隊員が欲しいものは女性で、米軍と一緒です。自衛隊が来たら環境面の悪化により裏のリスクすなわち性犯罪は確実に増えます。40年も前の事ですが信太山の駐屯地周辺も最初は流行った。その後居酒屋などでの喧嘩が増え、女性は夜の外出が怖くてできない、そのうちに信太山に風俗店が増え、住民がだんだん減り、今の信太山はだれも行かないシャッター商店街になっています。自衛隊誘致での経

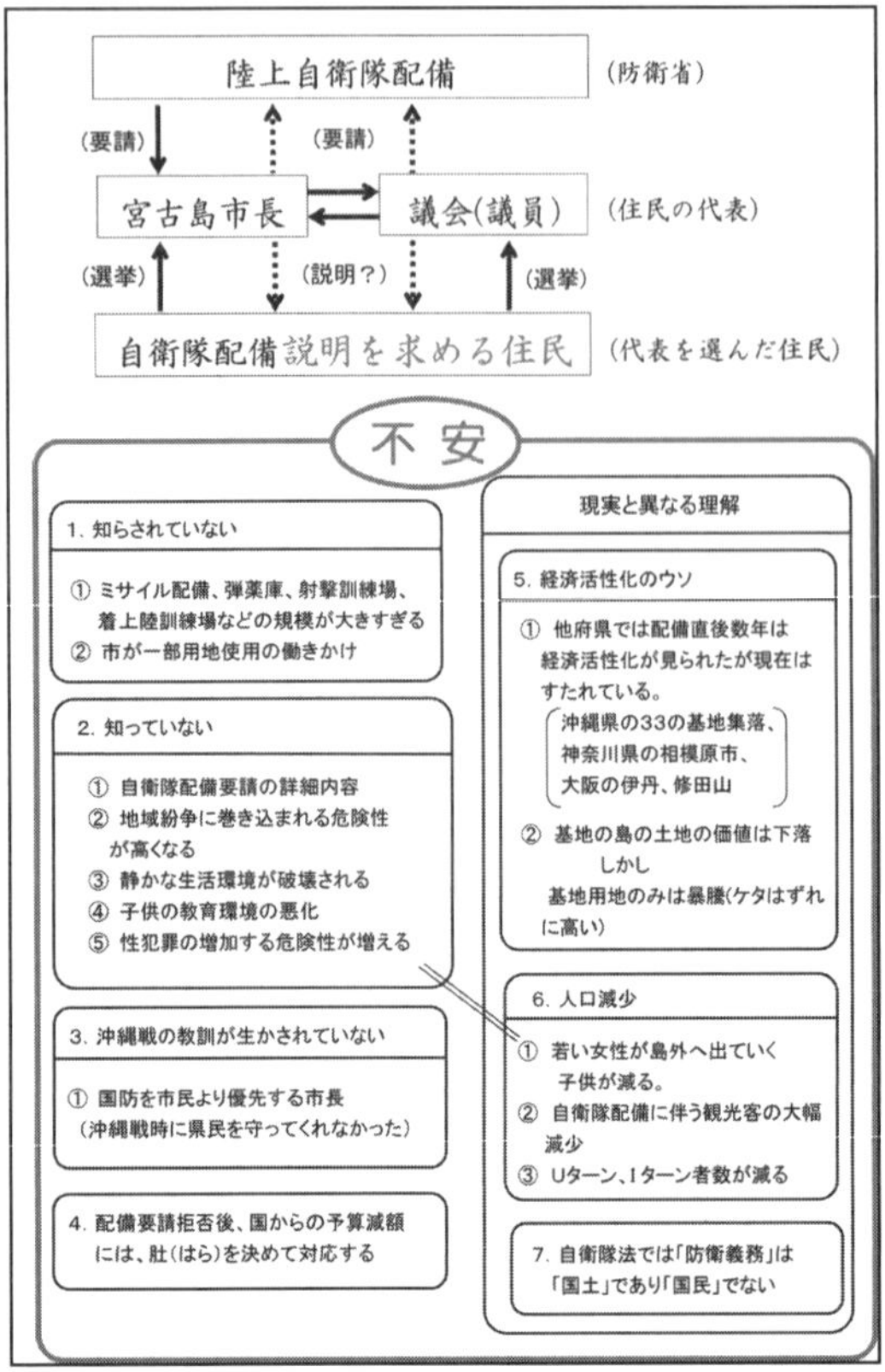

陸上自衛隊配備
（防衛省）
（要請）
（要請）
宮古島市長
議会（議員）
（住民の代表）
（選挙）
（説明？）
（選挙）
自衛隊配備説明を求める住民
（代表を選んだ住民）
不安
1. 知らされていない
① ミサイル配備、弾薬庫、射撃訓練場、着上陸訓練場などの規模が大きすぎる
② 市が一部用地使用の働きかけ
2. 知っていない
① 自衛隊配備要請の詳細内容
② 地域紛争に巻き込まれる危険性が高くなる
③ 静かな生活環境が破壊される
④ 子供の教育環境の悪化
⑤ 性犯罪の増加する危険性が増える
3. 沖縄戦の教訓が生かされていない
① 国防を市民より優先する市長（沖縄戦時に県民を守ってくれなかった）
4. 配備要請拒否後、国からの予算減額には、肚（はら）を決めて対応する
現実と異なる理解
5. 経済活性化のウソ
① 他府県では配備直後数年は経済活性化が見られたが現在はすたれている。
沖縄県の33の基地集落、神奈川県の相模原市、大阪の伊丹、修田山
② 基地の島の土地の価値は下落 しかし 基地用地のみは暴騰（ケタはずれに高い）
6. 人口減少
① 若い女性が島外へ出ていく 子供が減る。
② 自衛隊配備に伴う観光客の大幅減少
③ Uターン、Iターン者数が減る
7. 自衛隊法では「防衛義務」は「国土」であり「国民」でない

済活性化は考えられません。大阪の知人で軍事関係に詳しい人が、宮古以南の島々は「捨て石」にされていると言います。尖閣をめぐる地域紛争がそこで始まれば、政府が自衛隊を出すのは当然のことだという。事態はそこまで来ていると考えるべきです。」

次に60代の女性。「私には行政に歯向かうすべもありませんが、今はこの島にとって世替わりの時にあると考えています。現在大きな病院の周辺に住んでいますが、稀に夜中緊急のヘリコプターが飛ぶ時は、それほどの音でなく

ても目が覚め、不安な気持ちになります。静かな島でそのような音に慣れていない人たちの生活環境が自衛隊の騒音で破壊されるのではないかと心配です。子どもの教育環境はどうなるでしょうか。若い人の姿を見ることの少ない宮古島で自衛官の姿を見慣れることで、職業選択の幅の狭い宮古島で、軍隊に入隊することが当たり前のように選択肢の１つとなってしまう。次世代に対しての責任として心配しています。心配を持つ個人の集まりとして、考えて行動していけたらよいと考えています。」

最後に40代男性。「私は2年前に横浜から大浦（大福牧場の近く）に越してきました。家を６００万円で購入しましたが今とても後悔しています。自衛隊が来るとわかっていたら３００万円に値切れたのに。横浜は基地の多い所で、相模原は硫黄島から来る夜間着陸の飛行機の騒音がすごい地域です。その東の先、わずか数駅で町田がありますが、町田で月５万円のアパートと同じクラスのものが相模原では3万5千円です。町田で10万の物件だと6万から7万、地価も安いです。相模原を例にとれば、基地周辺の飲食業は一時的に栄えても、基地を撤去し再開発を行った地域よりも確実にさびれています。基地のあるところは確実に地価が下がり、資産価値が落ちます。なぜ宮古島の市長は島の価値を下げるのでしょうか？（基地は宮古島市の価値を下げる）

もうひとつ、市長は「国防は国の専権事項だから市民の意見を聞くのはそぐわない」と言いますが、沖縄戦で国が沖縄を盾にするとして県民に戦いを強制した事、それと同じことを市長は行おうとしている、国防を市民生活より優先するということを沖縄生まれの市長が言う、それを信じられない思いで聞いています（市民を国防のための盾にして欲しくない）」。

これから起ころうとしていることへの不安

仮に自衛隊基地ができてしまえば、祖先が守り育ててきた大切な土地は、自由に活用できなくなる。このことは、戦後72年経った今日でも、アメリカ軍が抑止力を名目に嘉手納基地や普天間基地を使用し続けている現実を見ても明らかである。そして、その歴史と現実から学んだ住民が行っている運動が、辺野古基地建設反対運動なのである。

日米地位協定が存在する中において、自衛隊誘致を容認するという事は、米軍が合同演習、台風避難、給油などの目的で自由に来島でき、さらに軍事訓練中に起こる様々な事故に対しても、責任を問えないということを容認する事でもある。近い将来、オスプレイに搭乗した米軍が多数来島するのではと危惧され、このことは、2015年4月27日「新ガイドライン」の改定合意の内容からすれば、現実味をましてきている。

新ガイドラインには、自衛隊や米軍施設区域の共同使用の強化、新たに「島嶼防衛」の項目が盛り込まれ、自衛隊および米軍は、日本に対する陸上攻撃に対処するため、陸、海、空または水陸両用部隊を用いて、共同作戦を実施する。自衛隊は、島嶼に対するものを含む陸上攻撃を阻止し、排除するための作戦を主体的に実施する。……米軍は、自衛隊の作戦を支援しおよび補完するための作戦を実施すると書かれている（日米両政府の外務・防衛担当閣僚会合において合意）。

将来において希望のもてる宮古島を自らが創造していくためには、判断の根拠となる情報を収集したうえで状況判断を行う必要がある。隣国である台湾や中国、そして韓国からの観光客が増加傾向にあり、自然を生かしたスポーツ・エコアイランドを進めている中、軍国主義を最もイメージしやすい自衛隊基地を誘致しても良いものなのか。また、そのことを宮古島に住む島民一人ひとりがどのように考え、思っているのかの情報である。

自衛隊配備がこの島にもたらす影響を市議会が多面的に議論したとはとても思えなかった。結論（配備）ありきで議論し、票決のみで物事を決めることが民主主義だと錯覚している議会をあてにはできない。望ましい宮古島の未来像は描くためにこの現実を何とかして変えなくては。

アメリカの著名な神学者、ラインホールド・ニーバーが次のような言葉を残している。「神よ、私に変えることができないものを静かに受け入れる心と、変えることのできるものを変える勇気と、その違いをしっかりと見分けることができる知恵を授けて下さい」。

勇気と知恵をつけるために行動

私は、自衛隊配備ではこの島は生かされないと考えている。その考えの根拠を市民に伝えるため、2015年7月4日の集会後に「宮古島・命の水・自衛隊基地配備を考える会」を立ち上げた。そして8月19日、「受け継いできた美しい宮古島を未来の子供たちにつなぐ」をテーマに「この島・命の水・自衛隊基地配備について考える」市民集会を開催した

宮古島に憧れて10年前に移住してきた若い夫婦の癒しの演奏で集会が始まり、郷土史研究家が、71年前この島で海軍1つと陸軍2つの計3か所の飛行場が建設されたがそれらは連合軍の攻撃を受けた話を行った。そして地元市議が島の水道水源流域に配備予定の陸自についての話、最後に島の水質保全・研究を行っている地元高校生とその指導を行っている高校教諭の講演

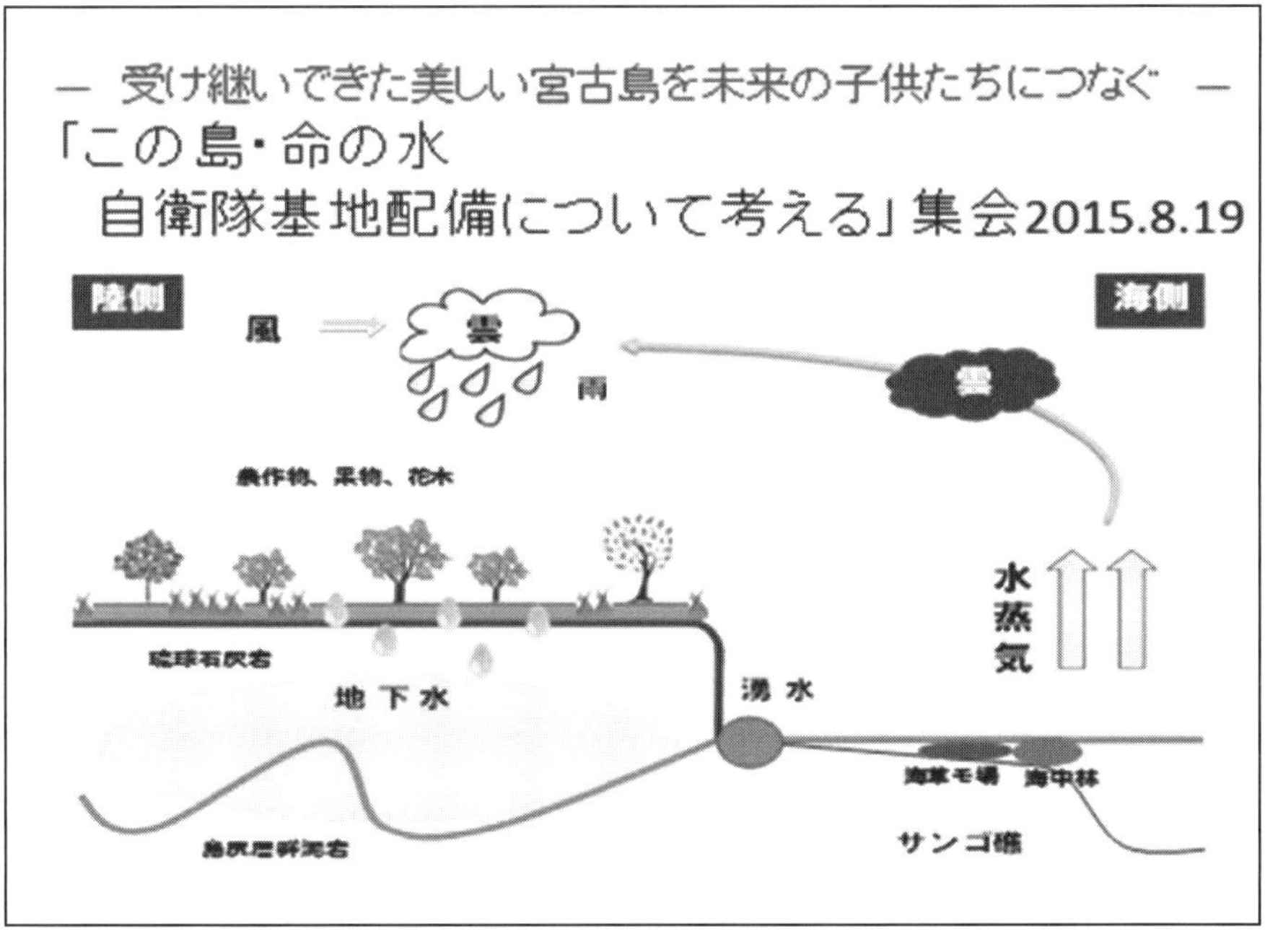

と続いた。参加者は３００名に達した。

参加者の意見は、７月４日の市民集会同様、陸自配備の計画の中身がほとんど知らされないままに配備が進められていることに対する不安、説明しない無責任な行政への不満の声、70年前空港を３つ建設したためにかえって攻撃（標的に）された歴史に学べば基地建設には賛成できないと様々であった。

また自衛隊基地は、この島の美しい豊かな海にそぐわない。さらには、他県での事例を挙げて、自衛隊配備により島の環境や文化が壊され、犯罪や、事件が増加し、将来観光客が減少し観光産業への被害も深刻になっていくことを危惧する声もあった。

さらに世界でも類まれな宮古島の自然と貴重な地下水（命の水）を守るために、実用的な研究を行っている宮古総合実業高校生のような若者の潜在能力を活用し、島を守り、島を作り上げ、未来の子どもらにつなげていく発想の中に創造的要素が満ち溢れている。それらを形あるものにして機能させることこそが「自立する宮古島」、真の意味の「地域創生」への道につながるとの意見も出された。

宮古島に戦争（紛争）を想定した自衛隊基地を配備させ、自衛隊（軍隊）がもたらす限定的な経済的利益のため、先人が守り育ててきた土地を売りとばし、今後の工夫次第で発展可能な

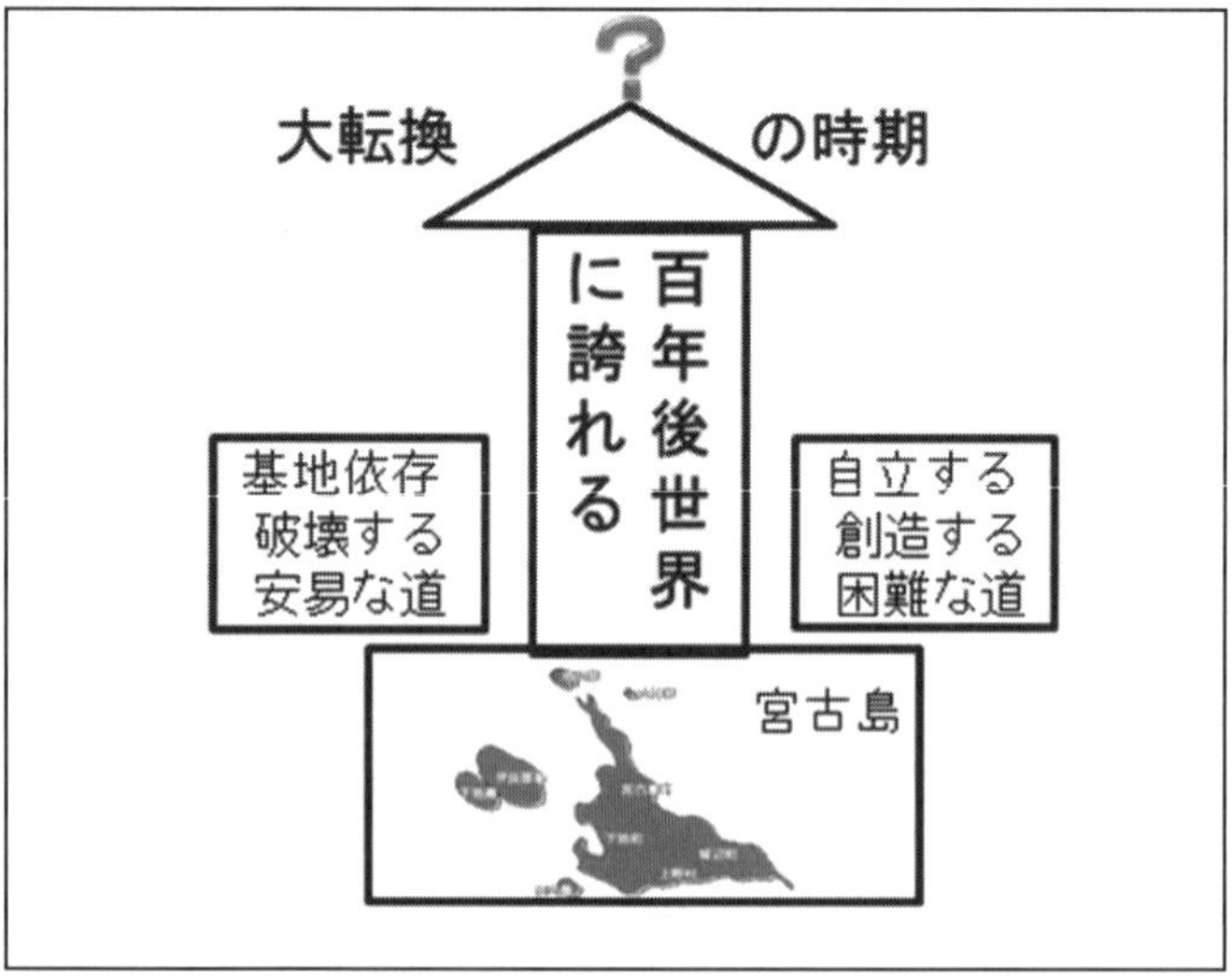

参加者３００中１０１名の意見まとめ

農業、漁業、観光産業を捨てることは、基地依存生活者（非創造者）への道の選択であると。

地下水保全条例と地下水審議会

前述したように宮古島は、飲料水源の全てを地下水に依存する島であるため、地下水汚染は市民生活や生命に直結する重大な問題なのである。そのため宮古島は飲み水を守るため地下水保全条例を制定している。その前身は１９６５年全国に先駆けて制定され、２００９年に制定した地下水保全条例の第４条において、市長の責務として「地下水の保全に係る施策を実施し、地下水水質及び地下水量の保全を行う」ことを規定している。そして第20条で水道水源保全地域の地下水を汚染する恐れがある業種をあらかじめ「対象事業」に指定している。

宮古島の水道水源保全流域は、①白川田、②東添道、③福里北の３流域で、この流域で行われる８つの事業①ゴルフ場、②観光農園、③鉱業（砕石・採石を含む）、④クリーニング業、⑤畜産業、⑥産業廃棄物処理場、⑦多量の水を排水する事（浄化槽規模51槽以上）、⑧その他市長が認めた事業などは、市との事前協議および地下水審議会の意見を聞くことが義務づけされている。

陸上自衛隊駐屯地建設事業は、水道水源保全地域の１つである白川田流域における対象事業⑧に該当する。そのためその協議が２０１６年１月27日、市の諮問機関である地下水審議会で行われた。

審議会では、現在の保全条例は自衛隊のような特殊な施設（弾薬貯蔵庫、覆道射場、使用される銃弾など）を想定していないため、専門性の高い学術部会に付託すべきだと考えるとの結論に達した。

これをうけて２月９日、宮古島市地下水審議会から宮古島市地下水審議会学術部会（以下、学術部会）に付託され、２月15日、委員７名が参加し１回目の学術部会が開かれた。申請者である防衛省から、まず、この島で一定面積を確保しなければならず、また、市街地との関係、距離や標高などの地理的な条件を含め様々な条件を総合的に勘案して、大福牧場と千代田カントリークラブの2か所についてお願いしているとの説明がなされた。

これに対し学術部会の委員の1人から、白川田水源は宮古島最大の湧水地があってそこから宮古島の飲料水の70~80%を供給している。飲み水として一番重要な場所である。リスク管理からすると真っ先に避けたい場所であるとの意見が出された。

その後3月3日、第2回学術部会が、委員6名が参加して行われた。その日は審議に先立って現場視察も行われた。審議の中で委員の1人が、私たちは水を守るためには、すべての懸念事項を考えなくてはならない。これから先、何千年にもわたって宮古の人が使っていく水になる。ミサイルが撃たれてくるということも考えないといけないと思う。と話した。

学術部会の出した結論は以下の通りである。

今回の自衛隊基地配備計画で主な配備部隊は、①警備隊②ミサイル部隊（ミサイルは誘導弾で長さは5メートルで径50~60センチ程度）、また施設は、貯蔵庫（火薬類）、射撃訓練場、車両整備場、燃料タンク、野外燃料置場である。これらは戦争・紛争を想定した施設で攻撃対象になりうる施設である。さらに施設で使用する油分・薬物等の漏出が全くないとは判断しがたく、水道水源の水質を恒久的に汚染するおそれがある。また当該地下水流域は宮古島市の主要で恒久的な水道水源。多段階のリスク管理が必要と目され、予防原則的にこの基地建設は不適切。さらに有事の際に攻撃対象となったばあい、地下水帯水層の破壊等が発生しうる。命の源である地下水を守る基本原則をふまえればこの地区に基地建設はありえないとの結論に達し、同日市長に報告された（この結論はこの時点ではまだ市民に知らされていなかった）。

学術委員の「地下水汚染の恐れあり、配備は認められない」との結論

２０１６年４月５日、防衛省は、大福牧場への陸自配備計画の協議書（巻末資料参照）を取り下げた。４月７日、市長は、防衛省が白川田流域における陸自配備計画の協議書をいったん取り下げたことを会見で発表した。その席で学術部会の最終的な報告書はまとまっていないと報告した。

宮古島市長に申し入れを行う筆者

しかし市長の報告は虚偽だったことが後に判明する。後述する「緊急！　宮古島・命の水を守る５・22シンポジウム」の中で、学術部会の委員の１人が、３月３日の学術部会で、自衛隊施設の建設は「認められない」と結論に達し、報告書を市長に提出したと述べたからだ。

さて、防衛省は協議書を取り下げた約１か月後に、地下水源流域を通らない位置にした修正図面を市に提出した。これに対し市長は、「地下水審議会における事前協議は必要なくなった」という判断を下した。

これを受けて市民有志は、協議書を取り下げさせる根拠となった地下水審議会の学術委員会の討論内容を知るための行動として、議会に議事録の開示請求を行うとともに、地下水審議委員（学術委員の２名と審議委員１名）を招いて「宮古島・命の水を守るシンポジウム」を計画した。

議事録の公表を求める請願書（「てぃだぬふぁ　島の子の平和な未来をつくる会」。以下「てぃだぬ会」が提出）が、３月26日議会で採択された。議会は地方自治法１２５条の規定により、地下水審議会終了後速やかに議事録を公表するよう市長に求めた。
これに対し、市長は5月27日、「審議する案件が取り下げられたことにより、地下水審議会としての結論を出すことができなくなり、審議未了となったので、審議会の議事録の公表は差し控えたい」と答えた。この回答に不服の「てぃだぬ会」は、6月28日、議事録の行政文書開示請求を行ったが、7月6日に不開示決定を受けた。しかし7月11日には審査請求書を提出し約4か月後の11月8日、議事録（情報）の開示にこぎつけた。

議事録には、学術部会の7名の委員がそれぞれの専門的な立場から水道水源域の水を守るために、配備ありきの協議に終始する防衛局（市）と攻防する様子が克明に示されている。この事実を知ることができたことの意義はとても大きい。

一方、市民有志は前述の「宮古島・命の水を守るシンポジウム」を開催し、地下水審議委員を招いて直接意見を聞くことにした。

まず地下水審議会委員の前里和洋氏は、地下水流域は振動や微動で変化する。現場は軟質の土壌で影響を受けやすい。地下水流域の外だからといって全く影響がないわけではないと述べた。

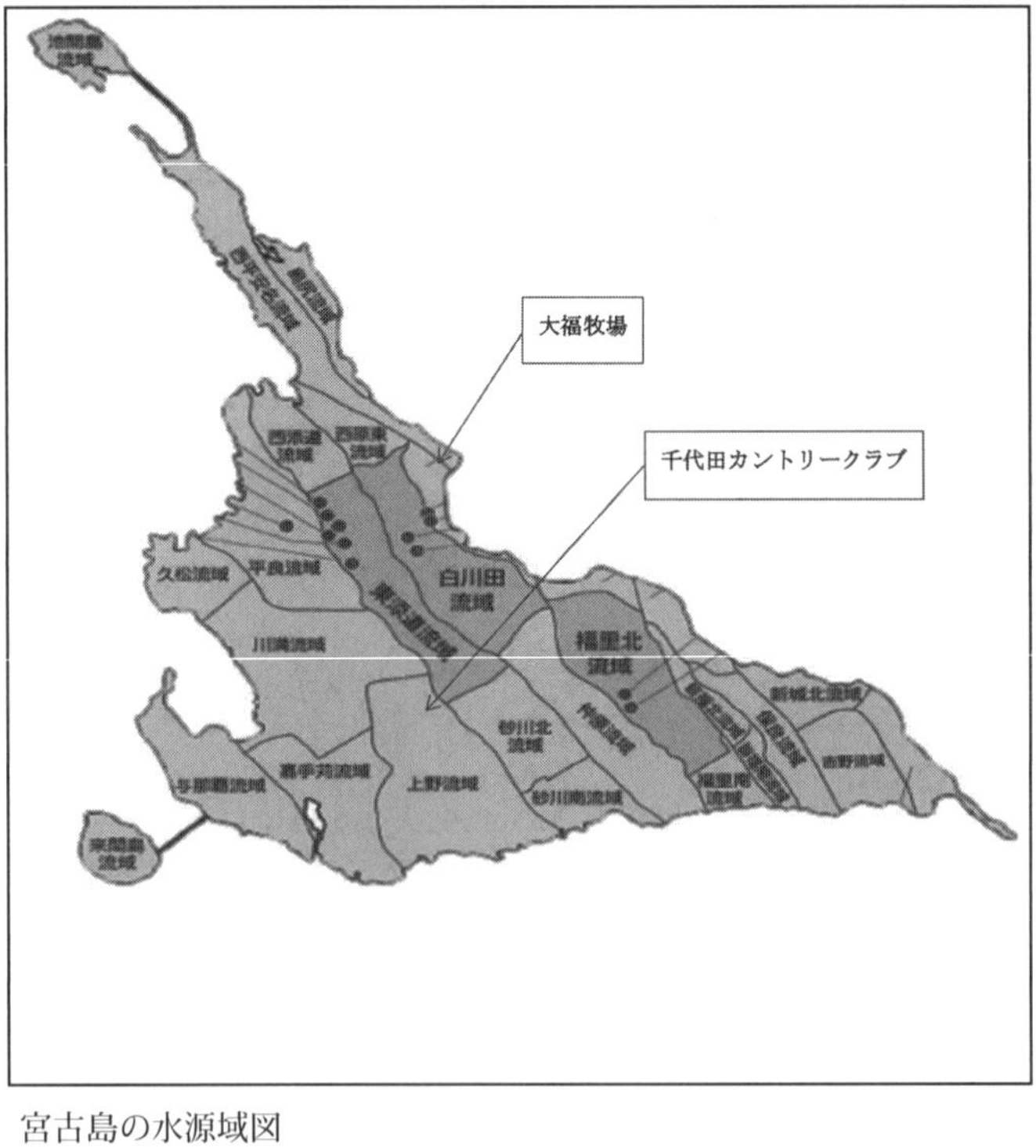

宮古島の水源域図

また、学術委員の琉球大学理学部教授の新城竜一氏は、白川田流域は主要な水道資源であり、さらに活断層の密集地であることから同地区が建設不適合地区である。流域外なら何をやっても良いということにはならないと述べた。

さらに、学術委員の琉球大学名誉部教授の渡久山章氏は、水源域は後世代から我々がその保管を預かっている。我々ができることは、水源を調査し水源域やその近くに危険で大きな施設を造らず、ただ見守って次の世代に渡すことだと述べ、白川田流域への陸自配備の問題点を指摘した。

このシンポジウムで学術部会の委員が、白川田流域への自衛隊施設の建設は「地下水汚染の恐れあり、配備は認められない」と結論付けていたことを暴露してくれた。また流域外であっても配備には問題が多いことを指摘してくれたことも大きな収穫であった。

市長の学術部会判断への修正要求

２０１６年5月23日、市民２００名が宮古島市役所の包囲行動を行った。その多くは、先日のシンポジウムで自衛隊配備により、この島の命の水の水源流域が危険にさらされていること、そして流域外なら地下水審議会を開く必要がないということの根拠が希薄であることを理解した市民の、市長にたいする抗議行動であった。行動せずにはおれなくなったため、この行動に参加したのだ。このような市民の行動はこの島では初めてのことだという。

5月25日、地元新聞に陸自駐屯地建設事業計画について、審議した市地下水審議会学術部会の報告書案に対して、下地敏彦市長と長濱正治副市長の連名で同部会の中西康博部会長に修正依頼していたことが報道された。

同部会の報告では、平良西原の旧大福牧場周辺に陸上自衛隊の駐屯地を建設する事業計画について明確に「認められない」と結論付けられているが、市側の修正案は文言を削除したりしながら断定表現を曖昧にしている。

諮問機関が出した結論を市側が削除するよう求めるのは、審議会への干渉でやってはいけない行為である。自衛隊配備の必要性を認めている市長からすれば、配備を進めたいために自分の意に沿わない結論が出てきたため削除を求めたと思われる。市長は、なぜ自立性のある諮問機関の意見の削除を求めたのか。また、なぜ自衛隊が一旦協議書を取り下げ、地下水源を通らない位置に修正して再提出したのか。その不透明な経緯なども含めて、市民に選ばれた市長としての説明責任を果たすべきである。同日市長の改ざん要求に抗議するため市民有志は市長室へおしかけた。

市長の自衛隊配備受け入れ容認は公約違反

２０１６年6月12日、沖縄防衛局は陸自配備計画の説明会を市中央公民館で開き、市民の関心度も高く約３５０名の参加があった。

この中で防衛局の森浩久企画部長は、宮古島の選定理由として①陸自配備がされておらず、島しょ防衛や大規模災害など各種事態において自衛隊として適切に対応できる体制が十分には整備されていない。②十分な地積を有しており、島内に空港や港湾なども整備されていることから南西諸島における部隊の連絡、中継拠点として活用できる。③隊員やその家族を受け入れ可能な生活インフラが十分であることをあげた。

また、森部長は挨拶の終わりに「自衛隊配置後は各種助成事業や地域振興の手伝いをしていく。皆さまのご理解を賜りたい」と述べた。陸自配備をして宮古島を守ってあげる、また、お金もたくさんあげるからたくさん基地を作らせて軍事要塞の島になって欲しいと言っているようなものだ。

6月20日、市長は議会初日に、「水道水源流域の大福牧場は認めないが、自衛隊配備は容認する」という表明

沖縄防衛局の住民説明会は、市民の抗議の声に包まれた（2016年10月18日）

を行った。選挙公約の中で、陸上自衛隊配備に関して一言も触れられていないその市長が陸自配備の容認発言をしたことは、公約違反である。

陸自配備の協議書も市民に開示せず、市民に対し自ら何も説明もせず、学術部会の中西部会長に報告書の改ざんを要求し、島のどこにでも自由に基地を建設することを容認する市長の一連の言動は、市民の公僕としての市長でなく、防衛省から派遣された市長の行為としか思えない。

市長が市民に公約してないことを行うのであれば、十分な説明をしなければならない。無投票で当選したからといって勝手に何をやっても良いとはならない。

9月2日、若宮副防衛大臣が来島し大福牧場への配備を撤回し、今後は千代田カントリークラブへの配備を進めると発言した。国にも大福牧場への配備撤回を公式の場で認めさせた瞬間であったが、同時にあらたな闘いの開始の瞬間でもあった。大福牧場の代替地はどこになるのだろうか。市民にとっては不安を抱えての日々が続く。しかし千代田カントリークラブであれ、その他、宮古島のどの場所の基地建設も許すわけにはいかない。

賢者は歴史に学び、過ちを繰り返さない

人間が関わる行為で、好ましくない結果を生じることを「過ち」ととらえた時、戦争は最大の過ちであり、決して繰り返してはならないものである。先の大戦で日本は、「国土と国民の生命と財産を守る」と称し、「国家総動員法」、「国民徴用令」などの法律を制定し日英米戦争に突入していった。

南西諸島防衛を目的に創設された第32軍は、各地で滑走路や陣地壕や戦車壕などを構築。南西諸島を「不沈空母」化し、沖縄本島では「本土防衛」のためと称した防衛拠点を構築、「沖縄捨て石」作戦を展開した。結果、住民が悲惨な地上戦にまき込まれたことは歴史上の事実である。

その歴史に学び、過ちを繰り返さない者こそが知恵のあるもの、すなわち賢者である。

●子どもたちが夢みる未来にミサイル基地はいりません！

楚南 有香子（「てぃだぬふぁ 島の子の平和な未来をつくる会」共同代表）

平和を願う思いを共有するママさんたちの会

「とうとうやってきた。」

それが、宮古島に陸上自衛隊８００名を配備する、その新聞記事を読んだときの最初の感想。２００４年の有事法制の時に遠くで聞こえていた軍靴の音が、目の前にせまっていた。そのことに気がつかずにいた後悔と、今から止められるのかという焦り。

いつか、この島がもう一度戦場になるかもしれない。いつか、子どもたちが戦火を逃げ惑う日がくるかもしれない。そう思ったら、いてもたってもいられなかった。

郡民の会の立ち上げ式、きっと夫は反対する。でも、行きたい。友達の所へ遊びに行くと嘘をついて、４歳の娘とおもちゃと絵本をかついで会場に入った。

びっくりした。若い人がいなかった。子連れで参加しているのは、私ともう１人だけ。その「もう１人」が石嶺かおりさんだった。福島の保養支援を目的にした映画の上映実行委員会で、約１か月前に知り合ったばかりのかおりさんと、

「(あなたも) きたんだね。」

「若い人いないね。」

「もっとおかあさんたちでいっぱいかと思っていたよ。」

宮古島市役所前での「てぃだぬふぁ」初街宣（2015年7月24日、右から3人目筆者）

ひそひそ声で、子どもたちに静かにねと注意しながら。この危機を若い人が知らないことが最大の問題だと、情報を共有しながら、平和を願う思いを共有する作業が必要だと考えていた。ここにいる先輩たちの語り口で、抗議行動によって、若いおとうさんおかあさんたちに、その思いや危機感が伝わるだろうか？

難しいだろうな。

「なにをそんなに騒いでいるんだ？」

「こんなやり方しなければいいのに。」

反感と反発を予想した。

その日の帰り際だったか、その次にあった時だったか、かおりさんと2人して「私たちは私たちなりのやり方で、本当に陸上自衛隊配備を止めるための運動をしよう」、そう決めた。

会の名前を「てぃだぬふぁ～島の子の平和な未来をつくる会」とし、手書きのチラシを作って配り、翌月7月5日（2015年）に第1回目の会議開催。記念すべき1回目の出席者は、大人4人と子ども3人。その2日後には、市長に対して、市民に対して詳しい情報を開示し、市民に問い、市民が決めるのが民主主義であると主張した内容の、「市の主催する住民説明会の開催要請書」を提出。

新聞記者に写真を撮られることを躊躇していたかおりさんに「腹をくくろう。どこの誰が声をあげているのかが伝わらなければ、同じ思いの人たちと繋がれない。」そんなことを話した。一瞬の間、「そうだね。隠れてやるようなことじゃないよね。」と答えたかおりさんの表情は、覚悟を決めた人のものだった。しかし、市長からの回答は音沙汰なし。

しばらく経った9月10日に、かおりさんが書いた新聞投稿「母親たちから市長への手紙」が掲載され、10月６日に初めての市長面談が実現した。

それまでの間に、「てぃだぬふぁ」は、陸上自衛隊配備抗議行動「金曜アピール　ママはミサイル基地いりません」を開始し、新聞の告知欄にのせてもらったところ、参加者が増えて一緒に運動しようという仲間も増えていた。

その矢先に、かおりさんの妊娠がわかった。つわり。思うように体を動かせなくなる。

それでも活動を続けると決めたかおりさんは、

「この子が生まれて育つ時に、基地があることが当たり前の宮古島にしたくない。」

そう話していた。

市条例とにらめっこしながらの情報開示請求

メンバーからのアイディアで、陸上自衛隊配備に対するシール投票開始。５２８名から回答をもらい、反対３６６（69％）、賛成67（13％）、どちらとも言えない95（18％）という結果を携えて、市長面談に臨んだ。

また、防衛局に住民説明会の開催要請を行ったが、対応が非常に悪く（電話で話ながら、怒りで体が震えるほどの対応の悪さである）、市民に対しては、要請があっても文書での回答はしたことがないとの返事であったため、行政間の文書のやりとりがあれば、市民に対しても文書回答せざるを得なくなるはずとの考えのもと、市に対して仲介依頼を求めることにした。

面談の日、市長はこのシール投票の結果をみても顔色ひとつ変えず「それはそれとして受けとめます。」と答えるだけ。私たちが求めた市民説明会については「防衛省が行うべきもの。希望者が開催要請を直接行うべきと考えるが、市への仲介依頼があれば仲介します。」との回答であった。

これを受けて、市の仲介で防衛局に住民説明会の開催を求める要請書を提出。

翌年1月（2016年）に、防衛局から「地下水審議会に協議書を提出しており、審議会の回答を待っている状況なので、今すぐ説明会を行うことは出来ない」との回答をもらう。

協議書？　地下水審議会？　聞き慣れない言葉を調べるところから、地下水保全条例とにらめっこしながらの、市へ情報開示を求める攻防が始まる。

地下水審議会について↓市長のびっくり発言

協議書の公開はしない、審議会の公開はしない、議事録はとらない、議事録を作っても公開しない……。

市長発言を受けて、協議書公開と地下水審議会公開および議事録の公開を求めて手続き開始。結果――。

〈**協議書**〉（宮古島駐屯地［仮］対象事業協議書）

1月　行政文書開示請求↓不開示

2月　異議申し立て書提出

宮古島市が副市長の指示で2か月諮問せず放置。その間に防衛局が福山計画を変更し協議書取り下げ。同時に宮古島市が協議書を防衛局に返却したため、書類不存在となり、結果不開示となる。

〈地下水審議会議事録〉

3月　市議会に「議事録の公開を求める請願書」提出し採択

6月　行政文書開示請求→不開示

7月　審査請求書（異議申し立て）提出

11月　審査会答申を受け地下水審議会議事録公開

地下水審議会議事録については、「てぃだぬふぁ」が提出した請願書によって、市議会で公開するよう求める意見書が採択されたにも関わらず、防衛局が「協議書」を取り下げたため、市長と地下水審議会会長は、「協議書取り下げの為、審議未了となり、審議終了をもって公開とした市議会の決定には該当しない。」と、どうしようもない言葉遊びで、情報開示を拒否した。

税金を使って行った事業の中身が、市民に知らされない。そこで何が起きているかがわからないということは、不正があっても知ることが出来ないということである。

市長と副市長が報告書の改ざんを指示

抗議を行うのではなく、事態を動かすために有効な手段

「てぃだぬふぁ」の宮古島市長への申し入れ（2016年6月10日）

は何かということを考えて動いてきた。行政システムを知る、システムを活用する。そうでなければ、市長はいくらでも逃げることが出来る。

いじわるな言葉を使うなら「相手がこれはやって欲しくないなと嫌がる方法は何かを考え、そのやって欲しくない事をどんどんやろう」「市長が行政がおかしなことやってるぞ！ってことを市民につたえよう」という方向で、「てぃだぬふぁ」は今までの作業を進めてきた。

地下水審議会議事録の公開は、市議会からの働きかけすら何の効果も無かったため、改めて情報開示請求を行い、さらに異議申し立てにより、諮問にかけてから、ようやく11月の開示となった。

初めから今まで、市の姿勢は一貫して情報隠蔽に徹している。市民に対して、情報を渡さず、議論する隙を与えず、法令に「適合」すれば、すぐに自衛隊駐屯地建設許可を出す。そのような計画なのだろう。その後、福山の地下水保全地域への自衛隊駐屯地建設は認められないとの、地下水審議会学術部会の報告書について、市長と副市長が改ざんを指示した事が判明した。

にも関わらず、市長・副市長ともに続投となった。もしも、地下水審議会議事録が公開されず、学術部会報告書が改ざんされて、そのまま「福山駐屯地」建設計画が進められていたら、どうなっただろうか？　島の未来はどうなるのだろうか？

この問題の深さを大きさを、宮古島市議会与党の議員は理解していない。その事こそが、大問題である。

その上市長は、福山修正案（沖縄防衛局の福山第2次案）は地下水保全流域に隣接しているにも関わらず「地下水保全の管理上の流域の外にあるため、地下水審議会の審議は不要」と地下水審議会を行わないことを決定し、防衛局に回答した。

これは、地下水保全条例の目的「半永久的に地下水を保全すること」の無理解と責務の放棄に他ならない。しかも、その時に地下水審議会審議委員には「駐屯地建設計画の修正案については、全ての施設が水道水源保全地域外で計画されているところから、同事案に対する宮古島地下水審議会の開催は今後なくなりました。」との文書が市から届いていた。

そのため、宮古島に在住でない審議会審議委員の方は、もう福山での建設計画は無くなったと思い安心していたそうで、「てぃだぬふぁ」からの問い合わせで新計画の予定地域を知り、まさかこんなに隣接しているとは思わなかったと、驚いていた。

地下水保全を前提にするならば、まずいの一番に学術部会委員に問い合わせ、この場所で問題ないかの確認を行うことが道理である。にも関わらず、市長が行ったのは、意図的に専門家をこの件から遠ざけるものであった。

宮古島市行政の機能不全

水をめぐる問題に取り組みながら、宮古島全体を取り巻く本質的な問題が明らかになった。それは何かと言えば、行政も与党市議会議員も市長も副市長も誰も、市民を当事者として主権者として対峙しないという姿勢で政治を行っているということである。

市民が主体的に考え、主権者としての権利を行使することを、まったく望まないどころか、それを阻害しようとする立場で物事を進めているのである。

民主主義って何だ？

国民主権って何だ？

基本的人権って何だ？

すでに構築され、正しく機能していると思い込まされてきたシステムが、実現とは程遠い実情のなかで、機能不全を起こしていることを、改めて実感した。

しかしながら、システムは理想的に機能することを目的として私たちの目の前にある。そして、私たちが私たちの権利を行使しようという強い意思で、関わり求めることによって、改めてその効力を発揮できるのである。その事に気付いた時に、「目の前の現状は、残念ながら絶望的である。だがしかし、希望はある。間違いなくここにある。」そう確信した。

福山修正案を撤回した市長

沖縄本島での交流集会にて筆者(2016年11月30日)

福山修正案について、「てぃだぬふぁ」は改めて地下水審議会を開催するよう、市長と地下水審議会会長に要請した。回答を待つ間に、地下水審議会審議委員からも要請書を提出するよう、審議委員一人ひとりを訪ねて、働きかけを行った。

その最中、市長は防衛局に対して福山修正案の撤回を求めたのである。

地下水審議会の問題が出てきてから、群民の会を中心として、命の水を守る事を掲げた集会や、地下水審議委員が参加してのシンポジウムなどの開催を通して、市民の間に改めて「子どもたちの未来のために、命の水を守らなければならない」という意識が浸透したことによる世論の変化が、防衛局の目論む計画をはね除けたのである。

市民運動の世論を動かす力を目の当たりにし、ひとつ勝利を手にしたことは、これからの闘いに、大きな影響を与えることになるだろう。

振り返って思うのは、なんにもわからない中で、手探りで、よくぞまあここまできたなということである。幼い子どもを抱えたおかあさんたちがここまで出来たってことは、人一人がやる気になれば、本気で動けば事態は動かすことが出来るということの実証である。

その実証を、多くの人が、その人なりのやり方で積み上げていけばいい。目的地が一緒なら、批判なんかは横に置いて、問題提起と励ましのエールを互いに贈り合えばいい。その先に、私たちが望む未来がある。

何度でも声をあげる。

私たちの望む未来にミサイル基地はありません！

子どもたちが夢みる未来にミサイル基地はいりません！

●想像できますか？　宮古島からミサイルが発射される日

石嶺香織（「てぃだぬふぁ 島の子の平和な未来をつくる会」共同代表）

命の水のそばに基地など置いてはいけない

今、防衛省が陸自配備計画を進めようとしている千代田には、水の問題が2つあります。

1つ目は、水道水源の汚染の可能性です。候補地のゴルフ場、千代田カントリークラブは水道水源保全地域から1キロの距離にあるのです。

宮古島は、地下水のみで生きる島で、3つの水道水源保全地域があります。白川田流域と、東添道流域、福里北流域です。

当初、防衛省が予定していた福山への陸自配備計画は、島内最大の湧水量を誇る白川田水源があり、最も重要な流域である白川田流域にかかっており、防衛省は白川田流域を除いた修正図面を提出しなおしました。しかし、市民の反発は強く、宮古島市は白川田流域に隣接しているため地下水汚染の可能性が否定できないとして、受け入れを拒否しました。

現在ある野原の航空自衛隊は、敷地の一部が水道水源の東添道流域に属し、1キロ離れた千代田カントリーは川満流域にあります。しかし、水道水源の東添道流域と川満流域の境目などの一帯は、調査が不十分で流域界の精度が劣るとされています。第3次宮古島地下水利用基本計画によると、東添道や白川田などの流域界では一部で地下水面は連続しており、時期による地下水流域界の変動が確認されているそうです。干ばつの時は流域界の水の移動はないが、水量の多い時期に地下水は行き来しているという専門家の話もあります。

沖縄県知事への配備中止の要請、立っているのが筆者、右端は副知事（2016 年 11 月 30 日）

つまり、もし千代田カントリークラブに基地ができて汚染が起こった場合に、水道水源である東添道流域が汚染される可能性があるということです。

基地を作る前に流域界の調査が必要だと専門家は訴えています。流域界の調査の必要性の審議のために地下水審議会の開催を求めていきたいと考えています。

２つ目の水の問題は、もし野原にある配水池が攻撃されたら、宮古島の南半分の水はストップするということです。航空自衛隊の近くに、野原配水池があります。配水池というのは、上水道の配水量を調整するために一時蓄えておくタンクのことで、この野原配水池には下地、上野、城辺の一部、そして来間島までの水がいったん貯められます。

千代田に地対艦ミサイル部隊、地対空ミサイル部隊が配備されたら、千代田の基地や野原のレーダー基地が攻撃される可能性は格段に高まります。その時に、この野原配水池が攻撃されれば、宮古島の南半分の命の水が途絶えてしまうのです。大切な命の水のそばに、基地など置いてはいけないのです。そして、これらのことは何を表していると思いますか？

「軍隊は、水源地のそばに基地を作ろうとする。」

宮古島が戦場になることを想像できますか？

軍隊は自分達のことしか考えません。

「軍隊は住民を守らない。」沖縄戦の教訓です。

水を守りたい市民と、水源地を市民から奪いたい軍隊。相容れるわけがありません。宮古島に、ミサイル基地などいらないのです。宮古島が戦場になることを、想像できますか？　宮古島からミサイルが発射される日を、想像できますか？　ミサイルを配備することは、戦場になることを意味します。このミサイルを、たった一度でも発射すればどうなると思いますか？　攻撃されます。

「ミサイルの発射訓練はアメリカで行う。」と防衛省は言いますが、たった一度の実戦は、宮古島で行われることを忘れてはいけないと思います。そのために、宮古島にミサイルが配備されます。ミサイルは車載式です。トラックに載せて島中どこでも走り回ります。どこが戦場になるか分からない。基地予定地だけの問題ではないのです。

そして、陸上自衛隊が配備されれば、離島奪還訓練というものが行われます。「抑止力」であるはずのミサイルが効果がなく、宮古島を攻撃する航空機や艦船が近づいてきて、ミサイルを発射しても防げず、宮古島が攻撃され、全滅し、占領されたときに、自衛隊が島を奪い返す。このような状況を想定して行われるのが、離島奪還訓練です。この訓練は、島民を助けるための訓練ではありません。島という国土を守るための訓練です。そして、防衛省は「離島奪還を行う陸上自衛隊の水陸機動団の訓練にオスプレイを使用することは想定される。」と言っています。

島民が住む宮古島で離島奪還作戦が行われるのを、想像できますか？　よく考えれば分かることだと思います。「ミサイルを配備しても意味がない。」あるいは、「ミサイルを配備しなければここまでひどいことにはならない。」

子どもたちの未来がいかに奪われないようにするのか

私たち「てぃだぬふぁ」はこの1年半、基地配備を止めるために子育てや家事や仕事の時間を割いて、活動を続けてきました。子どもたちにゆっくり絵本を読み聞かせしてあげる時間もなくなりました。奪われていくものと闘うということは、どれだけ不毛なのでしょうか。本当は、育むもの、作り上げるもの、積み上げていくもののためにエネルギーを使っていきたい。しかし、それでもなぜ奪われていくもの、戦争につながることと闘っているかと言えば、戦争の前では全てが消え去るからです。

　育んだものも、作り上げたものも、積み上げたものも、一瞬にして失うからです。命も、文化も、土地も、水も。

　戦後多くの母親が、戦争に反対していればよかった、子どもが戦場に行くのを見送らずに、どんなことをしてでも止めればよかった、一緒に逃げればよかったと言っています。それは、心からの後悔、死ぬまで解放されることのない後悔ではないでしょうか。

　しかし、戦争になる前、みな戦争が始まるとは思っていなかったはずで

沖縄本島交流集会にて（2016 年 11 月 30 日）

す。今と同じように。想像力を働かせなかったのです。なぜ人間に想像力が与えられたのか、危険を予測して命を守るためです。

子どもたちの未来がいかに奪われないようにするか、そのことに時間を使うのはもうやめにしませんか？　子どもたちの未来をいかに作るかに、私たちのエネルギーを注ぎませんか？

そのために、宮古島市民は戦争につながる全てのものに、ＮＯと言わなければいけない。声を大にして、きっぱりと基地を断りましょう。

戦争につながる日々は、もう平和な日々ではありません。戦争が始まるのを止める作業に時間を費やさなければならないからです。

私は、子どもたちに絵本を読み聞かせしてあげる平和な夜を、取り戻したいと思います。そして、高江にも、辺野古にも、普天間にも、石垣島にも、与那国島にも、奄美大島にも、軍事基地がある場所、予定される全ての場所に、平和な夜を取り戻しましょう。

●自衛隊の誘致を覆した下地島の非戦

近角敏通（宮古島市伊良部島住民）

はじめに（本稿趣旨）

私は１９５３年、東京に生まれ育ち、横浜での19年の教員生活を経て、98年2月、宮古本島から4キロメートル海を隔てた伊良部島に定住した。農業に従事。

２００１年３月、突然、伊良部町議会が下地島空港への自衛隊機訓練誘致を決議、４年後の２００５年３月、下地島空港への自衛隊駐屯誘致を決議、遂に住民が蜂起、住民説明会を主催、議員全員を壇上に上げて徹底論議、一気に２つの決議を白紙撤回させるという事態を体験した。

その後10年、下地島で新たな地場産業を興す平穏な日々を送った。ところが、２０１５年、軍事化再燃。今度は国が正面から動いてきた。南西諸島ミサイル基地配備計画が宮古本島で勃発、２０１６年６月、１つの候補地の配備白紙撤回なるも、同時に宮古島市長の理不尽な配備了解表明。17年1月現在、胎動継続してきた住民の動きが市長選で1つの結実をみるかの断崖の上に立っている。

２００５年の自衛隊訓練及び基地誘致２決議白紙撤回が、何故成ったか、及びその視点で観た「今ここにある危機」について報告したい。敢えて、非戦としたのは、徹底した非暴力と率直な対話こそが歴史を動かしてきたからである。この間、関連する新聞投稿は20編余、公開質問状作りには5回かかわってきた。事実経過を時系列で記し、その事象の解説をしていきたい（アルファベット対応）。

伊良部島の運動の事実経過

１９７１年　下地島空港（滑走路３０００メートルのパイロット訓練場）建設時、本土復帰直前、建設反対運動→
屋良覚書成立　国の琉球政府への確約書　要旨「下地島空港は軍事目的には使用しない」　A
２００１年４月「下地島空港への自衛隊機訓練誘致決議」町議会可決（賛19反０）B
同年　９月　アメリカで同時多発テロ⬇アフガン・イラク戦争へ
２００２年６月　人頭税廃止１００周年記念市民劇「希望」上演（農民が非暴力で歴史を動かす）　E
２００３年３月　浜川町長自衛隊機訓練誘致を断念（町議会）、屋良覚書の重み・国県動かず・住民保護　C
２００５年３月16日「下地島空港等への自衛隊駐屯要請決議」町議会可決（賛９・反８）D
24日　伊良部町住民説明会（住民約３５００名・壇上に全議員18名・徹底した意見交換・住民委員会主催）
25日「下地島空港への自衛隊訓練及び駐屯要請に反対する決議」町議会可決（賛成16反対１）
11月　市町村合併宮古島市・伊志嶺亮革新市長誕生
２００８年11月　ミルク御嶽でミルク御願（05年白紙撤回を自然の神様に感謝）　E
２０１４年　下地島に地場産業成立（農業加工体験観光福祉事業を一体的に興す03年～ＮＰＯ設立）　F
２０１５年１月　伊良部大橋（３５４０メートル）開通
５月　防衛省、宮古島市へ陸上自衛隊ミサイル基地配備要請　G
２０１６年６月　宮古島市長配備予定地水源地・大福牧場白紙撤回要請・配備無条件了解表明
９月～　市長・防衛大臣住民意思重視表明。沖縄防衛局主催住民説明会・反対意見９割超

経過と解説

A　屋良覚書（１９７１年）

下地島空港建設時、軍事利用を懸念する反対派と、島の活性化を希望する賛成派が対立する中、双方の主張をいかして、屋良朝苗琉球政府主席と丹羽運輸大臣の尽力で、国が県に軍事利用しない事を確約する覚書を交わした。以降45年余に渡って、その効力は重く、空港はじめ宮古圏域の平和を守ってきた。宮古の平和憲法ともいわれ、且つ、形骸化していない。

B　下地島空港への自衛隊機訓練誘致決議（２００１年）

地元選出国会議員の主導のもとに行われた。全会一致決議により、町民の発言は封じられた。しかし、この議員が、地元には、那覇からの日帰り訓練と言いながら、国会では米空軍基地化を防衛庁長官（当時）に勧めている事が明らかになり、町長及び当国会議員への公開質問状で追及した。また、同議員は対米高官交渉でも下地島全体の軍事化を勧めている。

3000メートルの下地島空港滑走路

「米軍と自衛隊の共同使用は可能性がある。駐留することはできる」「空軍の訓練、海兵隊の訓練、夜間訓練、どのような訓練を行ったとしても、住民の不在により問題を生じることはあり得ません」「屋良覚書は単なる口約束で、お２人はすでに亡くなっています」（同国会議員ＨＰより抜粋）。以上は、新聞投稿により明らかにした。

下地島から入江を隔てて１００メートルの所に我家はあり、入江沿いに5部落がある。決議した２００1年は9月に同時多発テロが起き、武力主義を反省できないアメリカは逆にアフガンやイラクで無謀な戦争をおこし、アメリカと組する軍事化の危険性が明確に示された。この武力主義は、その後、世界中をテロとテロ撲滅戦争へと混迷に導いている。

C　伊良部町長の自衛隊訓練誘致断念表明（２００３年）

町長は住民とも対話も丁寧にして下さり、公開質問状には、町広報で回答してくださった。２００３年、配備断念の背景には、任期満了に伴う町長選で対立候補が自衛隊反対を打ち出した事で、決断を迫られた事もあろうが、屋良覚書の重さから国県が動かない事、陰でなされた米軍誘致とアメリカの無謀な武力主義への懸念もあったと思われる。

町議会で、断念理由の１つとして、「７千町民の生命財産を守るために断念する」と言明された。守るために配備ではなく、守るために配備断念である。その２年後に起こった自衛隊基地誘致の時には、住民説明会で、誘致反対の発言を先頭に立って強くされた。断念の時も、新たな駐屯決議の動きが出てきた時も、島のマラソン大会にあたり、町長は走る前のトレーニングする私を呼び止めて、状況を語って下さった。「軍事化推進の立場」と、決めつけて非難するばかりでは、相手は逆に立場を固持する。対話が大切だ。本質的な危険性が明確になった時、軍事化反対に転ずる可能性も十分ある。元々、戦争は殺し合いで多くの人を不幸にすることは、厳然たる事実なのだから、目の前の大金や、過剰な敵意に心を奪われない限り、素直な心では多くの人が戦争に反対だ。

D　伊良部町議会自衛隊駐屯誘致決議➡8日後、同自衛隊訓練及び駐屯要請に反対する決議（２００５年3月）

駐屯誘致の主なる理由は、誘致に伴う振興策等の経済効果であり、反対決議の主なる理由は、自衛隊が米軍と一体である事であった。

３月初め誘致要請の要請が地元団体から出され、決議反対要請が住民有志・労組・市民団体から出されるも、誘致決議は虚を突いて緊急動議により、１票差でなされ、誘致派議員は上京、防衛庁長官（当時）に、直に要請書を手渡した。

しかし、その帰島を待ち受けていたのは、佐良浜漁港広場で行われた誘致反対住民集会であった。その前日、

925号　宮古毎日新聞　2005年（平成17年）3月26日　土曜日

自衛隊誘致反対を決議

伊良部町議会

合併も一転、賛成に

「住民勝利」と町民喜ぶ

「住民勝利」と書かれた紙を掲げた町民が議場から出てくると、詰め掛けた町民たちから大きな拍手と歓声が上がった＝25日、伊良部町議会棟前

防衛長官　下地島駐留、

青年団が街角で集会のビラを配っている姿にびっくりした。私は、地縁血縁がない立場で、この4年間、新聞投稿・公開質問状作りにかかわってきたが、島の人が公に軍事化の事に触れる事は殆どなかった。その沈黙を破っての動きだったからだ。佐良浜集会も誘致反対に満ち満ちており、誘致要請の要請を行った人物への内部告発もあった。中学生・高校生の純粋で力強い発言もあった。私達住民、「下地島空港施設労働組合」「下地島の軍事利用に反対する郡民の会」で、誘致賛成議員に宛てた公開質問状を作り、手渡し、住民説明会を求めた。

公開質問状の要旨

1　［米軍の共用］　自衛隊誘致しながら米軍の使用は断固認めないとしていますが、米軍を拒める法的な根拠をお示しください。

2　［ＳＡＣＯ関連事業］　普天間基地、米軍代替施設建設事業の要請と米軍使用断固反対は矛盾していませんか？

3　［屋良覚書］　下地島空港の米軍を含む軍事利用を拒む歴史的根拠である屋良覚書を、自衛隊誘致によって自ら国県が破棄する事を求めるのですか？

4　［基地被害］　軍事基地を置く事で、軍事訓練の爆音被害や基地被害、他国との軍事的緊張やテロや、第1の攻撃目標になる等のリスクで、安全な生活が脅かされる事になるのではないですか？
5［失業・損失］　下地島での農業・漁業・観光業・空港職員の失業・損失が起きない根拠がありますか？
6［経済振興］　平和的な地場産業・空港の利用こそ進めていくべきで、振興策を島内外に損失を与える軍事化と引き換えに振興策を求めるのは間違っていませんか？
7［郡民大会］　昨年11月の下地島空港軍事利用反対郡民大会決議をどのようにお考えですか？
8［検討過程］　住民への説明もなく、反対要請に対する議会審議もなく、わずか10分足らずでの決議は認められません。再審議をするべきではないですか？

運命の3月24日、誘致派議員はあせって、誘致を決定的なものにする為に、市町村合併離脱を緊急動議によりまたも1票差で可決した。伊良部町を孤立させて、もう自衛隊に頼っていくしか、生きる道はないともする作戦である。

これが、住民の怒りを決定的なものにした。議場玄関前での、押し問答の末、子どもも含め全住民の過半数を18時までに中央公民館に集められたら、住民説明会に出るとの約束が議員と住民の間で成り立った。宣伝カーも出たが、島の人の伝搬力には目を見張らされるものがある。集まってしまった。当初、代表者参加の住民説明会かとも思ったが、中央公民館がぎっしり、老若男女で埋まった。主催者発表３５００人である。部活を終えて、歩いて参加の中学生たちもいる。私は1歳半の長男を抱いての参加だ。急の集会の為、宮古本島からの労組や市民も参加が間に合わない方が多かった。

18名議員の全員が壇上にあがり、横一列に並んだ。主催の住民委員会委員長の挨拶、「自衛隊誘致も合併離脱も今日を逃せば決まってしまいます。これだけの方が集まったのは、皆さんの関心の高さの表れです」。割れんばかりの歓声。司会に「では質問をお願いします」と指名され、事務局をしていた私が第1問を発した。

「……米軍を拒める法的な根拠をお示しください」。

同調する住民が、壇下に詰め寄り、「自衛隊入れたら、米軍が入ってくるんですよ」と叫ぶ。誘致派議員は米軍を拒む根拠については答えきれず、「我々は米軍を来させないために、自衛隊を入れる」。

一瞬間が空き、失笑が漏れ、「住民をバカにしてるんじゃないの」と叫ぶ女性。その後、次から次へと住民の的を射た発言が続き、私は第２問以下を発する必要がなくなった。要求が出て18名議員全員が何を考えているか、マイクで語る事になる。これも直接民主主義の姿だ。

再び、住民の発言が続く。

「あんたは下地島を守るという事で議員になったはずだ。なんで、軍事化か？」

「戦闘機が飛ぶ下で漁が出来ると思うか？」

「建設事業というが誰に相談した？」

議員「社長、仕事優先的に入れさせますよ」。

「建設業協会は自衛隊誘致に反対だ。有難迷惑」

緊急動議で可決に導いた議員が「皆さんの意見をもとに、明日の議会で民意を尊重して審議します」。

わたしはやったーと思う。住民はクリアだ。

「民意尊重じゃないだろ。白紙撤回するかどうかだ」

「では、明日の議会で白紙撤回することを約束いたします」

やったー。と、１人の女性がマイクを手に取り、「あのー、心配していました。４年前の訓練誘致も一緒に白紙撤回お願いします」。「わかりました」。

閉会。皆晴れ晴れ。万歳をする人。信じられない結末となった。

翌25日、住民が集まり、議員を迎え、見守る中、「下地島空港への自衛隊訓練及び駐屯要請に反対する決議」が（賛成16反対１）で可決された。傍聴席から玄関に押し出されると、住民勝利の縦長の紙を持たされていて、委員長や長老や若者と並んでおり、住民の拍手を受けた。平和が守られた、「やる時はやるね」と皆で言い合っている。伊良部出身の棚原芳樹平良市議（合併前の平良市）は、「伊良部の民主主義の夜明けだ」と新聞で語った。我々は直接民主主義を行い、日本国憲法の主権在民と国際平和主義を体現した。この1か月のドキュメントは、琉球放送が50分の番組にした。

「消えた自衛隊誘致――小さな島の選択」。YOU TUBEでも、同題名で検索すると、ダイジェスト版が観られる。特に住民説明会の場面は圧巻だ。書籍では『ルポ　労働と戦争』（島本慈子著・岩波新書）が丹念な取材をもとに、歴史的な考察もなされている。

同年11月、市町村合併で宮古島市誕生。新市長選・市議選で、候補者に対する伊良部住民委員会から公開質問状。回収率高く、大半が下地島空港軍事利用反対。

この代は落選するも、第2～3代現市長・下地敏彦氏の回答は的確だった。度々、引用させていただいた。

「太平洋戦争や昨今の世界の局地戦の苦難を思うと、軍事化による平和などあり得ない。下地島空港を軍事利用する事は近隣諸国の不安をひきおこし、アジアに緊張をもたらす。よって、下地島空港の軍事利用には断固反対する」

国からの金がらみの圧力があろうが、この原点に戻っていただきたい。

E　自然の神様の加護

白紙撤回がなってから、3年後の２００８年11月。住民委員会委員長から、電話があった。

「ミルク御願《うがん》をやるのでミルク御嶽《うたき》に来ませんか？」

「白紙撤回がなった事、自然の神様に感謝申し上げていなかった。今日、御願でやる事になった」との事。

御願とは、部落毎に御嶽で行う自然の神様へのお祈りの事で、選ばれた司《つかさ》（女）司主《つかさしゅ》を中心に当番さんたちが

中心に、私の住む伊良部仲地部落では年間30回ほどある。

秋にやるユークイ（豊年祭）は一番大きな御願で、部落中の人が集まり、3か所の御嶽をまわりながら1日かけて行う。この日は仕事も休みで、おばあは踊り、男たちは朝から酒を和気藹々と飲み交わしながら参加する。ミルク御願は春秋の年2回あり、ミルク御嶽は最も美しい500メートルの白砂の渡口の浜と対をなす、入江を隔てた下地島側の200メートルの浜の一番奥にある小さな海洞。家からは歩いて、10分ほどの所にある（写真上）。

ミルク御願は伊良部郷土誌によると、幸福の願いとある。ミルク＝ミロク＝幸福である。神聖な白砂の上を歩き、出向くと、50～60人の方々が参集、皆がうなずき、導き入れてくださり、手を合わせた。島の人には、自分たちが立ち上がって軍事化を撤回できたのは自然の神様の加護のお陰という強い信念がある事がよくわかった。なるほど、神がかりとしか思えない信念に満ちた動きであった。

宮古島で、最も大切にされている大元の御嶽は、平良港近くにある漲水御嶽である。ここには島の人も、観光客もよく訪れ、手を合わせている。こぢんまりとしているが、とても由緒ある親しみのある場だ。ここに祀られているのが、宮古島創世・守護・非戦のコイツノ・コイタマの神だ。宮古史伝にはその創世の神話が記載されている。

その要旨「天の国には大神様がいらして、最も風水のよい所に岩柱を投げさせて、形作られたのが宮古島である。そこを人の世にする為に選ばれたのが、コイツノ・コイタマの神だ。天降る途中、天の国を追われた鬼どもが道塞ぎをした。お伴の神たちが、鉾を使い、火を使い、水を使い、うち殺そうとした。と、コイツノの神、これを制して『いかなる悪をば、神はよろこばず』と武力を諌め、『直ぐなる（素直な）心は、明るく輝く心ぞ』と言い放った。と、その心が通じ、鬼どもは道開きをし、みな集まって、宮古島漲水の地に降り立ち、神の心をうつした楽しい人の世が始まった」とある。

なるほど、宮古島は自然も、人も穏やかである。『直ぐなる（素直な）心は、明るく輝く心ぞ』こそ、世界中に届けたい、非戦の心である。

この非戦の心は、1903年、270年続いた先島への人頭税を非暴力で撤廃させた宮古島農民の運動にも表れている。2002年、撤廃百周年の市民劇の宮古本島公演があり、その演出を担当した。30人の子ども、一人ひとりのブレイク（気づき行動する）と270年に渡る農民の苦のエネルギーが士族を上回り、国会請願に向けた農民代表の船出を成り立たせた。

ラストのセリフ「命を大切にする世の中を百年二百年と継いでいきましょう」「おー」には、その1年前、2001年にあげられた自衛隊機訓練誘致への緊張感が込められていた。まさか、その3年後の2005年、舞台の再現、いや、百年前の住民蜂起が目の前で起こり、軍事化の白紙撤回を正々堂々とした話し合いで成り立たせるとは思ってもいなかった。ここにも、非戦の心はいきていた。子どもたちとは、人頭税劇の各現地での稽古の時、漲水御嶽にも参拝した。

沖縄には、天と地をつなぐ龍神様への信仰もあって、私は移住以来、島にあるいくつもの岩戸を守る浜川さんたちにご縁をいただき、巡礼のお伴をし、ご縁ある方々をご案内する事もしてきた。岩戸とされる場は、どこも誠に美しく、地球の原初的な姿に出会える場でもある。２００５年2月末、賑わい塾という全国から様々な教育者や福祉従事者、宗教者、学者たちが60名程集う会（沖縄大学元学長加藤彰彦先生らが主催）が伊良部島で開かれた。私は浜川さん、伊計さんと共に、たくさんの岩戸にご案内し皆で地球の平安を祈り、夜を徹して、皆さまが語らいあった。その会の直後に、基地誘致の要請が行われ、決議が上がり、一気にその白紙撤回が成った。この信じがたい歴史的出来事も、天とつながる自然の神様＝龍神様のご加護ではないかと思っている。ミルク御嶽は龍神様の岩戸でもある。私がこの島に住んで得た最大の恵みは、天と地とつながる安心感である。

F　平和につながる地場産業づくり

２００５年、白紙撤回が成ってからの10年間は、ゆっくりじっくりと島で暮らし、地場産業を醸成できた期間であった。伊良部探検隊をつくり、月1回、洞窟や海浜や池の探訪美化保全の活動を97回やってきた。また、ハーブの栽培加工料理の研究もした。離島地域資源活用産業育成事業に参加し、９つのハーブ製品の開発をした。特別支援学校の就労体験実習生も受け入れた。

２０１３年にＮＰＯ法人いらうゆう（伊良島の恵み）を立ち上げ、宮古島市の体験滞在交流施設の指定管理者・福祉の就労支援事業所の指定を受け、ハーブの栽培加工体験観光の仕事を福祉のメンバーと興す基盤が出来上がった。ローゼルやホーリーバジル、アロエベラ等の作物にも恵まれ、お客様は予約制でハーブコース料理と自然探訪でお迎えしている。拠点の体験施設は、その渦巻畑から下地島空港の管制塔を1キロメートル先に臨む場所にあり、ここで、福祉も含めた6次産業を日々興す事が実現している。軍事でなく、平和に産業を興す事こそ、島にふさわしい。

G　宮古島へのミサイル基地配備・南西諸島軍事化計画に直面（2015〜17年）

2015年1月、宮古島と伊良部島を結ぶ3・5キロメートルの伊良部大橋が開通して、間もない5月、防衛省から宮古島市にミサイル基地配備の要請が来た。1つの候補地大福は、地下水源上、次が隣接地であった為、市民及び地下水審議会の学術部会の明確な反対により、市長判断で断念。もう1つの候補地千代田はミサイル配備そのものが問題化している。配備は有事を誘発し、隣接の野原レーダー基地への攻撃は必至であり、レーダー横の野原配水池の破壊は市民生活の破たんを意味し、移動式のミサイルは全島を戦場化するものであり、それに加えて、国民保護計画・被害補償制度が全く担保されていない所に不安と批判が集中している。

2016年9月以降の沖縄防衛局による住民説明会は、9割以上が配備反対意見である。しかし、2005年、伊良部の白紙撤回を教訓にするかのように、国も市も、住民とのまともな対話を拒み続けている。ごまかし通して、戦火を開こうというのか。それは許されない。

例えば、6月の説明会での私の質問「宮古海峡に届く地対艦ミサイル配備は、有事中国の第1の攻撃目標になるのではないです

宮古島での自衛隊配備反対の街頭行動

か？」に対する沖縄防衛局の回答、「平時、攻撃する事はありません」。はぐらかしである。石垣島の住民説明会事前質問への回答の分析は見事である。同じ運命の南西諸島の与那国島・石垣島・奄美大島及び全国の市民・議員・識者・マスコミ等との連携は有難い。国会への質問主意書の提出や情報公開開示請求成功、地下水審議会学術部会報告会開催等は宮古の市民力だ。

11月30日、沖縄うるま市で行われた日米共同指揮所演習の写真は、ミサイル配備計画の本質を示すものだ。大勢の米海兵隊員と自衛隊員が、床に敷かれた宮古島の地図を囲み、指揮官は左足で神の島大神島を踏み、指揮棒で風光明媚な渡口の浜とあの幸福の御願をする神聖なミルク御嶽を指している。ここを、着上陸適地として、地雷の埋設や離島奪回の作戦地とするのであろうか。

端的にこの写真は、伊良部の軍事化白紙撤回の起爆となった①日米軍の一体化。さらに②島の戦場化を表している。奪回作戦が行われる時には、部落は壊滅、我々住民はどこで何をしているのであろうか？　ミサイル配備は抑止力と国は説明するが、軍事施設と戦闘員の配備は国際法上でも正当な攻撃理由を与えるものである。その上、射程２００～３００キロメートルのミサイルは、尖閣にも宮古海峡の先の那覇にも届く攻撃型である。

平成28年の防衛白書にも、敵の侵攻及び占拠・奪回＝島の戦場化が想定されており、配備が抑止にならない事を自ら示している。防衛白書の島嶼防衛戦のイメージ図は、先の共同指揮所演習の写真と共に、宮古島に全戸配布したい島の戦場化を表す資料である。さらに怖いのは、弾道ミサイルによる島の壊滅である。宮古島市民は島の戦場化のリスクを熟知した上で、１月22日の市長選に臨む必要がある。

おわりに――平和への展望

２０１６年末、パーマカルチャの研修の方々26名様を自然探訪とハーブランチとレクチャでお迎えした時、テーマを「富国強兵から万物共生へ」として気付いた事は、この島こそ、既に万物共生であって、そこが強兵によって侵攻されようとしている現実だった。この島を大切に（リスペクト）して、守る事は我々の使命だ。

私の伯父は、１９３８年、中国戦線で1年間参戦を経て戦死（享年29歳・故郷には新婚の妻が待っていた。東洋史が専門だった）。祖父は僧侶であったが、長男の戦死を悼みつつ、その3年後に逝去。この２人の無念は、私の中に宿っており、2度と戦争をおこしてはならない、息子を亡くしたくないとの思いから、強く平和を希求するものである。祖父の言葉である。「ひとたび光観たる以上は、相食む（はむ＝戦う）代わりに、相照らす事ができるのである」。この心を継ぐ。

沖縄防衛局の宮古島説明会の住民からの事前質問の中に、こんなに素敵な文章があった。

沖縄防衛局の説明会で発言する筆者（2016年6月12日）

「私は、今後、日中が全面戦争にいくとは考えないが、限定戦争は十分ありうると考える。その時の犠牲者は、自衛隊配備をしようとしている宮古、八重山の住民である。『力の抑止』はきめがない。無人島の尖閣、ただそれだけのために宮古、八重山島民約10万人の命を危険にさらそうというのか。私は、次の事を提言したい。『中国と日本は世界に平和をもたらす模範の国になってほしい』。つまり尖閣周辺を2国で管理し、ここから平和を発進する場所、または『世界のかけはし』の地としてほしい」

防衛上の空白地帯を軍事化の理由にしないで、逆に国際法からも攻撃が許されない無防備都市宣言をして、宮古島・南西諸島が平和の緩衝地帯となり、本来非武の沖縄本島、アジア、世界にプラスのエネルギーを発し続け、世界中が平和になる事を希求していく。これが本筋である。島内外のお客様をお迎えして、自然と食の恵みを分かち合いながら、それは夢ではないと確信する。いや、現にやっている事だ。

この程、自衛隊ミサイル基地配備に反対する市長候補者支持を言明する為に来島された翁長沖縄県知事は、記者会見で大切な事を言われた。

「大きなことを考えている。基地のない沖縄・自立する沖縄・沖縄らしい沖縄を守り創る」

軍事化の波は4回目である。1回目は太平洋戦争で人口の半分、3万名の日本兵が宮古島に駐留、空襲と空腹の辛酸をなめた。2回目の下地島空港建設時、3回目の空港軍事化の危機は、いずれも住民の強い声を反映した行政議会の判断で平和が守りきれた。伊良部住民は、宮古島市民は、この4回目の危機を認識し、再び立ち上がり、いかなる軍事にも頼らない市長を選び、万物共生の世を歓びをもって深め、広めていこう。そして日本各地と、世界各地と、人々とつながっていこう。

映画「標的の島──風かたか」（三上智恵監督）には、島軍事化の危機感と共に、透徹した希望が所々に宿る。ラスト、高江の現場で「沖縄の心」と書いたプラカードを持つ女子と、機動隊員の男子の見つめ合い。本当に心配しているこの軍事に続くあなたの先行きと、いやそうはならないあたたかいエネルギーの通い合い。直ぐなる心こそ、やがて、明るく輝くのだ。嫌なものは嫌。いいものはいいと、静かに、はっきり、言おう。

インタビュー

●自衛隊配備予定地に囲まれた野原部落

仲里成繁さん・仲里千代子さん
聞き手　斎藤美喜（宮古島市在住）

米軍より自衛隊が厳重

斎藤：仲里さんご夫妻は野原の集落に住み、千代田カントリークラブの道路を挟んで隣の畑でメロン栽培をしている農家です。成繁さんは青年会活動の経験があり、千代子さんは野原の婦人会で中心的な活動をしています。陸上自衛隊が配備されれば、野原集落は基地に囲まれた状態になってしまう事にお2人は心を痛め、市長に抗議声明を提出したり、野原の窮状を訴えています。

2016年10月2日の防衛省主催の、野原公民館での陸自配備説明会の時、野原の参加者から「新しい基地建設の説明の前に、野原地域に対して、今までのお詫びとお礼を言うべきではないか」という声がでたのは、印象的でした。最初防衛局はなんとか説明して理解して欲しいというムードでした。それが一変した緊張というか、空気が変わった言葉でもあったと思います。まずは、この思い、今までの経緯を聞かせて頂けますか。

成繁：経緯について、野原岳は戦争の時に日本軍に接収されて、そのころの記憶は私には無く聞いた話になるけれど、米軍のレーダーサイトがあったところに大御嶽城跡の玉石があり、それをブルで落として下に転がし、集落の人たちで現在の位置に祭ったという事です。

それでも、米軍の頃は施設はオープンで、レーダーの周囲など重要施設はフェンスで入れないようにしてあったけれど、その他は囲いが無く、米軍の映画館があって、子どもたちはフリーで見に行くことができて、大人も敷地内の娯楽施設の出入りが自由で、正装すれば米軍と同じように利用できました。

斎藤：正装というと？

成繁：ネクタイと革靴を履く。遠くの親戚のおじさんなどは私の家まで草履で来て、ネクタイと靴を借りて飲みに行ったりしていました。敷地内で牛の牧草刈りもできて、地域との交流もあった。

斎藤：それが自衛隊になるとどう変わりましたか？

成繁：自衛隊に変わると同時に集落との境界線までフェンス張りとなり、外部の人間は全く入れなくなってしまい、昔から地域で信仰していた毎月の井戸の拝みもゲートで住所・氏名・立入り目的などの申請手続きが求められるよう

野原部落のごく近くにある空自レーダー基地、拡張工事が続けられ拡大の一途

になった。

良かったところは、米軍時代から従業員は継続して雇われたり、パートの募集もあったりはして、十五夜の観月会には招待を受けたり、マストリャー《注参照》の棒振りの参加依頼を受けたり、野原の敬老会には隊長を招待したり等がなされたりしています。

千代子：私たちの顔も覚えて、目的がわかっていても省略する事は無く、パスを持っている職員以外は必ず書かされます。出入りの業者も同じで毎朝渋滞するほど。

斎藤：出入りの業者というと？

千代子：野菜など生鮮品の購入、あとは宅配。物資の運搬はヘリでもやっていると思います。

騒音被害苦情に無回答

成繁：午前10時から昼過ぎ3時頃にヘリが来ることが多く、最近増えている。道路を挟んで隣接している家はガラスの震動がひどい、建物のコンクリートに反響してビリビリする。反対側の野原越しの方が家は少なくても、さらに振動はひどいはずです。

千代子：毎年の総合訓練があり、その時は常時60人位だけれど他の宿舎等から来たり、那覇からヘリで来たりで

100名位で行います。一時は夜間訓練等もあり、フェンスの外に武器を持ち出せないので、集落内で爆竹等を使ってやっていて、夜中に通信を使っての話声も聞こえたりしていました。

斎藤：それは何のための訓練なのでしょう？

千代子：敷地内ではライフルを実際に使っていて、何か施設が攻撃されたとか侵入者を仮定しての訓練のようでした。

成繁：お詫びとお礼については、自衛隊に変わってからヘリが来るようになり、騒音・振動被害が出たので、部落でも何とかして欲しいという声があがるようになり、平成21年に基地問題対策委員会を立ち上げました。当時の市長に申し入れを行い、10名で沖縄防衛局まで行って要請を出しましたが、ヘリの飛行ルートがずれただけで、市長からも防衛局からの一言の回答も無いままです。行動を起こしても何の回答も無く、そのまま長い間我慢するしかなかった。

新しい基地を配備する説明会を開催したいのなら、その前にまず今日までの騒音被害を始め、生活や伝統文化面での不便を強いてきたこと、要請に対する回答を無視したことに対してのお詫びと、その被害を我慢し受け入れ続け、スムーズな業務運営に協力し続けた事へのお礼の言葉が無ければ、話にならないという思いはあります。

斎藤：ここ3～4年で、外から眺めても施設内の建物の様子がずいぶんと変わり、野原岳全体がレーダーだらけで要塞のようになってしまいましたが、工事の説明などは地域にあったのですか？

成繁：東の最初に行われた受信用のアンテナ建設の前に一度だけ公民館で説明会があり、そのあとは無く、その手前の円柱状のレーダー建設が2つ始まった時に、城址の文化財に関わる場所ではないかと教育委員会に問い合わせたが、問題無いとしか答えなかった。

そのあとの増え続ける工事に関しては、説明が一切無く、半地下という噂もあるし、工事の規模や期間からするともっと大きい地下工事かもしれない。西側の2つのレーダーまでできて、最初の説明会の内容と実際の工事の進捗を見ると地元に説明する気があるのかと、たったあれだけの説明でこれだけの大規模な工事をするのか、防衛局の言動は全く信用できないとの思いが強くあります。

基地は出来てしまえば増殖する

成繁：だから、2016年9月の千代田の説明会の陸自配備の図面を見て、あんな適当に記入したものの説明を聞いても仕方が無い、決まってしまえば、後からどんどん増殖し、外からは何を作っているか知ることもできないし、具体的な説明も期待できないという思いは強くあります。

それよりも、どのような経緯で千代田カントリーになったのか、なぜ民家とも隣接し、老人施設も近いのに、環境などの調査をしたのかしないのか、基地建設の場所を決定する場合の基準等があるのか、無いのか等が知りたかった。

千代田に持ってくる、千代田になった具体的な理由がどうしても知りたい。野原の説明会では、後からどうにでも変更してくる基地の計画では無く、なぜ千代田なのかの説明を求めたが、「様々な理由で」という一言しかなかった。大福のときは、市街地に近くという言葉があったが、市街地から遠い千代田はなぜなのか？　津波からの防災公園をつくるという話があったが、市民の避難所よりも基地建設は優先されるのか？

そもそも、施設の内容に関してはできてしまえば勝手に変わるもの、当てにならないものと今までの経験からの認識があり、意味があるとは思っていないですね。もちろん、説明したという既成事実化させてはならないという心づもりはみんなにあった。

斎藤：基地ができると危険、という認識はいつごろからあったのですか？

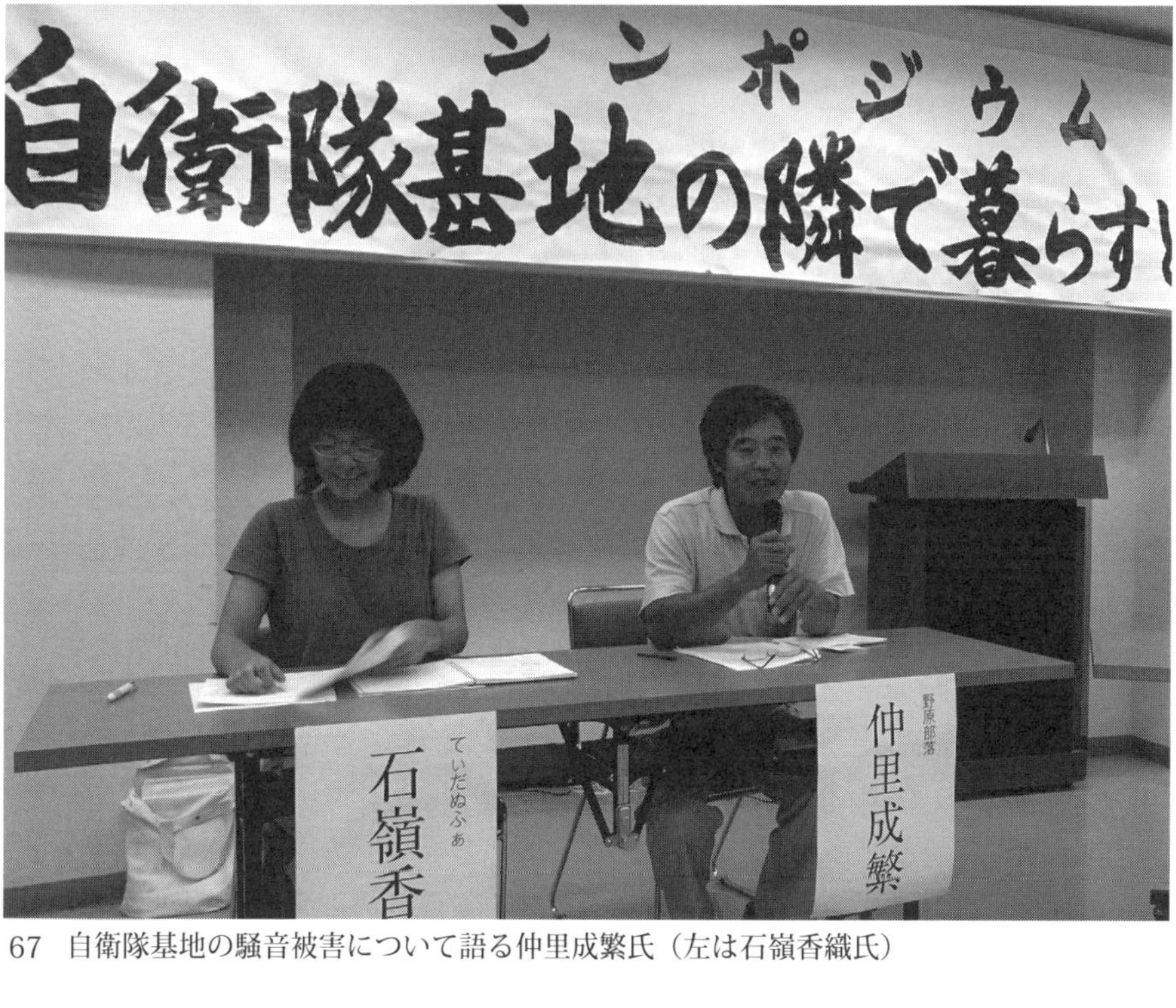

67　自衛隊基地の騒音被害について語る仲里成繁氏（左は石嶺香織氏）

成繁：最初は、すでに上野（野原南）にいくつかある自衛隊官舎のようなものができるとみんなが思っていました。それなら、まぁそうなのかと。ところが、毎年行っている区長さんたちの視察研修旅行があって、フラワーフェスティバルの翌日に、自衛隊協力会の会長が旅行に同行して那覇の自衛隊基地も視察に繰り入れて資料も渡された。宮古にも、那覇と同じような訓練場ができるという説明があり、それで初めて情報に触れました。

千代子：２０１６年1月16日に部落の役員会があり、この時婦人会は初参加して、市教育委員会よりサティパロウ[注参照]の世界遺産登録と、区長クラブの視察旅行の報告が終わった後に、官舎だけではなく、屋内射撃訓練場や兵舎とグラウンドができるとの説明があり、区長さんは心配になったという話でした。参加役員は、官舎だけではなく大変なものが造られようとしているということがわかりました。

成繁：図面ではグラウンドとなっている場所は、スペースが確保されているので簡単にヘリパッドに変更できる。住民を騙して後から造ることもできる。佐賀でやっているモニタリングもなく、何の説明も無く基地を造ってからヘリパッドに変更するつもりなのだろう。疑心暗鬼のまま地元が賛否で揉めて、分断させられているのかもしれないとも思う事がある。

佐賀のオスプレイ配備は、離島奪還作戦という事で実際の運用は離島なのはわかっているのに、その離島とはどこなのか、訓練はどこでするのか、情報が出てこない、説明できない理由があるのだろう。

　こんな小さな島にミサイルを配備するのか？　車載ミサイルが移動したら、島中が攻撃対象になる。明らかに日本列島より太平洋側に中国艦船を出さない、宮古海峡封鎖は島を守るためではなく、アメリカのための作戦、日本を攻撃から守るためなら、こんなところにミサイル配備は意味が無い。抑止ではなく有事のための準備をしている。日本とアメリカが同盟して中国と喧嘩するための準備をしているとしか思えない。自分たちがその犠牲を強いられるのはおかしな話です。

　16年の3月26日か27日だったか、協力会の重信氏が野原公民館で最初の説明会をするということで人を集めた。その場では今日は地元の意見を聞いてそれを持って帰るという事で、予算が決まってから説明をすると言われ、そうであるなら、なんの説明もしていないのだから、説明会をしたという事実も白紙にして欲しいと要求しました。そんなことで人を集めて説明会と称してやった、説明会の既成事実だけできてしまうのは誰も納得できない。

　その後、防衛副大臣が来た時に資料を持ってきて、沖縄防衛局の伊藤企画部長が野原で説明会を開きたいと言ってきました。

野原部落の自衛隊配備反対決議

斎藤：野原部落としては反対決議を上げたわけですよね。

成繁：反対を明確に言う人はいなくて、国が決めるというから、諦めるしかないのか、ミサイルが来るのじゃないか？　誰も言葉が出ない。そのような中、１人の会員から緊急動議として反対決議の提案が出され、採決の結果、全回一致で可決されました。

斎藤：自衛隊配備は、次の市長選での最大の争点で、誘致に反対する市長が当選すれば４年は工事が始められないと思うのですが、誘致派の市長を支持する人もいるかもしれないということですか？

千代子：反対決議はやったが、それは基地に対してで、政治としての選択がそれと一致するかは限らない、政治と陸自配備は違う、別物と考える人もいるはずです。

斎藤：私たちのような移住者は、島の狭い人間関係の中でしがらみが少ない分、政治的な意見の表明などは、今回のような場合は声を上げる事が役割だと思うのですが、仲里さんご夫妻のように明確に意志表示されるのは大変ではないですか？

成繁：青年会の活動をずっとやっていて、ＯＢ会があり、青年会をサポートする立場になり、３年に一度くらいの割合で研修旅行も計画し、一度は海外へも行ったけど、その後は国内になり、飲み会だけになり、辞めました。

清掃活動なども提案してもノーコメント、何かをやろうという気運がない。陸自は来ない方がいいと考えても、チラシ配りも提案しても部落でやると問題視する人が出てきて、個人でする事しかできない。

斎藤：個人で活動する事には何も言われないのですか？

千代子：そう（笑）。公には言えないけれど、個人的には嫌だと思っている。もともと保守が主流の地域だから、身内や友達だけの時は自由に話せても、公には意見は言わない。

成繁：何か提案があった時など、別の意見を言うと「ガーズ」と言われ、議論が出来ない。

斎藤：「ガーズ」ですか？

成繁：我を強く出すという意味です。

千代子：子ども会活動の中でも、いろんな意見を出して論議する事の必要性を感じてディベートを取り入れてみたのですが、意見をたたかわす事は喧嘩と感じるようで、なかなか理解してもらえなかった事もあります。

成繁：伝統的に保守が強く、公共工事の補助金の誘致に見られるように、県よりも中央政府とのつながりが強いということに今回の配備はつけこまれているという気がします。疑問等を思っても口にする事が無く、気質が積極的ではないですね。

防衛省説明会で陸自配備反対の横断幕

斎藤：配備を止めたいとは思っている、だけどビラまきなどで止められるのか、反対といっても何をすれば止められるのかわからないという気持ちはありますよね。ただ、防衛局主催の説明会で、陸自配備反対の横断幕が掛けられていたのには驚きました（写真下、野原部落での防衛省説明会）。

千代子：あれは私が作りました。みんな上等ねと言ってくれました（笑）。

斎藤：おとなしい気質と言われますが、説明会では一歩も引かない覚悟というか、若い人達も多く参加して、抗議の意志を言葉の隅々まではっきりと示していた。あの気迫はまさに全会一致で反対した意志の表明と、あいまいな説明を繰り返す防衛局への怒りを示し、白紙撤回しかないというみなさんの意志が明確で、普段は意志表示などしない人達と伺うと、返って、その基地建設反対への思いの深さがうかがわれます。

成繁：あの日はよかったですね。説明会では部落からの質問は出せるだけ出したいと思っていました。みんなの今までの思いを出来るだけ沢山出すという事です。防衛局の説明を一方的に聞かされるだけで、彼らの言う「丁寧な説明を重ねた」にはさせたくないという共通認識はありました。

斎藤：これからどんな思いでいらっしゃいますか？

成繁：ミサイル配備をするような危険な基地が島にできてしまうと、71年前の悲惨な体験を繰り返すことにな

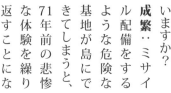

る、今度はもっと酷く、数分で島中が破壊され取り返しのつかない事になる。あやまちを繰り返すのか？　誘致容認は戦争を自分たちの手で蘇らせることになる。何をどうすれば止められるのか？　有効な法的な何かが無いか、寝ても覚めてもその思いが頭から離れない。工事が始まる前に止めないと、辺野古や高江の弾圧を見ていると、工事が始まってしまったら此処の人たちはあのような抵抗は出来ない、工事が始まったらもう止まるとは思えない。

「島の中どこに持って行っても地元は反対する」と誘致派の議員は言う。それなら野原に押し付けるのか、航空自衛隊も我慢してきたのだからさらに我慢しろと言うのか、私たちの代表が言う事か、どこも反対する事をなぜ島に持ってくるのか、怒りしかない。

今は意志表示だけはしっかりしないと後悔してもしきれない事になる。（終）

＊注　言葉の説明

・マストリャー：升取屋の意味。

宮古島市の民族文化財、国指定無形民俗文化財という３００年の歴史がある。人頭税時代にその年の税を完納できた祝いと翌年の五穀豊穣を願って始められた。旧暦８月15日、十五夜の夜に「子組」「寅組」「午組」「申組」の４か所の升本酒や御馳走のもてなしを受けた男性が集落を練り歩きながら、野原公民館に集合し力強い棒踊りを披露する一方で、拝所で祈願した女性たちが列をなし前方がクバ扇をもち、四つ竹を鳴らしながら優雅に踊る。最後は全員で雨乞いを意味するくいちゃーを踊り締めくくる。

・サティパロウ：里払いの意味。

国指定重要無形民俗文化財、「野原のパーントゥ」が旧暦12月、最後の丑の日に行われる。これは「サティパロウ」（里払い）と称され、集落の悪霊や悪疫を追い払う伝統行事。「ホーイ、ホイ」と声を上げながら集落を練り歩き厄を払った。

■仲里ご夫妻のお話を聞き終わって

斎藤美喜

２０１５年５月に左藤防衛副大臣が市長室を訪れ、この時から陸自配備の計画があることが明らかになりました。

その後、反対署名が始まったが、住所氏名を書く署名は当初目指した2万筆にはなかなか届かず、講師を招聘しての2〜３００人規模の勉強会は何度か開催されても反対の決起集会を開いて人が思うように集まらなかったら逆効果になる等の声があり、それも実現できない。そのような中で、最初に2か所の候補地となった大福牧場のある福山自治会から反対の声が上がり、続くように野原自治会からも全会一致で反対決議が上がった。

議員も市長も、選挙公約にも示していない陸自配備に動き「住民投票に馴染まない」とか「防衛は国の専管事項」等と発言する中、地元自治体の反対決議は涙が出るほど心強く、この事実を中心に動くことができ、方向を見出せる大切なポイントになった事実があります。

２０１７年1月の市長選を前にして、仲里夫妻のお話を聞き終えた11月末に、現在の野原のレーダー基地自体が実は水道水源保全地域に掛かっているにもかかわらず、それが見過ごされていた事実が「てぃだぬふぁ」の調査により明らかになりました。このことに関しての野原自治会の勉強会が公民館で行われた際に、集落から多くの人が参加し、昨年来続いているレーダー基地の工事は、工事申請がされていない地下3階の違法工事が行われた事実までもが浮上してきました。

野原は日本軍に接収され、その後米軍基地になったため、焼け野原の戦後復興がいち早くもたらされ、基地に慣らされた歴史があり、自衛隊基地にも諦めに似た受け入れがありました。その人たちが、新たな基地建設計画をきっかけに、今まで容認してきたレーダー基地も、住民を欺くような違法工事が行われるなら、もう既存のものすら受け入れ続ける事はできない、出て行ってもらうしかないという声が上がり始めています。

11月30日、キャンプ・コートニーでヤマサクラ作戦と称して日米共同演習が行われ、宮古島と八重山の拡大地図を床に広げ、それを自衛隊と米軍が取り囲み、米軍の指揮官が宮古島の上に仁王立ちになり、各所につけられた赤い丸印を棒で指示している写真が海兵隊のサイトで公表されネット上に拡散しました。

私がこの島に家族と移り住んだのが23年前、「島ちゃび」という「離島苦」を意味する言葉の存在に驚いた記憶があります。不便な流通・交通と情報の少なさから来る内地、沖縄本島からさえ隔絶された地域のために、貧困の歴史があります。

沖縄本島は、戦後35年もたってからの返還のため高度経済成長の影響が及ばなかったと言われていますが、さらに離れた島には豊さは届く事が無く、夏は日照りが続き、作物の実りの少ない島の歴史は、琉球王朝時代は人頭税に苦しみ、戦前は物資補給が途絶えた日本軍の収奪に苦しみ、貧困の連続でした。

内地では昭和30年代生まれは、高度経済成長の恩恵のもとで成長していますが、同じ年代の島の人の記憶には食料が少なく、食事が終わった後にも空腹感が満たされない思い出があり、米作の無い島で主食に芋を食べていた思い出があり、今まだ老人ではない人たちにも餓えと朝晩の水汲みと貧困の歴史の記憶がしっかり残っています。

そして、やっと昨年あたりから離島観光が安定的に上向きになり、県内でも飛びぬけて美しいサンゴ礁由来の広く白い砂と透明感の優れた海が世界的に評価され認識がひろまりつつあります。

それと時を同じくしてもたらされた自衛隊のミサイル配備、島を守ると言いながら本土から隔絶された離島で軍事紛争を想定する日米共同のヤマサクラ作戦、バーチャルゲームのような悪夢が現実となる計画が迫っています。国内を見ても、格段に長い貧困の中で培われた歴史と文化、比類なき美しい自然とそれとともに暮らす5万の人々の生活がここにあります。それを必然性の無い軍事作戦で破壊する事はどうしても認められない。

本当に中国だけが領海侵犯を繰り返しているのか？　最初に尖閣国有化で緊張をもたらしたのは日本ではなかったか？　繰り返し報道されることのみが真実なのか、報道は執拗にナショナリズムを煽っているのではないか。そのつけとして沖縄の軍事化に繋がっている事を疑わずにはいられない思いで、仲里さんご夫妻のお話を聞き終わりました

（前頁写真は、野原の部落中に立てられた「陸上自衛隊新基地建設反対」ののぼり）。

●宮古島での防衛省・自衛隊と市民運動の記録

編集委員会

民意圧殺下の陸自用地取得手法の実態

防衛副大臣の来訪と宮古島市長の応答。つまり、政府決定とその決定への合意、これが政府の民意形成手段である。市民や市議会ではなく、市長を民意として進めて来たのが宮古島陸自配備の実態である。これが２０１６年12月22日の政府交渉において明らかになっている。市民が大反対し、市議会が難色を示す中、陸自配備受入の「民意」として、防衛省が唯一示せたのが市長の受入表明であった。

宮古島市議会議事録と地元新聞報道を追いながら、その足跡を示すことにする。

①２０１０年11月9日（火）先島防衛力強化を示唆／安住防衛副大臣　調査費、来年度予算に計上

安住淳防衛副大臣は8日、上原良幸副知事と県庁で面談し、沖縄政策協議会での在沖米軍基地負担軽減策など、政府の考えを伝えた。会談後の記者会見で、安住氏は尖閣諸島問題について、「防衛大綱を作成中であるが、東西冷戦中心だった大綱を、北から南へシフトする必要がある」と述べ、先島地域への自衛隊配備などの防衛力強化を示唆し、調査費を来年度予算に盛り込んだことを明らかにした。安住氏は「先の大戦の激しい戦いの場であり、痛みを持つ地域なので、地元に足を運んで説明したい」とした上で、同地域での陸自配備など、「県民理解を得られるよう進めたいと述べた。

http://www.miyakomainichi.com/2010/11/9445/

②２０１１年5月9日（月）陸自配備で調査着手へ／北沢防衛相が宮古視察　下地市長と会談、理解求める

北沢俊美防衛相は8日午前、初めて宮古島市を訪れ下地敏彦市長と宮古空港で会談した。北沢防衛相は南西諸島防衛を強化するため、宮古島を含む先島諸島に陸上自衛隊を配備するための調査に着手する考えを明らかにし、下地市長に理解を求めた。「先島諸島への部隊配備に（２０１１年度予算に）調査費を３０００万円計上している。（日本）最西端の与那国を中心にした考え方や先島諸島全体をどうカバーしていくか。総合的な計画を練るために現地視察を行った」と来島の理由を説明した。政府の中期防衛力整備計画（11～15年度）は、南西諸島防衛の一環として、宮古島や石垣島に特殊部隊やゲリラの上陸に備える陸上自衛隊の「初動部隊」を配備するとしている。

http://www.miyakomainichi.com/2011/05/18740/

③２０１４年6月13日（金）陸自配備向け協力要請／防衛副大臣が市長に　南西諸島の防衛強化で

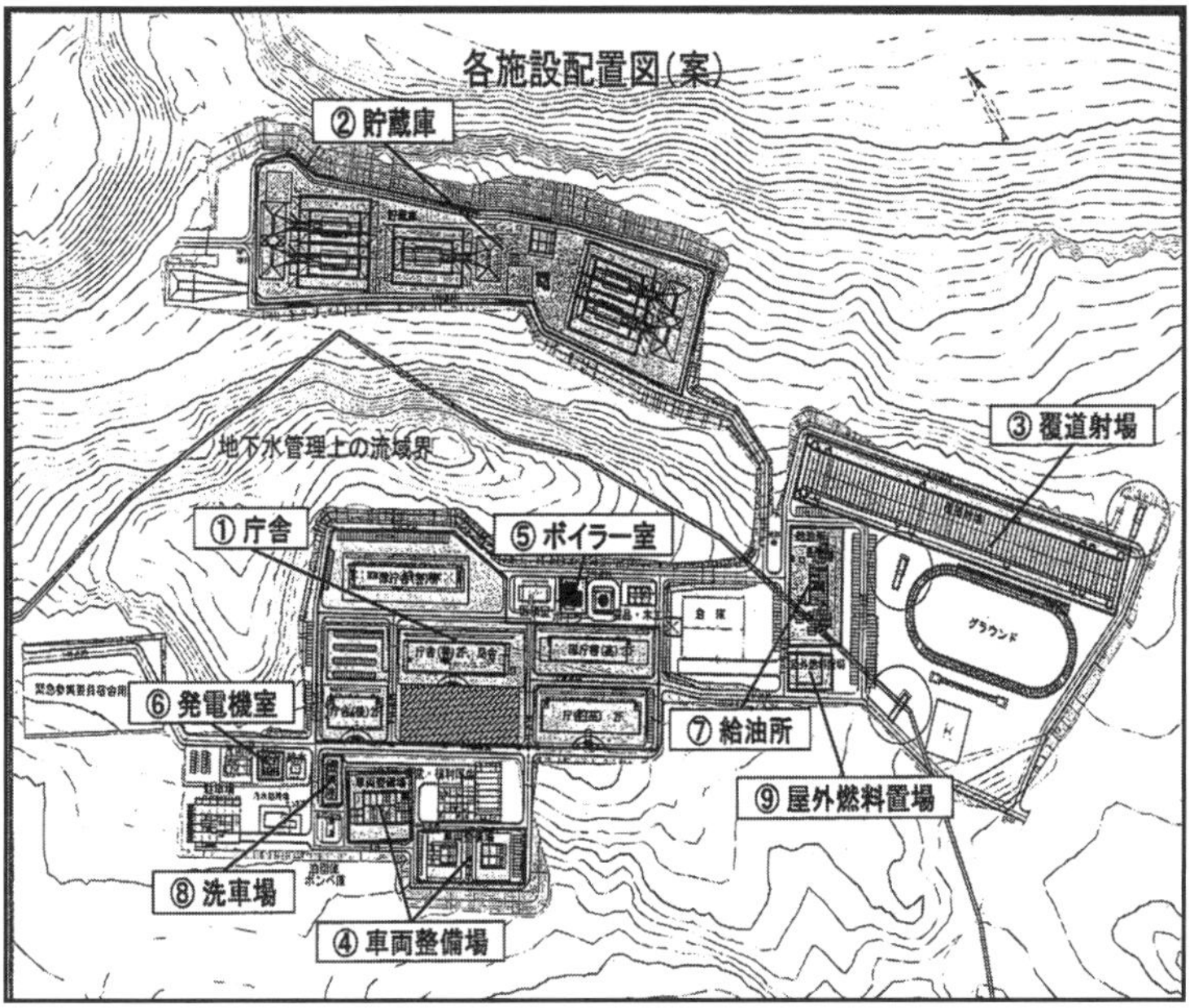

沖縄防衛局の宮古島駐屯地（仮）第１次案の大福牧場

武田良太防衛副大臣が12日来島し、市平良庁舎市長室で下地敏彦市長と会談した。武田副大臣は「南西諸島の防衛体制を強化しなければならない」と述べ、宮古島に初動任務を果たす陸上自衛隊の部隊配備を検討していることを説明、候補地選定に向けた現地調査に協力を求めた。下地市長は「調査の内容については調整していきたい。国から具体的に配備したいという申し入れがあった場合は市民の意見を十分に聞く必要がある」と述べた。

防衛省は南西諸島の離島防衛のため、鹿児島県奄美大島に３５０人規模の陸自部隊を配備する方針。沖縄では宮古島のほか、石垣島にも同規模の部隊配備を検討している。武田副大臣は会談で「南西地域の防衛体制を強化しなければというのが痛切な思い」と述べ、先島諸島の「防衛力の空白地域」の解消が重要だと強調した。

下地市長は「沖縄周辺域で現実に進行している国際情勢を勘案した時、数多くの島々から成り立っているわが国の島しょ防衛を充実させることは市民の生命、財産を守る観点から必要」と話し、協力には応じる考えを示した。しかし実際の配備については「市民の意見を十分に聞かなければいけない。しっかりと市民の意見を聞いた後に対処していきたい」と話した。

http://www.miyakomainichi.com/2014/06/63702/

④２０１５年5月11日（月）琉球新報　宮古島に着上陸訓練場検討　防衛副大臣が配備打診

宮古島市への陸上自衛隊配備をめぐり、防衛省の左藤章副大臣は11日、宮古島市役所で下地敏彦市長と会談し、陸自警備部隊、ミサイル部隊、高射特科群を含めた合計約７００～８００人規模の部隊を同市の大福牧場と千代田カントリークラブ周辺に配備することを正式に打診した。さらに同市の高野漁港周辺を着上陸訓練場として、整備することを検討していることが11日までに政府関係者への取材で分かった。左藤氏は下地市長との会談で、高野漁港については言及しておらず、水面下で計画していることが明るみになった。関係者によると、高野漁港周辺は評価を含めた検討段階にあるが、防衛省は高野漁港を含めた着上陸訓練場の候補地3カ所について、早ければ本年度中から用地取得に着手する。下地市長は「宮古の置かれた状況を考えると、理解できる」と配備に理解を示した上で、今後、議会での議論を踏まえて最終判断を出す考えを示した。

http://ryukyushimpo.jp/news/prentry-242830.html

地下水保全条例を巡る問題の始まり

２０１４年６月13日の武田良太防衛副大臣来訪以降、２０１５年５月11日の左藤章防衛副大臣来訪まで、民意置き去りのまま、中期防衛力整備計画に基づく大規模な陸自配備が一気に推し進められ宮古島の軍事要塞化がなされようとしていた。

しかし、政府にとって予想外の障壁が立ちはだかった。宮古島市地下水保全条例である。水道水源を１００％地下水に依存している宮古島にとって、水道水源の汚染や破壊は、５万住民の生命を脅かす大問題であった。にもかかわらず、宮古島市長は水道水源真上の大規模な陸自配備を容認した。この市長暴挙に対する反感が一気に高まり、水道水源外に修正した陸自配備も政府は撤回せざるを得なくなった（左図の大福地域の修正案参照）。政府史にも特筆の市民運動の勝利となった。この詳細は別項で示す。

⑤２０１６年６月20日（金）平成28年第４回宮古島市議会（定例会）会議録（１０５ページ）

市長（下地敏彦君）

ただいまの質問２点ございましたので、関連しますのであわせてお答えをいたします。

まず、防衛省が計画している旧大福牧場周辺には、活断層があることから、熊本地震での活断層の揺れにより、甚大な被害が発生したこと、市民及び多くの議員の水道水源である地下水汚染への懸念等

が表明されたことを真摯に受けとめ、市民の命の源である水道保全を図ることは、市政を担う市長の責務であると考えます。よって、旧大福牧場周辺での大型工事が実施された場合、水道水源への影響はないとは言い切れないと判断し、同地域での施設の建設は認めないことといたしました。このことについては、防衛省に対し申し出を行ったところであります。

また、沖縄、宮古、八重山地域を取り巻く国際環境は、近年激変しており、尖閣諸島周辺地域では中国公船が頻繁に領海侵犯を繰り返し、宮古、八重山地域の漁業者の同海域での操業に対し、中国公船が威嚇するなどの行動をとっていること、また最近は中国軍艦が接続水域を航行し、尖閣諸島は中国の領土であると主張をしていること、このような行為等から同海域は緊張が高まっているほか、尖閣の好漁場が十分活用できない状況に追い込まれています。また、北朝鮮は挑発的なミサイル発射を再開するなど、隣国の脅威は一段と厳しさを増しています。

このような状況を目の当たりにしたとき、市民の生命、財産を守り、かつ日本国の平和の安定的な維持、国土の保全及び国民の安全を確保する観点から、宮古島への自衛隊配備については、了解いたします。

⑥２０１６年9月3日（土）「旧大福牧場」は断念／陸自配備計画「千代田」中心に整備へ／若宮防衛副大臣が市長に説明

宮古島への陸上自衛隊配備計画について、２日、市役所平良庁舎を訪れた若宮健嗣防衛副大臣は「市が6月に受け入れを表明してくれたことにあらためて感謝する。旧大福牧場については検討した結果、整備しないこととなった。千代田を中心に駐屯地を配備したいので、きょうはその施設配置案を説明したい」と述べた。配備部隊については、警備部隊と地対艦誘導弾部隊、地対空誘導部隊７００～８００人規模で、近隣住民から騒音被害の懸念が出ていたヘリパッドについては配備しないとしている。千代田への陸自配備について、防衛省は２０１７年度予算の概算要求で３５１億円を求めている。

これに対して下地市長は「配置案の内容を見たところヘリポートや弾薬庫などは一切無いとのことなので、そういう意味では一安心している。この提示された配置案に基づき、関係法令等に関する書類等を提出してもらえれば、その内容を精査して迅速に対処したい」と協力を約束した。

http://www.miyakomainichi.com/2016/09/92326/

⑦２０１６年9月26日（金）平成28年第7回宮古島市議会（定例会）会議録

平成28年第7回宮古島市議会会議録の２５４ページには、市長答弁「自衛隊に関連して4つの質問がありましたが、一括してお答えをいたします。まず、当初防衛局から自衛隊配備の候補地としまして千代田も含めて5か所の提案がございました。そのうち沖縄防衛局は戦略的に見て面積、地形等から旧大福牧場が有力であるけれども、市政を運営する上で考慮すべき事項があると考えられるので、市長の意見も聞きたいというふうなことでありました。私は、旧大福牧場に全ての施設を配置するより、機能を分担させ、隊舎等については別の場所も検討したらどうかとの考えを述べました。それを受け、千代田カントリークラブについて防衛局から意見を求められたため、隊舎等としての利便性はいいのではないかという話をいたしました。

この発言を受けて防衛局は分散配置についての検討を行ったと推察をいたしております。1カ所で配備するより分散して配置することにより、社会基盤の整備及び経済関連の波及効果が大きいと判断したことによります」とある。

民意圧殺下の陸自用地取得手法の実態

千代田カントリークラブへの分散配備になったきっかけとも言えるこの密談は、2015年1月15日、2月3日、3月13日の3回にわたり市長室で行われた。その後、同年5月7日に防衛副大臣が来島し千代田カントリークラブへの分散配備計画を示した。ちなみに、この千代田カントリークラブは競売物件として同年5月7日、閲覧開始されており、1億6303万円の売却基準価格が公示されていた。

この競売通知を同年初頭に地主は受理してたものと考え

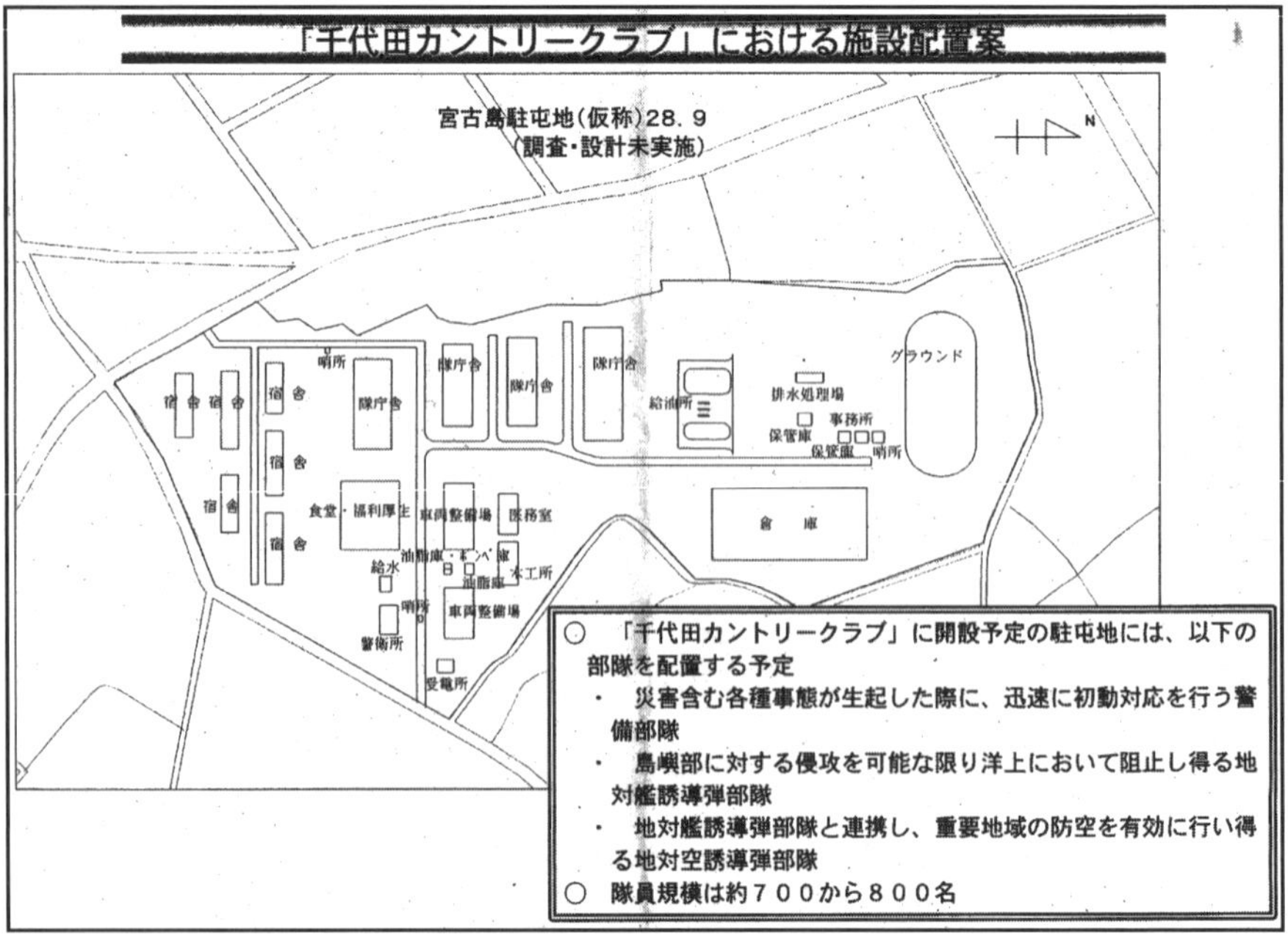
「千代田カントリークラブ」における施設配置案
宮古島駐屯地(仮称)28.9
(調査・設計未実施)
N
グラウンド
宿舎
隊庁舎
哨所
給油所
排水処理場
事務所
保管庫
倉庫
食堂・福利厚生
車両整備場
医務室
木工所
給水
警備所
受電所
○ 「千代田カントリークラブ」に開設予定の駐屯地には、以下の部隊を配置する予定
・ 災害含む各種事態が生起した際に、迅速に初動対応を行う警備部隊
・ 島嶼部に対する侵攻を可能な限り洋上において阻止し得る地対艦誘導弾部隊
・ 地対艦誘導弾部隊と連携し、重要地域の防空を有効に行い得る地対空誘導弾部隊
○ 隊員規模は約700から800名

られ、県営公園誘致候補先であったこともあり、下地敏彦市長に相談していたものと考えられる。足掛け３年にわたり、市民の防災公園として県に粘り強く提案し続けていた市長が、市議会議事録のごとく防衛省に千代田カントリークラブへの分散提案をしたのは、競売にかかった千代田カントリークラブを案じ、より早くより高く買ってくれるであろう防衛省にブローカーのごとく斡旋したものと察する。

この下地敏彦市政は、以前は市議会特別委員会で、今現在は市議会百条委員会にて不正調査されている支持率ゼロに等しい与信失墜市政である。この千代田カントリークラブに関する防衛省への斡旋行為も利益供与に関わる不正行為と多くの市民は疑っている。このような支持率ゼロに等しい汚物市政をもたらした下地敏彦市長の同意以外、前述したように市議会委員会、候補地周辺部落会、多くの市民らが明らかな反意を示している現状において、あたかも地域同意を得たかのような用地取得準備や建設準備を進めることは地域民意を完全無視した不当行為と考える。

以上、「民意圧殺下の陸自用地取得手法の実態」の足跡を示して来たが、この政府と市長の癒着をさらに掘り下げるものとする。

２０１１年12月から５年間、下地市長は一貫して千代田カントリークラブを防災目的の県営広域公園用地として沖縄県に粘り強く要請して来た。島の中央部高台に位置する千代田カントリークラブを宮古島市民の防災拠点とすることは、前知事、前副知事、前土木部長らも賛意を示し、翁長新知事県政後も合計７回にわたる県営公園検討委員会において、海際の前浜地区では困難な防災機能を中央部高台の千代田カントリークラブで補完する市長提案を計画に盛り込む方向で長期にわたり検討されてきた（右頁図は、沖縄防衛局の第３次案、千代田カントリークラブ地域）。

⑧２０１６年10月３日　琉球新報　陸自配備「撤回を」　宮古・野原部落会、防衛省説明に不満

宮古島市への陸上自衛隊配備計画で、防衛省は２日、配備候補地の「千代田カントリークラブ」（市上野野原）に隣接する野原部落会（島尻信徳会長）を対象に、野原公民館で住民説明会を開催した。同省は千代田を選定した理由を「島の中央にあり災害時の拠点として活用できる」などとした。住民から「千代田を防災公園にする計画があったが、自衛隊が来るということで棚上げになった」と指摘があった。説明会終了時には計画の「白紙撤回」を求める声が会場を包んだ。

説明会には住民約30人が参加した。野原部落会は今年３月に、部落会として千代田カントリークラブの陸自配備について反対決議を採択している。同省による配備候補地周辺住民に向けた説明会は、9月20日の千代田部落会などに引き続き2回目。野原説明会において、防衛省は千代田カントリークラブを選定した理由を「島の中央にあり災害時の拠点として活用できる」などとしたが、もともと住民のための災害避難地であり、自衛隊員のための避難地ではない。災害混乱時を狙った有事の場合、陸自駐屯地は敵国の軍事目標となり、島中央部高台に位置する千代田カントリークラブを、宮古島市民の災害避難地として活用することが不可能になる。

このように考えると、下地市長が5年間要請し続けて来た防災拠点は、尖閣など周辺状況が緊張した場合、軍事目標へと変貌し、市民が近付けない島中央部の高台（千代田カントリークラブ）となる。

下地市長は、9月定例議会後の報道取材に対して、昨年1～3月ごろまでに行った防衛局側とのやり取りを説明した。下地市長によると、防衛局側は最初に旧大福牧場や千代田カントリークラブを含めた5か所を候補地として提示。その際に市長は「1か所でまとめるよりは分散した方が良い」との見解を示したという。その後の面談で、防衛局側は旧大福牧場ですべての機能を集約した配備内容を下地市長に示した。これに対して下地市長は再度、分散型を強調し千代田に隊舎等を分けて配備することを打診した。

この千代田カントリークラブだが、「那覇地裁平良支部平成26年（ケ）7号」として、競売物件として昨年5月8日に入札開示されている。その後、7月の競売開始前に取下げられた。つまり、銀行に対して、相応の返済がなされたようである。この競売は、2014年初頭より地主に通知されていたと思われる。同年1月から3月の市長と沖縄防衛局との会談が符号することになる。

防衛省による市民説明会の実態

政府使者（防衛副大臣）と宮古島市長（下地敏彦）との交渉事実経過を追う中で、下地市長の市議会答弁「沖縄防衛局に対する千代田分散配備示唆」が明らかになり、市民の不満は爆発した。ではこの間、防衛省は市民に対してどのような説明会を開催して来たのか、この事実を地元報道で追うことにする。

①2016年6月14日（火）怒号、ヤジ飛び交う／陸自配備説明会賛成、反対派の対立激化

「黙ってろ」「質問になっていない!」。12日に開かれた陸自配備計画に関する説明会。賛成派、反対派それぞれの意見は激しく対立し、最後まで怒号とヤジが飛び交った。双方の主張に隔たりは大きく、感情をむき出しにして非難し合う場面も多く見られた。

防衛局の説明を受けて、賛成派はおおむね納得、反対派の理解は進まなかった。防衛局の説明が一通り終わると、住民の質問への回答と質疑応答があった。

　水源流域に隣接する場所に駐屯地を配備する計画に反対の女性は「市民が納得できる説明があるまで認められない」と主張。学識者の指摘を交えながら防衛局側に再考を求めた。しかし防衛局は「すべては説明できない」とする見解を繰り返し、「地下水に影響を与えてはいけないという考え方を今後も維持していきたい」と述べた。

住民説明会に登場した制服組

　別の男性は「どうしてここなのか」と大福牧場周辺での建設を疑問視し、「防衛省は真摯に受け止め、宮古島市民と話し合うべきではないか。場所を変更する可能性はないのか」と問いただしたが、「防衛省でさまざまな要素を検討し、その結果として2箇所をお願いしている」と述べ、変更には難色を示した。

　陸自配備に伴う有事誘発を懸念する声もあった。防衛局は「自衛隊を配備することで力の空白域をつくらない。自分の国をしっかり守るという意志を示すことで戦争を起こさせない。抑止するという考え方で自衛隊配備を計画している」と答えた。

http://www.miyakomainichi.com/2016/06/89680/

②２０１６年9月15日（木）怒号飛び交い開催できず／陸自配備説明会、会長の独断に不満爆発／千代田部落会　防衛局の説明至らず

　千代田カントリークラブへの陸上自衛隊配備計画に伴う千代田地区説明会が13日、千代田部落公民館で行われたが、配備賛成派の根間啓次部落会長が今回の説明会開催について、役員との調整も行わず一方的に日程の設定や非公開とする実施方法について独断で進めたことに住民から強い不満の声が出され、公民館内には一時怒号が飛び交った。結局、防衛局の説明には至らず、部落会役員と防衛局側が、今月21日の開催で再度調整することを確認した。

　説明会後、マスコミの取材に応じた根間会長は、自らは配備賛成であることを強調した上で、役員のほとんどは反対派なので役員の判断を仰がずこの日の開催に至ったことを認めた。さらに、説明会前日にはマスコミに対して非公開で開催することが伝えられるなど、その手法については説明会開催前から、同部落の役員や住民からは不満の声が出ていた。

http://www.miyakomainichi.com/2016/09/92727/

③２０１６年9月22日（木）疑問と不安の声続出／陸自配備で沖縄

防衛局が説明会　説明手法に不満の声も／千代田地区住民

上野の千代田カントリークラブへの陸上自衛隊配備計画について、地域住民を対象にした説明会が20日、千代田部落公民館で開催された。沖縄防衛局の担当者が同クラブにおける施設の配置案を示した上で住民の質問に答えた。住民からは「千代田への配備はすでに決定なのか」「これ以上拡張しないと確約できるか」「中途半端な説明は逆に不安をあおる」など、疑問と不安の声が相次いだ。さらに配備賛成派の住民からも「自衛隊が来るのは賛成だが旧日本軍みたいに隠れたやり方に不安を感じている」との指摘も出された。ある住民は「ある意味で鉄砲（ミサイル発射装置）を持ってくるがそれに装備する弾薬を準備しないのであれば、なぜあなたたちは千代田に来るのかということになる」と訴えた。さらに「住民が一番不安視し、重要に思っていることが決まっていないのに、『場所だけ千代田に決まりました』というのは誰でもおかしいと思う。そんな中途半端な計画でなぜこれだけの人間を呼び出すのか。逆にうそくさく感じるし、不安が大きくなる」と防衛局の説明のあり方に疑問を呈した。

http://www.miyakomainichi.com/2016/09/92899/

④２０１６年9月25日（日）陸自「反対」が過半数　投票で意思確認／千代田部落会が臨時常会

上野の千代田カントリークラブへの陸上自衛隊配備計画について賛否を問う千代田部落会（根間啓次会長）の臨時常会が23日夜、同部落公民館で開催され、32世帯中18世帯が反対の意思を示した。賛成は4世帯で、10世帯が「棄権」した。同部落会は今後、組織体制の調整を図った上で今回の結果を下地敏彦市長に伝えるとしている。

同部落会では8月2日にも同地への配備に反対する決議を賛成多数で可決しており、その内容を記した要請書（決議文）を下地敏彦市長に提出し、面談を求めた。しかし、下地市長は「防衛省の説明後に面談を受ける」として、現段階では要請書の受け取りも面談も実現していない。

http://www.miyakomainichi.com/2016/09/92989/

⑤２０１６年10月4日（火）陸自配備、白紙撤回求める／野原部落説明会　住民の怒号響く／市長の事前打診に怒りの声

千代田カントリークラブへの陸上自衛隊配備計画に伴う野原地区住民に対する説明会が2日、野原公民館で行われた。市議会の9月定例会で下地敏彦市長が防衛省側と事前に協議し、その中で千代田への配備を自ら打診していたことを認めたことについて住民の不満が爆発した。「バカヤロー」などの怒号も飛び交う中、住民側からは「白紙撤回してほしい」との要求も出され、約2時間の説明会ではすべて配備反対の意見だった。

ミサイル部隊を千代田に配備し、さらにミサイルの発射装置は配備するが、それに込める弾は配備しないとする配備方針に対して住民からは疑問が投げ掛けられた。住民側から出る意見は、議会での発言が変遷する下地市長に対する不信感や防衛局側の千代田選定の理由に対して、多くの疑問が投げ掛けられ、「こんな説明で納得できるわけがない」「白紙撤回すべきだ」との声が何度も上がった。

http://www.miyakomainichi.com/2016/10/93264/

⑥ ２０１６年10月19日（水）千代田配備は防衛省判断／陸自説明会 防衛省 市長の関与を否定

防衛省と沖縄防衛局、陸上幕僚監部主催の宮古島への陸上自衛隊配備計画住民説明会が18日夜、市民を対象に市中央公民館大ホールで開かれた。下地敏彦市長が分散配備を打診したと市議会で答弁した千代田カントリークラブへの配備については、あくまで防衛省の判断で配備を決めたと説明。千代田には弾薬庫を設置しないと説明している点については「弾薬がなくて抑止力を発揮できるのかとの疑問があるかもしれないが、部隊がない状況より抑止力は向上すると考えている」との認識を示した。部隊が配備されることにより攻撃されるリスクが高まることを懸念する質問に対しては「周辺諸国が軍事力を増大させているので、防衛力を高めることで攻撃を抑えさせるという考えで防衛力を整備している」などと回答。その意見に対しては、有事の避難計画が策定されていない現状で防衛力を高める抑止力向上を図ることに不安を訴える意見が上がった。

http://www.miyakomainichi.com/2016/10/93771/

⑦ ２０１６年10月19日（水）配備反対の声多く／陸自説明会 不安の声広がる

「信頼できない」。18日夜の陸自配備に関する住民説明会。参加した多くの市民が防衛省の説明に疑問を投げ掛けた。防衛省と下地敏彦市長とのやり取りの矛盾を追及し、抑止力に対しても異論を唱えた。野原地区の住民は「住民への影響は考えないのか」と訴えた。当局説明に理解を示す意見はほとんどなかった。千代田周辺の野原部落に住む仲里成繁さんは、候補地を決めた調査項目の開示を求め「住民への影響はどうなるのか」と問うた。防衛省は「文書の開示ということになると、文書の中の個人情報とか、公にできない情報を精査しなければならない」と述べ、情報公開制度の活用を促した。結果として、意見のほとんどが陸自配備に反対する声だった。一部住民は「配備計画白紙撤回」と書いた横断幕や「撤回」のプラカードを掲げて抗議した。

http://www.miyakomainichi.com/2016/10/93775/

地下水保全を巡る市民運動の足跡

水道水源に隣接した陸自候補地（旧大福牧場）の撤回は、宮古島市民運動の大勝利でもあった。そのきっかけとなったのが、陸自配備の是非以前に、島のライフラインである地下水（水道水源）の保全であった。宮古島に住する全ての人が子や孫のために守り抜くと決意したのがこの地下水である。

2016年2月28日に開催された次世代会議をきっかけにこの共感は広がり始め、学術部会委員たちの英断で地下水審議会の実情が明らかになり、6月12日の第1回防衛省市民説明会において地下水への危機感が全市民に広がった。その結果、6月20日の市議会にて大福牧場の陸自配備を認めないと市長が公言するに至った。以下、その経過を地元報道で追うことにする。

①2016年3月1日（火）自衛隊配備で情報共有／次世代会議「反対」「賛成」で対話

宮古島市への陸上自衛隊・ミサイル部隊配備について考える市民集会「島の未来をつくる次世代会議」（主催・同会議実行委）が2月28日、JAおきなわ宮古地区本部大ホールで行われた。4人のパネリストが自衛隊配備に「反対」「賛成」の立場で臨み、将来にわたりどのような利点や欠点があるのかを述べ合い情報を共有した。地域活性化については意見が分かれたが、平和の構築や自然環境の保全については、それぞれ手法は違ったものの考え方は一致した。

自衛隊配備については、計画が発表されてから「反対派」「賛成派」に分かれて集会や説明会などが行われていたが、今回のように、双方が同じ場所で意見を述べ合うのは初めて。市民約130人（主催者発表）が参加した。自衛隊反対の立場から猪澤也寸志氏（エコガイドカフェ）と楚南有香子氏（てぃだぬふぁ 島の子の平和な未来をつくる会）、賛成の立場から中尾忠笮氏（宮古島自衛隊協力会青年部長）と濱元雅浩氏（市議会議員）がパネリストとなり①地域活性化②平和の構築③自然環境の保全――で意見を交わした。

主催者の1人でパネリストの中尾氏は、会議の終了後「双方が賛否を主張するのではなく、それぞれの意見を聞こうとする場をつくりたかった。自衛隊配備計画は、島の将来に影響を与える。今後も開催していきたい」と話した。

http://www.miyakomainichi.com/2016/03/86107/

② 2016年4月10日（日）陸自配備問題を考える／猪澤さん講師に勉強会

宮古島への陸上自衛隊配備問題について考える勉強会が9日、市中央公民館創作室で開かれた。今回は2月に開かれた市民集会「島の未来をつくる次世代会議」に配備反対立場のパネリストとして参加した猪澤也寸志さんが講師を務め、条例の改廃や行政事務の監査請求が行える直接請求の仕組みや市地下水保全条例、国民保護計画などについて自身の考えを紹介した。同勉強会は陸自配備賛否の立場を問わず、さまざまな情報を共有することで配備問題への理解を深めることを目的に実施。今後も継続開催を予定している。

猪澤さんは直接請求について、条例の制定や改廃の請求、行政事務の監査請求は、有権者の50分の１以上の署名を集めれば請求できることを説明。事務の監査請求は行政が行う事務全てに適用されることから、今回、自衛隊配備計画についての審査を非公開で行った地下水審議会などに対し事実監査を求めることも可能との考えを示した。

宮古島の地下水を貯める「ピンフ岳ファームポンド」（福山地区）

地下水保全条例では水道水源流域で事業計画があれば、市と事前協議を行い、地下水審議会で審査を受けることが定められていることを紹介する猪澤さん。今回、審議会から付託を受けた学術部会による審査については「世界標準の環境マネジメントでは通常時、非通常時だけでなく、当然予見できる緊急事態も特定することが必要とされている。学術部会では予見できる緊急事態も想定して考えるべき」と主張した。

現在の市国民保護計画では有事には全住民避難を視野に入れた体制整備が必要としているものの、具体的な計画は整備されていないことを指摘。「自衛隊を受け入れるのであれば市は避難計画を整備することが必要」との認識を述べた。最後に猪澤さんは、宮古島をはじめ沖縄に新しい基地を作らせない運動を「オール沖縄」の枠組みで取り組むべきとの持論を披露した。

http://www.miyakomainichi.com/2016/04/87415/

③ ２０１６年５月11日（水）大福牧場周辺陸自配備計画　防衛局が図面再提出　**地下水流域外に修正／市長「事前協議の必要なし」**

宮古島への陸上自衛隊駐屯地建設計画で下地敏彦市長は10日、市平良庁舎で会見を開き、沖縄防衛局から４月28日付で旧大福牧場周辺への宮古島駐屯地の修正図面が提出されたことを明らかにした。修正図面は、昨年末に同局から提出され、今年４月に取り下げられた同局からの協議書よりも、規模が縮小され、地下水流域界内に示されていた、庁舎や車両整備場など全ての施設が地下水流域外に移動されている。このため、市は市地下水保全条例に定める対象事業には当たらず、事前協議の必要はない旨の文書を10日付で沖縄防衛局宛に発送した。修正図面は施設等が全て流域外の計画なため、市地下水保全条例に基づく、同審議会での事前協議は不要と判断し、この日の発表となった。下地市長は修正図面を受領したことで「地下水審議会は終了したことになる」と述べた。

④2016年5月24日（火）「命の水」死守誓う／「宮古島・命の水を守る5・22シンポ」専門家が地下水保全訴え／市長見解に疑問と怒り

「新たな自衛隊配備を許さない」をテーマに「緊急！　宮古島・命の水を守る5・22シンポジウム」（主催・同実行委）が22日、市内のレストランホールで行われた。沖縄防衛局が進める宮古島への陸上自衛隊駐屯地配備計画とそれに伴う地下水保全を巡る一連の問題について、5人のパネリストが登壇。計画について学術部会の判断が「ノー」だったことが報告されると歓声が起こった。

そのほか、この問題について情報開示を拒み、徹底的な調査を実施しない下地敏彦市長に対する疑問と怒りの声が会場から上がった。シンポジウムのパネリストは、市地下水審議会の前里和洋さん（八重山農林教諭）と、学術部会の新城竜一さん（琉球大学理学部教授）、同審議会と同部会両方に所属する渡久山章さん（琉球大学理学部名誉教授）が専門的な立場から同計画が地下水に及ぼす影響や懸念事項について詳しく説明した。

さらに、元旧宮古上水道企業団企業長の上地慶彦さんやエコガイドカフェ代表の猪澤也寸志さんもそれぞれの立場から、地下水保全の重要性や下地市長の行政手法の問題点について指摘した。

新城さんは、すでに部会としての防衛局の計画について「認められない」とする最終的な結論を出していることを報告した上で「なぜあえてこの場所なのか意味が分からない。位置的に不適切。そこが攻撃受けると7～8割を占める住民の水道水源が影響を受けることになる。この場所で造るのはやめるべき」との考えを示した。

前里さんは防衛局から示された修正図面について、下地市長が地下水審で事前協議の必要性を認めていないことについて「修正した内容についてもしっかり調査すべき」との見解を示した。

そのほか、渡久山さんは「水源域やその近くには危険で大きな施設を造らずに、ただ見守っていることしかできない。現市政や事業者によって、そこに手を入れるかどうかの判断はできない」と訴えた。そのほか、上地さんと猪澤さんも問題意識を多くの市民が持って、自分たちの未来の問題としてとらえて行動することの大切さを強調した。

http://www.miyakomainichi.com/2016/05/89010/

⑤２０１６年９月３日(土)「旧大福牧場」は断念／陸自配備計画「千代田」中心に整備へ／若宮防衛副大臣が市長に説明

宮古島への陸上自衛隊配備計画について、若宮健嗣防衛副大臣が２日、市役所平良庁舎を訪れ、下地敏彦市長に旧大福牧場周辺への配備は断念することを明言するとともに、今後は千代田カントリークラブを中心に整備していく方針を示した。

http://www.miyakomainichi.com/2016/09/92326/

⑥２０１６年11月10日（木）「認可できぬ」と結論／陸自関連資料公開　大福配備で学術部会

宮古島への陸自配備計画で、市は９日午前、市民団体が求めた地下水審議会および学術部会の議事録等の関係書類を公開した。学術部会の議事録では、当初防衛省が計画していた旧大福牧場への陸自配備は「認可しない」と結論付けていたことが示された。配備を認める意見はなかった。

公開された資料は第２回地下水審議会、第３回と第４回の地下水審議会学術部会の議事録。そのほか関連する資料も開示された。公開を請求していた「てぃだぬふぁ島の子の未来をつくる会」の石嶺香織共同代表らが受け取った。

旧大福牧場への配備をめぐって注目された学術部会の議事録では、第３回の会合時から「ここから外してどこかに建設してほしいという思いはある」「この立地に反対し得る科学的根拠を学術部会として示す必要がある」など配備に否定的な委員の意見が目立つ。情報不足を問う声もあった。第４回の会合では、計画する図面の詳細を説明できない防衛省側の説明にいら立ちをにじませる委員の発言も記されている。この会合で、委員の１人は「水道水源地下水流域にかからない場所を新たに選択する余地はないか」と求めているが、防衛省は「難しい」と応じなかった。

結論として、配備に伴う油脂や薬物等の地下漏出が懸念されることや水道水源流域であること、仮に攻撃対象となった場合に地下水地質構造の破壊や水質汚染が周囲に起こり得ることが想定されるとし、「予防原則的にこのような施設を水道水源流域に設置することは認められない」とする方針をまとめている。

http://www.miyakomainichi.com/2016/11/94383/

■陸自配備で南西諸島を標的にさせないための政府交渉の記録
（宮古島市民会議）

２０１６年12月22日、参議院議員会館で「宮古島市民会議」が主宰する「宮古島への陸自配備で標的の島にさせないための政府交渉」が行われた。この交渉には、宮古島市から「宮古島市民会議」代表の猪澤也寸志氏と参議員議員の福島瑞穂氏が交渉人として参加した。

交渉においては、事前通告されていた質問事項に防衛省側が答えるという形式で進められた。その主な内容は、宮古島での自衛隊配備に関わる用地取得費、来年度概算要求の内訳、候補予定地、地元部落の反対決議や住民意志の軽視、国民保護等の問題など、多岐にわたる回答を求めた。

この政府交渉を皮切りに、宮古島、石垣島、与那国島などの先島諸島全体の自衛隊配備に関わる政府交渉も近く予定されている。以下はその記録である。

福島瑞穂議員：南西諸島における、とりわけ宮古島における自衛隊配備計画、国民保護、国民避難などの応対に関して行政交渉したいと思います。今回宮古島からも来て頂いておりますし、この行政交渉が有意義なものになるようにと思っております。今回事前に質問項目をお渡ししておりますので、これにそってお答え頂きたいと思います。宜しくお願いします。では、早速、本日の交渉事項１～７までを答えて頂くということで宜しいでしょうか。では、お願いします。

❶平成29年度執行予定の南西諸島における陸自配備の用地取得費を全て示せ。候補地、敷地面積、概算額、公有地か私有地などは、最低限示すこと。

❷前記❶を示す際、平成29年度概算要求に示した宮古島予算３５４億円のうち、宮古島用地取得費及び石垣島用地取得費は、それぞれいくらかを示せ。平成29年度中に千代田候補地の建設工事に着手することはほぼ困難にもかかわらず、この多大な予算要求は、用地取得費以外、該当項目が考えられない。調査、測量、敷地造成等に要する予算額とは桁違いと察する。

防衛省：防衛省……課の浜本と申します。宜しくお願いします。29年度予算案、宮古島への自衛隊配置に関わる宿舎建設の用地取得、これに関連する経費を計上してございます。

福島瑞穂議員：２０１６年度（平成28）予算ですよね。

防衛省：いや、来年度（平成29）予算です。

福島瑞穂議員：宮古と奄美大島合わせて７４６億円、概算要求で計上していますよね、そのうち宮古島はいくらですか？　奄美はいくらですか？　あと、石垣島は入ってないという理解で宜しいでしょうか？

防衛省：防衛省のながまちと申します。29年度予算案においてですね、まず宮古島における経費については、３１１億円を計上しております。奄美大島については、３９７億円計上しております。で、石垣島については予算計上しておりません。

福島瑞穂議員：ありがとうございます。では、これは宮古と奄美で官舎取得となっているので、今の金額でいいということですよね。で、もう１つ、２０１６年度予算で、宮古島に関する用地買収の１７６億円ですかね、ありますが、現在どうなっておりますか？　えーとですね、今執行中28年度予算で、南西諸島配備が１９５億円、防衛における警備隊配備に関する奄美大島の造成工事と、および宮古島の用地取得経費等を計上していらっしゃいますが、それの消化というか、現在使ってる分はどうなっていますか？

防衛省：宮古島についてでは、現在入札等を行っていまして、用地測量等には使っています。

福島瑞穂議員：すいません、念のために１９５億の内訳を教えて下さい。

防衛省：宮古島においては、用地取得１０８億です。

❸千代田カントリークラブ候補地に関して、既に土木設計や建築設計等の入札が行われているが、今現在、千代田カントリークラブは候補地なのか、もしくは用地取得及び建設を予定している予定地なのか？

防衛省：３番目ですね、ながまちと申します。「千代田カントリークラブ候補地に関して、既に土木設計や建築設計等の入札が行われているが、今現在、千代田カントリークラブは候補地なのか、もしくは用地取得及び建設を予定している予定地なのか」ということなんですが、防衛省では、中期防衛力整備計画に基づいて、南西防衛強化に努める中で、宮古島を自衛隊配置部隊の有力な候補地と考えていたことから、まずは現地における調査を実施して、佐藤前防衛副大臣から宮古島市長に対して大福牧場と千代田カントリークラブが陸上自衛隊警備部隊の配置先候補地であるというのを説明しております。本年６月にですね、宮古島市議会において下地市長から「大福牧場地区での施設建設を認めない」ということ、宮古島への自衛隊配置については了解すると発言がありましたので、防衛省において改めて検討した結果、千代田カントリークラブに駐屯地を開設して、隊庁舎、宿舎等を整備することをしております。それを、本年の9月にですね、副大臣から下地市長に対して千代田カントリークラブにおける配置について説明を行ったところであります。下地市長からは、千代田カントリークラブにおける施設開設案に関して、関係法令に基づく申請等が宮古島市に提出されれば、その内容を精査して迅速に処理するとの発言がございました。

猪澤（宮古島市民会議）：千代田カントリークラブは候補地なのか、それとも既に決定していて、このまま用地を取得して工事を進めるという場所なのですか？

防衛省：今まさにその千代田カントリークラブにおける施設配置案の説明をさして頂いて、用地取得の準備をしているところであります。あのー、この施設配置案に基づいてですね、施設整備を進めていきたいというふうに考えております。

猪澤（宮古島市民会議）：決定地もしくは予定地なのか？

防衛省：決定地というのが何をさしてるのか分からないのですが、われわれとしては千代田カントリークラブの施設配置案に基づいてですね、施設整備を進めていきたいと思っております。

猪澤（宮古島市民会議）：市民はですね、千代田カントリークラブが候補地なのか、既にここに建設しようとしている予定地なのかが分からず心配している。今、住民は全体的に反対で、部落からも反対決議がずっと出続けてるのですが、その状態で、すでに工事を進めるうえで、ほぼ予定地として進まれているという認識でよろしいですね。

防衛省：繰り返しになってしまいますが、われわれとしては、副大臣から千代田カントリークラブの配置に基づいて施設の整備を行っていきたいというふうに考えております。

福島瑞穂議員：地元、野原部落などから、決議が出ていますが、この反対の決議はどう受け止めてらっしゃるのでしょうか？

防衛省：野原部落から反対の決議が出てるのは承知しております。防衛省としてはですね、南西防衛態勢の強化ということで、南西地域においてですね、今沖縄本島と与那国島にしか陸上自衛隊が配置されていない、この空白状況はですね、早期に解消する必要があると考えておりまして、防衛大綱、中期防に基づいて南西防衛態勢の強化として、宮古島に陸上自衛隊配置をさせて頂きたいと考えております。

福島瑞穂議員：ながまちさん、問いと答えがズレてると思っていて、今、防衛の大綱を含めた説明があったわけで

宮古島市民会議の政府交渉（2016 年 12 月 22 日）

すが、しかし、野原部落は反対決議が出ていて、だとしたら予定地としてはできないんじゃないですか。ということについてはいかがでしょうか？

防衛省：すいません繰り返しになってしまうのですが、われわれとしては、南西地域の空白状態はどうしても早期に解消したいと考えていまして、政府としては防衛大綱、中期防衛整備計画という閣議決定をさせて頂いておりまして、その計画に基づいてですね、宮古島に陸上自衛隊の部隊を配置させたいと考えております。

猪澤（宮古島市民会議）：先週ですね、野原のほうが陳情がですね、撤回と説明をしっかりするまで工事を止めろと、いう陳情が、市議会委員会採択されましたのは御存知ですか？

防衛省：宮古島の総務財政委員会でですね、採択されたのは承知しております。

福島瑞穂議員：じゃあそれに、誠実に対応する必要がある、少なくとも測量などはできないということでよろしいでしょうか？

防衛省：われわれとしてはですね、下地市長から、宮古島への自衛隊配備の配置は了解すると表明を頂いておりまして、若宮副大臣からですね、施設配置案というのを下地市長に説明させて頂いておりまして、千代田カントリークラブの施設配置案に基づいてですね、施設整備を進めていきたいという考えでございます。

福島瑞穂議員：ただ、地元の部落が地元の自治体が中止を求め、説明を求め、反対であるというのは、民主主義から言えばですね、それ（自衛隊配備）を排除するしかないと思っています。ですから防衛省が必要だとなったとしても、その該当の地区が反対という決議を出し、委員会でもそれが通ったわけですから、その決議案が採択されたわけですから、それは、測量もできないし、進めるのは民主主義の破壊だと思いますがいかがでしょうか？

防衛省：総務財政委員会においてですね、採択されていまして、宮古島市議会の本会議においては否決されていると、われわれは承知しているのですが、だからといってなんだということではありませんが。

福島瑞穂議員：地元の意見を重視して欲しいということと、またこれは今日のテーマではありませんが、千代田カントリークラブは一旦競売にかかって1億5千万円で売り出されたもので、それを多額に、税金を使ってですね、買うことも許されないというふうに思ってるということを申しあげておきたいと思います。はい、じゃあ次またお願いします。

❹前記❸の答弁を予定地とする場合、この千代田カントリークラブ候補地を予定地として用地取得や建設準備を進めている地域同意の根拠を全て示されよ。

防衛省：質問の❹ですね、「千代田カントリークラブ候補地を予定地として用地取得や建設準備を進めている地域同意の根拠を全て示されよ」ということなんですが、今、千代田カントリークラブの用地測量をやらせて頂いておりまして、用地測量をする際には、地権者の方の同意は頂いております。

猪澤（宮古島市民会議）：この質問はですね、先程来あるように地域が同意してる根拠を示してくれと言っているわけであって、先ほどから繰り返し述べてるのは、「市長が認めた」「市長が認めた」の一点張りなんですね。市長以外はほとんど全体が反対してると言っても過言ではない。これまで、野原陳情の市議会委員会採択、それと市議会のほうも、こんな全くわけの分からない説明もないような駐屯地を造らせることができないから、詳細な資料を提出しなさいという市議会決議でですね、それで出てきたのが、住民説明会よりももっと雑な資料（A4・6ページ）が出てきて市議会は怒っているわけですよ。何も分からないままどんどん進んでいく、もし、市長と言うのであれば、1月22

日に市長選があるが、そこで市長が変われば、その新市長の言うことを聞いて、それを地域の同意と考えるのですか？　市長1人だけの同意を、同意と考えるようなことを防衛省はやるんですか。地域全部が反対してますよ。

宮古島市に説明に来ていただいた防衛省のみなさん、千代田部落、野原部落、宮古島市民2回やりました。全部炎上ですよ、市民全体が反対しています。なぜ反対するか、有事の話を一切しない、有事の初動部隊を置くと言いながら有事の話を一切しないんですよ。有事の話、もし有事になったら住民はどうなるのですか、大丈夫なんですか？と尋ねたら「仮定の話には答えられません」と答えるんですよ。あなたたちが防衛大綱とか防衛計画の中で想定していることに対して市民は質問しているんです。それを仮定の質問だから答えられない。石垣も与那国も奄美も防衛省の説明会では有事の話には一切触れません。何をやるかと言うと、ビデオを流すのも災害救助ばっかりです。

福島瑞穂議員：これは災害救助だけではなくて、実際、島の侵略と奪還の防衛省がビデオを作っていらっしゃるのでそれを前提にしてるということでよろしいのですね、有事を前提にしてるということでよろしいですね？

防衛省：宮古島に配置をお願いしているのは、警備部隊と地対空誘導弾部隊、地対艦誘導弾部隊を配置させて頂きたいとお願いしておりまして、警備部隊につきましては、まさしく災害があったときに迅速に初動対応ができるように、地対空誘導部隊に関しては、航空機だとか、そういうものからですね、島を守るためにと、地対艦誘導弾部隊につきましては、艦船をできる限り洋上において撃破することを念頭に置いている部隊でありまして、まさしく、抑止力向上ということで、抑止を向上させるために自衛隊を配備させたいと思っております。

福島瑞穂議員：だから、自然災害ではなくて、まさに有事を前提に自衛隊の基地を造り、ミサイル配備をするということでよろしいのですよね？

防衛省：前提というよりは、われわれは抑止力の向上ということで、部隊を配置することによって抑止力が向上すると、そのために部隊配置しようと考えております。

福島瑞穂議員：でも有事を前提にしてるということはそうですよね？

防衛省：前提にしてるというよりは、まさしく水かけ論になってしまいますが、抑止力の向上ということでございます。

福島瑞穂議員：防衛省・自衛隊ですかね、島が侵略されて奪還するためのビデオを見ておりますが、あれって住民が1人も出てこないんですよね。まさに有事の際に。防衛省は、住民の避難などは国民保護法などについてどう考えてらっしゃるのでしょうか？　まさに、奪還するということは、島に5万人いる中で、一時期に全員避難させることはなかなかできない、島ですしね。有事の際の島民避難などの国民保護法制やそれについてはどういうお考えか教えてください。

消防庁国民保護室長：武力攻撃事態という認定がされれば、国民保護法制に基づいた法的な処置、住民の避難や災害抑止をすすめていくということになっています。

福島瑞穂議員：国民保護法制は、宮古島の場合、作られてないのですよね、避難計画とか？

猪澤（宮古島市民会議）：避難実施要領のパターンが作られていません。

福島瑞穂議員：有事の際にどう避難するかということについてはどうお考えでしょうか？

消防庁国民保護室長：避難実施要領を作成して避難を実施するということはご存知の通りでございます。避難実施要領自体はその時（有事）に作る。ただ、その時に作れるように一定のテロとかも含めて、その地域で想定されるような事案を想定して、こういった場合にはこういう避難をしていこうというパターン作成が基本指針に示されている。宮古島市においてはこの避難実施要領のパターン作成がなされいていないのを事実確認している。

福島瑞穂議員：そうすると、有事が起きた時に関して、国民保護法制に基づく避難計画が宮古島では作成されていない。防衛省としては、5万人をどのように有事の際に避難させるのかというのに関しては、具体的にどう考えておられるのでしょうか？　島が侵略されて奪還計画、島民の避難5万人必要、どうされるおつもりでしょうか？

防衛省：個別具体的な様相というのがなかなか分からないところでありますが、防衛省・自衛隊としましては、国民保護法等を踏まえまして関係省庁と連携して、そのような避難措置の取組についても頑張っていきたい。

福島瑞穂議員：原発の避難と似てるところと違うところがあると思いますが、私は原発再稼働に反対ですが、仮に原発を動かすにしても、避難計画など重要なことは全部議論し、かつそれぞれの原発、電力会社、規制庁、経済産業省、常に交渉しているんですね。同じような問題で、頑張るというのは分かるが、5万人という人を島から避難させることは可能なんですか？

防衛省：防衛政策課の田中です。全体的な避難計画は防衛省で作ってるわけではないのですが、繰り返しになりますが、個別具体的には予想というのはなかなか分からないところでございますので、防衛省・自衛隊としましては、政府の一員として、関係省庁と連携しながら、そのような国民保護政策について取り組んでいけたらなと考えております。

福島瑞穂議員：いつまでに、防衛省としてこの避難計画を作るのでしょうか？

防衛省：避難計画につきましては、防衛省で特に作るというものではないと思っているので、そこは市町村側で作ってもらうと理解してます。

福島瑞穂議員：先ほど、防衛省は抑止力になると言われたが、島民は自分たちが標的の島になるんじゃないかと恐れているんですよね。

陸自の島嶼上陸訓練の予定地・高野漁港近くの海岸

そして防衛省の奪還計画ビデオを見て驚いたんですけど、住民が１人も出て来ないですよね、人っ子一人出て来ないんですね。領土（島）であっても、住民って目に入ってないんだなと私は思ったんです。島って、台風があったりすると外に出られないじゃないですか。原発だって、避難実施訓練をやるけど、時化ると船が出ないんです。佐多岬も出なかった、どこも出なかった、そんな中でどうやって避難できるのか、避難計画の実施主体は防衛省ではありません。どう考えてるかだけお聞かせください。有事で戦争状態、戦場になった、島民５万人はどうやって避難するのか、台風で海が時化てる、どうするんですか？

防衛省：繰り返しになりますけど、個別具体的な状況、様相等が分からないところで一概に答えることは困難ですが、そういう指摘もふまえて、いろいろ考えていくことは必要じゃないかなと思います。

福島瑞穂議員：それが示されないうちは、だれも同意できないと思います。でも、有事に対する避難計画は、頑張ると、今日の答弁で出てきたと思います。そしたら、また質問に対するご回答をよろしくお願いします。

❺12月９日、宮古島市議会総務財政委員会（嵩原弘委員長）が市役所平良庁舎で開かれ、付託された議案と陳情の審査を行った。陳情では千代田カントリークラブへの陸上自衛隊配備計画の撤回を求める要請と、市議会で計画の是非が

判断されるまでの間、防衛省による用地取得などに関する全ての手続きを中断するよう防衛省に要請する陳情を賛成多数で採択した。地域の反意を示す市議会委員会採択を目の当たりにしてなお、地域同意を得ているとして、千代田カントリークラブを予定地として用地取得や建設準備を進めることは地域民意を無視した不当な行為と考えるが、市議会委員会本陳情採択や地域反意との不整合に関して答弁されよ。

防衛省：質問❺ですね。繰り返しになりますが、宮古島への陸上自衛隊の配置につきましては、27年5月に佐藤前防衛副大臣から宮古島市長に対して陸上自衛隊警備部隊の配置の要請を行っております。本年6月に下地市長が大福牧場地区での施設建設を認めないということ、宮古島への自衛隊配置については了解という発言をされました。千代田カントリークラブに駐屯地開設にかかる手続きを進めているところであります。先ほどの事実関係として、野原部落陳情は、総務財政委員会では可決されたが本会議で否決されています。

福島瑞穂議員：事実関係は分かっているのですが、ぜひ地元の自治体が反対と言っていることを受け止めてほしいと。私は現場に行きましたが、空白のレーダーがあって陸自ができると本当に近接していて、部落の目と鼻の先に基地ができる、陸上自衛隊のこんな基地は見たことないよ！という、厚木基地だってどこだって見たことないよ！というふうには思っておりまして、地元の人たちの不安とかですね、本当にあると思います。受け止めて欲しいと思います。では❼番お願いします。回答だけで結構です。

❼平成28年第7回宮古島市議会（定例会）会議録の254ページには、市長答弁「自衛隊に関連して4つの質問がありましたが、一括してお答えをいたします。まず、当初防衛局から自衛隊配備の候補地としまして千代田も含めて5か所の提案がございました。そのうち沖縄防衛局は戦略的に見て面積、地形等から旧大福牧場が有力であるけれども、市政を運営する上で考慮すべき事項があると考えられるので、市長の意見も聞きたいというふうなことでありました。私は、旧大福牧場に全ての施設を配置するより、機能を分担させ、隊舎等については別の場所も検討したらどうかとの考えを述べました。それを受け、千代田カントリークラブについて防衛局から意見を求められたため、隊舎等としての利便性はいいのではないかという話をいたしました。この発言を受けて防衛局は分散配置についての検討を行ったと推察をいたしております。1か所で配備するより分散して配置することにより、社会基盤の整備及び

経済関連の波及効果が大きいと判断したことによります」とあるが、千代田カントリークラブへの分散配備になったきっかけとも言えるこの密談は、平成27年1月15日、2月3日、3月13日の3回にわたり市長室で行われた。その後、同年5月7日に防衛副大臣が来島し千代田カントリークラブへの分散配備計画を示した。

ちなみに、この千代田カントリークラブは競売物件として同年5月7日、閲覧開始されており、1億６３０３万円の売却基準価格が公示されていた。この競売通知を同年初頭に地主は受理してたものと考えられ、県営公園誘致候補先であったこともあり、下地敏彦市長に相談していたものと考えられる。足掛け3年にわたり、市民の防災公園として県に粘り強く提案し続けていた市長が、市議会議事録のごとく防衛省に千代田カントリークラブへの分散提案をしたのは、競売にかかった千代田カントリークラブを案じ、より早くより高く買ってくれるであろう防衛省にブローカーのごとく斡旋したものと察する。

この下地敏彦市政は、以前は市議会特別委員会で、今現在は市議会百条委員会にて不正調査されている支持率ゼロに等しい与信失墜市政である。この千代田カントリークラブに関する防衛省への斡旋行為も利益供与に関わる不正行為と多くの市民は考えている。このような支持率ゼロに等しい汚物市政をもたらした下地敏彦市長の同意以外、前述したように市議会委員会、候補地周辺部落会、多くの市民らが明らかな反意を示している現状において、あたかも地域同意を得たかのような用地取得準備や建設準備を進めることは地域民意を完全無視した不当行為と考えるが、これでも地域同意を得ているという認識であれば、その地域同意の根拠を答弁されよ。

防衛省：宮古島については佐藤前防衛副大臣から要請をさせていただいて、市長から自衛隊部隊配置については了解するという話を頂いておりまして、それに若宮防衛副大臣から千代田カントリークラブの配置案というのを宮古島市長に説明させて頂きまして、千代田カントリークラブの説明さして頂いた配置案に基づいて施設の整備等を実施したいと考えています。

福島瑞穂議員：地元の部落が反対していることと、宮古市民も、国民保護法制もそうですし、ご存知、宮古島は地下水によっているわけで、大福の地域が見送られた1つの理由が、地下水の問題の条例にあると、この千代田カントリークラブのところも、まさに地下水汚染、あそこは地下水で生活用水すべてまかなっている。万が一汚染された時は大変になると、条例との関係もありますし、様々な観点から宮古島の島民市民は反対をしていると、市長がいいと言ったからいいという問題ではないでしょう。どうですか？　私の言っている意味分かるでしょう？　だって、たかが市長がOKと言っただけではダメでしょう！　だって住民の理解がなければ基地なんて造れないし、住民が納得してないのは、はっきりしてるじゃないですか！　少なくとも、説明不足だ！　地元は反対だ！　と言っている。そしたら防衛省、造れないですよ！　どうですか？

防衛省：われわれとしては、住民説明会を10月に開催させて頂いてます。千代田カントリークラブ配置案をですね、若宮副大臣からお説明をさして頂いた。それにつきまして順次説明会を開催さして頂いております。できるかぎり、丁寧に説明はさせて頂きたいと思っています。基本的に何か隠しているだろうと言われますが、我々としては精一杯できる限りのお答えはさして頂いていると思っております。そのへんはご協力をご考慮いただければ。

猪澤（宮古島市民会議）：千代田部落、野原部落、市民説明会（2回）、全部大反対ですよ！　なぜ大反対かと言いますと、何回も言いますが、説明しないからですよ！　市民は、こういう有事対策で住民避難計画もしっかり立てていると、万が一の時もみなさんは島外に避難させることもできる、だから国防に協力してくれというなら、協力する市

住民説明会で防衛局役人・制服組に抗議する宮古島市民たち（2016年10月18日）

民も沢山いますよ！　でもね、そこ一切言わないで国民保護の話も全くしないで、有事の話は全部ぼかしてですね、そのような説明をしているから。住民が何を怒っているかというと、なんで説明しないの？　市議会が何を決議したかというと、なぜ防衛局はいつまでもちゃんと説明しないのと？

だから、決議をしてですね、ちゃんと説明を出しなさいと言ったら、あなたたちが出したのはＡ４の紙が６枚で千代田の線画が入った図面ですよ！　そんなものを市議会に出して、これが全部ですと言ってその工事を進めようとしているわけでしょ？　民主主義じゃないですよ、全然ひどすぎますよ！　こういうことを東京でできるんですか？首都圏で都市部でこんな基地の建設の仕方でできるんですか？　たぶんですけど、沖縄だから、先島だから、とりあえず市民説明会さえやっとけば、既成事実さえ作っとけば、あとは内容がどうあれ、説明ちゃんとしたよねというようなレベルでやってきたとしか思えない。これ以上、用地取得などもっての他です。

先ほどの質問❶の話です。来年の建設費とおっしゃいましたけど、来年の建築土木設計の履行期限が来年の８月31日です。そこから敷地造成したとしても、来年に基地建設はできないんですよ！　なのに３１１億も予算を計上しているのは、千代田の他にもう１つ土地を買おうとしてるわけですよ！　用地取得費が必ず入ってます。千代田だけでは弾薬庫がないわけでしょ。防衛機能がないわけです、全然。国防できないわけですよ！　千代田の他にもう１か所あって、そこに３１１億の中に仕込まれていて、石垣に関しては２年前倒しして基地を造る、土地を買うと言ってるわけですから、その中に石垣の用地取得費も入ってます。来年度は建築費なんて１円も使えないです。敷地造成が目一杯です。来年度末までやっても。あなたたちがやっているのは公共事業なんですよ、防衛省とはいえ公共事業です。どういう経緯で進めるかなんて、手に取るように分かりますよ。何が来年は３００億かけて基地建設あるって、嘘ばっかりでしょ！　こういう場所で嘘言ったら話ならないですよ！

福島瑞穂議員：来年の予算案が奄美大島と宮古島でして頂いて官舎の造成というわけですよね？　説明が官舎となっていますよね。これは千代田カントリークラブの中ではないですよね？

防衛省：それは２０１７年の３１１億の中に宿舎はありません。

福島瑞穂議員：宿舎はどこに造るんですか？

防衛省：宮古島につきましては、２６０戸ぐらいは整備したいと考えてまして、その内160戸は千代田カントリークラブの中に、残りの100戸につきましては、今後宮古島とよく相談しながら検討していきたいと。

福島瑞穂議員：官舎は千代田カントリークラブの中に造るんですか？

防衛省：中ですね。千代田カントリークラブがあるところに160戸……。

福島瑞穂議員：残りの100戸は別のところに造ると？

防衛省：そうですね。冒頭に申し上げた通り、2017年予算の中に宿舎の用地取得のための予算が入っているということです。

福島瑞穂議員：現在、2016年度予算の中には用地取得費が入ってますよね？　ただそれは現在使われてないので、それは持ち越すわけですか？　3月までですよね？来年の3月まで？

防衛省：来年の3月までに使用しようと。

福島瑞穂議員：来年の3月まで使おうというわけなんですか？

防衛省：使えるか使えないかは分からないんですけども、基本的には2016年度の予算は2016年に執行する。

福島瑞穂議員：ちょっとですね、私が現地で聞いたのが1億5000万かかってるんですよね？　千代田カントリークラブ。だから私は宮古島基地を建設することには反対ですし、千代田カントリークラブに建てることも反対なんですが、1億5000万で裁判所で競売にかかってた物件を高いお金で買うのは、国民の立場からすると許せない。そのことは共有していただけますよね？

防衛省：国が用地を取得する場合には、きちんと不動産鑑定をかけて、適性のお金で用地を取得するという決まりがありますのでその決まりに則って、用地を取得いたします。

福島瑞穂議員：ただ、地元の反対があって来年度用地取得というのは3月までの取得はありえないと思いますけどね。今ので回答は❼まで一応やって頂いたことになってるんですよね？　そうすると、残りの部分に関してはお願いします。

・国民保護関連241問への防衛省一括回答（P70）、沖縄県国民保護計画によると、離島における避難は、事態の推移に応じ、島内避難、島外避難（県外含む）に分けられ、島外避難については、沖縄本島、宮古島及び石垣島を拠点とし、必要な措置を講ずることとなっております。

猪澤（宮古島市民会議）：先程はすいません。冷静になります。事前質問を市民説明会でしたんですが、あった回答が一括回答になっていまして、国民保護計画、住民避難計画、住民避難関連のものが、なんと241問に対して1つの回答で答えてるんですね。こういうやりかたは、市民が真摯に質問しているのに240個まとめて答えてしまうっていうやりかたは、これもあなたたちがやっている説明会の本質的なことなんですけど、ちなみに住民にどう答えたかというと「沖縄県国民保護計画によると、離島における避難は、事態の推移に応じ、島内避難、島外避難(県外含む)に分けられ、島外避難については、沖縄本島、宮古島及び石垣島を拠点とし、必要な措置を講ずることとなっております。」と事前回答しています。

宮古島市の国民保護計画には、全住民を対象に島外避難をすると明記されています。33ページです。全住民の島外避難を可能なかぎり実施すると。そのためには事前にどの交通手段をつかうのか、どこに避難するのか、こういう場合はどうするのか、最終的に避難実施要領パターンというものがないと、とてもじゃないが5万人を逃がすというのは、国家プロジェクトですよ。はっきり言って。市に任せてるから、市が作れないから仕方ないでしょ、市には何回も作れと言っている！ と言って、既に8年経っています。

やはり、国としてここにこれだけの国防施設を作るんであれば、国の責任をもって市を指導するなり、県を指導するなり、全島民5万人がいざという時に逃げれて、かつての沖縄戦のように地上戦に巻き込まれないようにすべきです。陸自というのは地上戦やるんですよね？ 最後に専守防衛なので領土で戦うわけですよね？ 宮古島は領土ですよね？ ひょっとして領土は本土であって沖縄と他の島は領土ではなく、戦場だとは考えてはいないでしょうね？

領土と考えているのであれば、いかに領土に住んでいる国民を逃がすかなどが出来て初めて用地取得ですよ。何もないのに、来年の3月に用地取得なんてビックリしました。これみんな聞いてますよ。ツイキャスで流れてます。生で聞いています。怒り心頭ですよ。

福島瑞穂議員：正直5万人の島民を一斉に避難させる事はできないと正直思っている。これは、宮古島市にいくら作れって言っても、不可能ですよ？ 不可能なことをやれって言ったって無理じゃないですか？ 石垣島へ陸軍が行ったときに、マラリアがたくさん発生するところに島民を押し込んでしまったので、島民がマラリアでたくさん死ぬわけですよね。私は今回の避難計画もないところに用地取得して基地配置するというのは、島民のことは1ミリも考えていないと痛感するわけですよ。まぁ第2次世界大戦の時と一緒じゃないかって。島民は邪魔だからあのマラリアのある山奥に入れって、押しあって、たくさん島民が死んだ、というのとどこが違うの？　ってちょっと思っているんですね。だからその今話があるのは、やっぱり島民の人たちにとっては抽象的な話じゃないんですよ、抑止力とか島しょ防衛とかじゃなくて、自分たちの飲み水はどうなるの？　自分たちの毎日の生活はどうなるの？　ここが標的になって、まさに標的になって、戦場になって、自分たち逃げられるのって。そこを必死に思ってるから、子どもを抱えたお母さんたちが心配しているんですよ、そこに防衛省は答えることはできるんですか？　どうですか？　どうですか？

防衛省：すみません、えー沖縄調整官の下川と申します。国民保護という部分ではないのですが、宮古とその石垣島のその住民説明会の事前質問の回答という部分に関してですね。事前質問につきましては、説明会の限られた時間内で円滑に進めるように説明会のお知らせをさせて頂く時に質問の方を公募させて頂きました、その上でですね、質問を受付させて頂いて回答を整理させたりした上で、沖縄防衛局のホームページに公表したことはご存知だと思います。われわれの正規の方法、市民の皆様方からの貴重なご質問に対する回答でもございます。ただこの質問自体はですね、多岐にわたり数多くの質問を承っておりまして、やはり報告とか分類とかということの回答もございます。ただわれわれとすると、可能な限りお答えしたいという考えの元でですね、整理させて頂いてる次第です。

福島瑞穂議員：現地での説明会も一括で時間的に不十分だったこともあり、なぜ、今日この政府交渉をしているかというと、やっぱり国会でも補うというか、やる必要があるだろうと思ってここに来てるんです、ところで、千代田カントリークラブに決めた時に市長から要請を受けた、ということでよろしいでしょうか。

防衛省：これも住民説明会で何度もお答えさせて頂いておりますが、もう27年5月にですね、左藤前防衛副大臣が宮古島を訪問してですね、千代田カントリーを含む候補地を正式に要請している。要請を行うにあたっては宮古島市と日程との調整など様々な意見交換はしております。候補地については地理的な隊員の生活と利便性を総合的にした結果、防衛省として最適だと判断し提示させて頂いている所でございます。この地元自治体との意見交換はですね。個別具体的に申し上げることは差し控えさせて頂きたい。

福島瑞穂議員：地元自治体から出たわけではないんですか？

防衛省：繰り返しになりますが、あくまでも防衛省としてですね、地理的条件と隊員の生活の利便性を総合的に勘案して正式に掲示させて頂いているというところでございます。

福島瑞穂議員：地元の説明会の時に制服組が出席している、宮古もそして石垣も制服、背広、今日のように全員背広じゃないんですね、なんか私は異様な感じがして、ただ自衛隊、防衛省における組織変更がありましたので、それと関係があるのか分からないんですが、地元の説明会に背広組じゃなくて制服組が出席しているのはなぜなんでしょうか？ 他で見たことがないんですよ、今まで。私も皆さん防衛省と交渉する時、皆さん背広というか役人で来られるのでこの光景しか見てないんですが、地元の説明会は宮古も石垣も制服組が出席しています、これは何なんでしょうか？

防衛省：何なんですかと言われても、陸上幕僚幹部の防衛部が参加をしていただいてる……。

福島瑞穂議員：説明会に背広以外に出席したことってありますか？

防衛省：あります。

福島瑞穂議員：今までもあるんですね。例えば……、それは昔から行われていることなんですか？ そしたらですね、地元の説明会で制服組が出席した例について他にもあるっておっしゃっていたので、教えてくださいますか？

防衛省：与那国の部隊配置に伴う説明会の時も出席しております

福島瑞穂議員：分かりました。私は本土って言い方は変なんですが、いろんな役所と交渉したり、もちろん神奈川でも基地もあります、でも制服組が説明会に来るのは見たことがなかったのですよ、だからちょっと驚いたんです。そしたら与那国が初めてですか？ そしたら後で制服組が地元説明会に出席したのは与那国との事でしたが、他にもデータがあるのかどうか教えてくださいますか？ 後で結構です。何か変化でも起こっているのかと思ったので教えてください。

猪澤（宮古島市民会議）：下川さんとは電話で何回かお話させて頂きまして。事前質問への回答の件ですが、1回目の市民説明会に間に合わないのも分かるんですが、2回目、約半年近く空いた2回目の時に、まだ1回目の事前回答が無いんで市民がですね、2回目するんだったら1回目の前に事前質問出すべきということで下川さんと相談しましたよね、下川さんの英断で急遽出たわけですよ、あれはほんとに有難かったんですけど、でもそういう流れなんで、だからやはり真摯にちゃんと作って頂ければ半年もあれば作れると思うんですが。

あともう1件なんですが、市長が市議会で言ってることは議事録に書かれていることなんで、質問主意書でもこういう回答が返ってくるんですね。「市のことは関係ない」と。市議会議事録にはですね、防衛局の職員と市長がやりとりをしたということが明解……。何のやり取りをしたかと言うと、読むのは長くなるので簡単に言いますと、新聞でも報道されていることは、防衛局が大福牧場の水道水源の真上に大きな基地を建設しようとしてたわけですよ。でも、市長はそこだけじゃなくて他にも分散したほうがあなたたちいいんじゃないの？　とわざわざサジェスチョンして、防衛局にどこがいいですかと聞かれたら、千代田カントリークラブを市長は勧めたわけですよ、是非分散案でやってくださいよと。

1月、2月、3月と3回も市長室で会ってその話をして、防衛局に市長が何回も千代田でやってくれと話をして、競売にかかった時期はその時期なんですね、だからそのままほっとけば千代田が売られてしまうと困るんで、早く防衛局が活動して、分からないですけどそういう流れがあるのと。

千代田は元々はですね、市民の防災公園としてですね、宮古の一番高いところで津波が来てもそこに逃げれば一番いい場所なんですよ。昔から水も豊富にあるし、だからそこは県営公園の防災公園として市長が3年ぐらい前から検討会議を7回重ねながら、前知事、前副知事、副部長なんかも宮古の防災拠点に千代田はいいよねっと話が進んでいたわけです。ところが、9月2日に副大臣がいらっしゃって千代田は基地として使わせてもらう、市長は市民の防災公園としてやってきた計画をポーンと投げ捨てたんですね。あっという間に千代田を使わせるという話になってしまった、市民もすごく納得いかないんですよ。僕らの防災はどうなるの？って言ったら、千代田や野原の説明会では、一番いいところに基地ができるのでみなさんはそこに逃げ込めばいいですよ、そこが避難地になりますよ、と防衛局は言ったんです。

歴史を見ると、得てして災害と有事は重なる可能性が大きいわけですよね、ちょっとでも周辺事態が緊張していたら、市民は陸自駐屯地に逃げこめない、その市民の防災地をぶんどって、基地を造ることに対して市民は怒っている。あそこに公園ができれば最高だと言っていた計画が、なぜ基地建設計画になったのかが市民は怒りをあらわにしている。

福島瑞穂議員：千代田は高いところにあっていいところだし、何より宮古は地下水が貯蔵されているので基地にして汚染されると大変なことになると思っております。あと、ここはミサイル防衛計画というのは、ヘリパッドはオスプレイは来るんですか？　来ないんですか？

防衛省：現時点では宮古島にオスプレイを設立する計画はありません。

福島瑞穂議員：現時点ではということは、将来はありうるんでしょうか？

防衛省：将来はありうるかも知れません。ですが、私から言えることは現時点ではもう無いです。現時点では将来的な計画は行っておりません。

陸自の米軍オスプレイとの共同演習

福島瑞穂議員：それでこのミサイルには弾薬を置かない、別のところに置くと書いてあるのですが、それはどこなんでしょうか？　千代田カントリークラブで、ミサイル配備するところには弾を込めないで、別のところにあると言われて、別のところはどこなんですか？　ミサイル防衛計画だったら、そのミサイルはそのミサイル台の近くにありますよね？

防衛省：答えが違っているかもしれませんが、地対艦と地対空誘導弾部隊は開設していきたいと思っております。千代田カントリークラブには誘導弾を保管するというのが整備できないので、宮古島島内にですね、火薬庫を整備しようと考えてはおりますが、現時点ではその候補自体は、あるわけではございません。

福島瑞穂議員：宮古島のどこかに火薬庫を造るというのは間違いないのですか？　千代田カントリークラブで火薬庫を造るのに不適切な点はなんですか？

防衛省：面積的な面で火薬庫が入らないからと考えます。

福島瑞穂議員：でも、いざという時、すぐに運ぶ必要がありますよね。カントリークラブの近くに火薬庫を造るのは間違いないのですね。

防衛省：宮古島島内に火薬庫を造るのが適しているのですが、現時点では候補地は無いです。

猪澤（宮古島市民会議）：地元の説明会でみなさんがおっしゃっていたのは、千代田には弾薬を置かない、隊舎だけだと、極論すればホテルみたいなもんだと、だから周辺も訓練とか危険物とか、そういうものはないから安心してくださいという説明をしているわけですよ。

でも、今の話では、千代田の中にスペースが無いから置かないという話では無いでしょ。周辺に部落があって、水道水源も近くにあって、そういうところに弾薬を置いて、何かあった時に、島の生活も絶えて、部落の人も亡くなるかもしれない、だからここには弾薬を置かないという、そういう話を部落民は聞いているわけですよ。

でも隊舎造ってしまうと弾薬を置く場所がなくなってしまうのでと言われると、いざという時に、有事になればそこにスペース造って、グランドにでもスペース造って、グランドがあるわけですから、そこに弾薬庫を置くことも当然考えるわけじゃないですか。その言い方だと。

防衛省：今日はですね、「スペース」の問題だという回答だったです。そしたらですね、約束の時間は1時間なんでもうよろしいですか。

［過去5回の質問主意書及び答弁に関して］

猪澤也寸志（宮古島市民会議）

・**4回目10～12への防衛省答弁**：ジュネーブ諸条約追加議定書第52条2における「軍事目標は、物については、その性質、位置、用途又は使用が軍事活動に効果的に資する物であってその全面的又は部分的な破壊、奪取又は無効化がその時点における状況において明確な軍事的利益をもたらすものに限る」との規定を前提としたお尋ねであれば、何が同条2に規定される「軍事目標」に当たるのかについては、実際に武力紛争が生じた場合において、その時点における状況下で判断する必要があるものであるため、お尋ねの平成28年12月9日時点において「軍事目標」に該当するものはなく、また、お尋ねの「中期防衛力整備計画に基づく防衛力の整備を完了した際」において「軍事目標」に該当するものをお答えすることは困難である。

・**反論**：58条(b)「人口の集中している地域又はその付近に軍事目標を設けることを避けること」、この条文の軍事目標は平時の見極めであり、前述の52条(2)の性質、位置、用途を鑑みて敵国が定めるものです。有事に敵国が見極める軍事目標の判別は使用にあたり、学校校舎の軍事使用などが有事の軍事目標としては分かりやすい事例である。

・**4回目13への防衛省答弁**：ご指摘の「尖閣諸島等においてグレーゾーン事態が発生した場合」の趣旨が必ずしも明らかではなく、お尋ねについて一概に申し上げることは困難である。なお、ある事態が事態対処法第一条に規定する武力攻撃事態等又は事態対処法第二十二条第一項に規定する緊急対処事態に該当すれば、国民保護法等の関係法令に

沖縄県選出の全野党国会議員が初めて参加した宮古島集会（2016 年 11 月 20 日）

基づき、必要な措置を迅速かつ的確にとることとしている。

・**3回目14質問**：水陸機動団などの自衛隊が宮古島及び周辺海域において訓練する場合、オスプレイは必要か否か？政府見解を示されよ。

・**防衛省答弁**：水陸機動団の運用のための訓練には、V22も使用することが想定されるが、具体的な訓練の内容について、現時点でお答えすることは困難である。

・**3回目15質問**：前記14に対する政府見解が「必要」とする場合、千代田にかかわらず宮古島において、現段階では一時的なオスプレイ訓練配備の予定がなくても、政府として「将来はありえる」と、市民が理解することに異存はないか、異存があれば示されよ。

・**防衛省答弁**：ご指摘の「一時的なオスプレイの訓練配備」の意味するところが必ずしも明らかではないが、現時点で宮古島にV22を配備する計画はなく、将来的な配備の検討も行っていない。

宮古島への自衛隊配備の経緯と取り組み

2015.5.11	防衛省・左藤章副大臣、宮古島市の下地敏彦市長と会談、陸上自衛隊警備部隊の配備を正式に打診（大福牧場と千代田カントリー2カ所）。
5.12	新聞各紙「ミサイル部隊800名、配備候補地2か所」と報道
5.22	「止めよう『自衛隊』配備宮古郡民の会」結成、署名運動開始
6.14	福山自治会で自衛隊配備反対の決議が上がる
6.29	市議会総務財政委員会で陳情「自衛隊早期配備要請」採択
7.1	市議全員に公開質問状配布。自衛隊配備反対の署名、県内外から1万筆
7.4	「住民説明を求める市民集会」開催
7.12	三上智恵監督の映画上映『戦場ぬ止み』
7.24	宮古島市役所前で金曜日集会、てぃだぬふぁ、岸本邦彦氏、国仲昌二氏他多数参加。「てぃだぬふぁ」初集会
8.19	「この島・命の水・自衛隊基地配備について考える」集会、主催「宮古島・命の水・自衛隊基地配備」について考える会
8.29	講演会「ミサイル配備が呼ぶ戦場～自衛隊配備で宮古島はどうなる？」開催、主催、止めよう「自衛隊配備」宮古郡民の会、伊波洋一氏ら
9.5	宮古島市役所前、「てぃだぬふぁ」のシール投票
9.6	沖縄防衛局、自衛隊協力3団体に説明会。賛成派市民以外は会場に入れない
10.2	安里英子氏の講話「平和憲法を破壊する自衛隊が島々にやってくる」
10.5	宮古島市長面談、止めよう！「自衛隊配備」宮古郡民の会
10.6	島内外から1万6439人分の反対署名
10.22	自衛隊出身の参議院議員・佐藤正久の安全保障法案セミナー
12.4	陸自配備撤回を沖縄防衛局へ要請
12.14	沖縄防衛局、陸自宮古島駐屯地（仮）の対象事業協議書を宮古島市に提出
2016.1.7	地下水審議会会合
1.15	「てぃだぬふぁ」陸自配備協議書の情報開示請求。市は1/28不開示決定
2.7	北朝鮮ミサイルへの対応としてPAC3配備・破壊措置終了
3.26	いのちの水を守ろう 自衛隊配備反対市民集会
3.27	野原部落会、自衛隊配備計画反対を決議する
3.30	3.30、先島諸島住民ら東京行動。国会前で自衛隊配備反対を訴え、京橋で集会
4.6	沖縄防衛局、駐屯地開設の協議書を取り下げ
5.16	「てぃだぬふぁ」地下水審議会の会長面談、秘書課要請、記者会見
5.22	緊急集会、「宮古島・命の水を守る5・22シンポジウム～新たな自衛隊基地を許さない」開催
6.12	防衛省、自衛隊配備第1回説明会、宮古島全域
6.20	宮古島市長、陸自配備の受け入れを市議会で表明（大福は拒否、それ以外の市内配備は了承と）
8.7	高良沙哉氏講演会、野原公民館、マリンターミナル
8.21	小西誠氏勉強会・交流会
9.1	防衛副大臣、市長と面談、千代田ゴルフ場への自衛隊施設配置案を提示
9.20	防衛省の自衛隊配備説明会、千代田部落（千代田公民館）
9.25	千代田部落会、自衛隊配備反対を多数で決議
10.2	防衛省の自衛隊配備説明会、野原部落（野原公民館）野原部落会が反対決議
10.18	防衛省、自衛隊配備第2回説明会、宮古全域
11.3	ピースリーディングin宮古島「すべての国が戦争を放棄する日」朗読会
11.4	「宮古島市民会議」発足の記者会見
11.13	宮古島市の「地下水審議会」議事録の報告会
11.18	「てぃだぬふぁ」宮古島市の秘書課面談にて
11.20	宮古島郡民の会主催、自衛隊反対の宮古島平和集会が開催される
11.30	「てぃだぬふぁ」石垣島の山里節子氏らと高江へ支援・激励へ
11.30	「てぃだぬふぁ」宮古島への自衛隊配備反対を沖縄県副知事に要請
12.10～11	福島瑞穂氏、宮古島来島。島内基地見学、市民・住民団体との交流。
12.22	政府との行政交渉、参議院議員会館。宮古島市民会議が主宰する「宮古島への陸自配備で標的の島にさせないための政府交渉」

第2章　ミサイル基地の要塞化が目論まれる石垣島

――年末に突如「自衛隊の誘致決定」を行った石垣市長

上原秀政（「石垣島への自衛隊配備を止める住民の会」共同代表）

●私が石垣島への自衛隊配備に反対する理由

石垣住民の命より国体護持

先の大戦の終了間際、ポツダム宣言を受諾するかどうかをめぐり最後まで問題になったのは「国体護持」の1条件であった。宣言発信から降伏まで38日間もかかっており、早期に受諾しさっさと降伏文書へ調印してさえいれば、広島と長崎への原爆投下、シベリアでの強制抑留も回避できた可能性があった。また本土防衛の最後の砦と位置付けられ、県民の4人に1人が死亡した沖縄の地上戦も、結局は国体護持のための盛大なる犠牲であった。

今回の南西諸島陸上自衛隊配備計画を見ると、中国に一番近い与那国島への沿岸監視部隊の配備から始まり、石垣、宮古、奄美大島への地対空、地対艦ミサイルの配備、新たに辺野古を加えた米軍基地及び沖縄本島の既存の自衛隊となる。配備地図の全体を見て、やっぱり根本は国体護持なのだなと感想を新たにする。政府にとって、尖閣を含む領土、領海を守ることは、石垣5万の住民の命より重要なのである。

太平洋戦争が終わって5年後、1950年6月末に朝鮮戦争が勃発したが、日本に駐留していたアメリカ陸軍が朝鮮半島に移動する際、当時の吉田内閣のもと、その兵力数の7万5千人を穴埋めする形で警察予備隊が設置された。その後、保安庁を経て1954年に防衛庁の自衛隊と形が整えられていくのだが、その過程の中で、東京裁判を免れた旧日本陸軍の元兵士がどんどん組み込まれていった。東条英機の元秘書官やノモンハン事件の参謀、戦時中の作戦部長なども復員局から防衛庁に異動してきている。

その旧陸軍の体質を受け継いでいるのが現在の自衛隊である。尖閣をめぐって中国軍とドンパチ始めたがっている上官がいるとしたら、自作自演の戦争へのストーリーを作り出さないとも限らない。軍隊というのは実戦をして初めて仕事をしたことになり、満州事変など過去の例のように策略をしてまで戦いを始めたいという雰囲気になってもおかしくはない。

自衛隊基地は原発と同じくらい危険

1990年2月、私は八重山病院の内科に勤務していたのであったが、ある当直の夜、海上保安庁の要請を受け長崎の漁船で発生した意識障害の患者の救助のため、ヘリに同乗し現場へ向かった。

暗黒の海での探索に難航し、燃料の節約の理由もあり、近くにあった尖閣諸島南小島に降り立った。島の両側の塔頭のような岩山と、船底のような殺伐とした水もないような荒れ地の、海鳥の鳴き声だけがうるさい、人ひとり住めそうにない島であった。よい漁場だということは分かるがほとんどの八重山人にとって、命を捨ててでも守るべき島とは思われない。

石垣島へ自衛隊基地が配備された場合、住民の生活は、事が起きるまでは普段と何も変わらないだろう。自衛隊員もＰＴＡや地域の行事にも積極的に参加し音楽会を開いたりして地域に溶けこんでいく。しかし中国は基

市主催の公開討論会で発言する筆者（左端、中央は住民の会の藤井事務局長）

地配備完了と同時に、現在は台湾海峡をはさんで配備している中国沿岸部のミサイルを石垣島に向けるだろう。

そして日中戦争が始まったらそのミサイルを発射、あっという間に石垣は壊滅状態におちいる。住民は疎開する暇などなく全員が死亡する。これは最悪のシナリオの１つだが何が起きてもおかしくない。

福島の第１原発事故も想定外であった。言えることは、基地がなければ中国からのミサイル攻撃は起こらないというのは確かである。「有事」の反対軸に「無事」があるとすると、有事の最悪が「日中戦争が起きる」なら無事は「戦争は起きない」である。こちらがナイフを振りかざせば相手はピストルを、さらにはミサイルをとエスカレートし次第に戦争へと近づく。

なぜ有事の方向へ向かうのか。自衛隊基地配備は先にナイフを振りかざす行為と同じである。

ぶっそうな基地はいらない

古来沖縄は、進貢と冊封の関係ではあったが、中国とは仲良くやってきた。観音崎（石垣島南東）に唐人墓という観光名所があるが、1582年に福建省アモイの中国人が石垣沖で遭難した際、石垣の人たちは協力して380人を助け、172人を福州に送り返した。石垣市はあちこちに埋葬されていた遺骨を集め、合祀慰霊のための唐人墓を1971年に完成させている。

いっぽう、台湾の人たちとは戦前戦後を通じて互いに助け合い、仲良くやってきていて、島の人と結婚し親戚関係にある台湾関係者も多数いる。なぜ今になってナイフを振りかざすような行為をするのか、八重山の住人にとっては余計なお世話である。

日本人の1人として国土を守るという気概はないのかと問われることもある。しかし国土を守る責任は1億3千万人の日本人全てに存在する。なぜ人口約5万人の石垣の住民に過重の負担を負わすのか。八重山の人は国境の島に生活しているだけで、国土を守る責任は余るほど果たしている。さらに「防人」の役を果たす義務など全然ない。

自衛隊の災害派遣は自衛隊法83条に定められた「従なる」任務にあたる。「普通に戦争のできる国」を目指す安倍政権は、その第一歩として集団的自衛権行使を容認する法案を強硬に通過させた。これにより自衛隊の主任務は「外国の侵略からの国土防衛」の枠組を超え、中東など国外で戦争ができる軍隊に近づいた。

自衛隊の仕事は戦争である。国内での災害救助はあくまで戦地で戦う仲間を助けるための実地訓練の一環である。政府は、災害派遣の業務を自衛隊から分離独立させることも、既存の救助隊をさらに充実させることもできる。それをしないのは、災害派遣活動が広告塔としての役割をはたしていて、国民を自衛隊容認へと向けるのに好都合だからである。

誘致派の集会で中国脅威論を説くヒゲ佐藤

石垣島の自衛隊配備の予定地・平得大俣地域、後方は石垣島最高峰の於茂登岳

しかしこれからの自衛隊は平気で他国の人を殺す、いわば赤ずきんをかぶったオオカミに変身する。

基地があっても観光地として何も問題なくやっているところは沢山ある、自衛隊基地ができても何の問題もない、という意見がある。はたしてそれは「尖閣」という火種を抱える石垣島にも当てはまるのか。ちゅらさんブームが訪れる前まで、あやぱにモール（ユーグレナモール）や美崎町のあちこちで閑古鳥が鳴いていて、観光業と直接関係ない人でさえ八重山の将来を心配していたものだ。

観光業は水もの、尖閣問題で実際にトラブルはなくても風評被害で観光客はパタッと来なくなる。回復には数年かかり、さらに風評被害が重なると石垣の観光業は衰退の一途をたどる。

「石垣島への自衛隊配備絶対反対」と意思表示を

合計特殊出生率はある集団内で1人の女性が生涯に産む子供の数で、最低でも2・0以上ないと人口は減っていく。安倍政権の掲げる1・8を達成しても日本の人口は減っていく。石垣の最近の出生率は2・08、郡外からの移住者数を考慮すると人口はさらに増えている。過疎化の対策として自衛隊誘致を要請する自治体には、賛成はしないが同情はできる。

石垣に自衛隊基地というぶっそうなものがあると、安心して子育てができないということでかえって人口減の要因になる。

今後、集団的自衛権を行使して、自衛隊が中東に乗り込んでいけばイスラム世界への侵略とみなされ、イスラム国による防衛ジハードとしての日本国内でのテロが始まる。２０２０年にオリンピックが開催される東京が危ない。または日本全国に17か所ある原子力発電所に9・11の時のように飛行機での同時多発テロが起きたら日本政府は対応できるのか。心情的には自衛隊基地配備反対なのだが声に出して言うと革新のレッテルを貼られそうで嫌だという人もいるかもしれない。

しかし1人でも多く反対の声を上げないと政府は、八重山の人はほとんどが基地配備計画に賛成なのだ、と判断してどんどん計画を実行に移してくるでしょう。保守だ、革新だと迷っている暇はありません。基地はいったんできてしまったら永久的に石垣島に居座ります。沖縄本島では基地のない島を目指して長年闘ってきました。しかしいまだになくなる兆しは見えません。これまで軍事基地のなかったこの島に基地ができようとしています。

戦争は始めるのは簡単だが終わらせるのは難しい、という先の大戦の経験を忘れてはなりません。取り返しがつかなくなる前に、自分の心情に従って「石垣島への自衛隊配備絶対反対」と意思表示していきましょう（『八重山毎日新聞』２０１５年12月11日付）。

●再び沖縄戦を繰り返してはならない

山里節子（「いのちと暮らしを守るオバーたちの会」）

母と祖父は病に勝てず山中で息絶え、妹は飢え死に

1944年10月以後八重山では、連合軍の空襲が始まりました。その空襲で私の周辺の集落の人々は、大変な被害を被りました。私の家から300～400メートル圏内に、高さ32メートルのコンクリート製の無線塔が立っている測候所、ほぼ同じ高さのレンガ造りの煙突がそびえる酒造所、隣にはやはり高い煙突のある発電所、そして1キロメートル離れたところに海軍の飛行場がありました。そのためでしょう。敵機からの爆撃、艦砲射撃や焼夷弾の襲撃は他所に比べ頻繁にありました。

忘れられない出来事の1つに、4、5軒隣のクラスメートのお母さんがその隣に落とされた爆弾による爆風で両足を切断され出血多量で即死、周辺の人達が衝撃をうけ大騒ぎをしていたことです。亡くなったその方は目を開いたままでした。

学校や家庭で軍人に敬意を表すよう徹底した教育を受けていたので、兵士たちに対する恐れや違和感はありませんでした。むしろ食事の前後などには「兵隊さん、ありがとうございます」と謝意を表したくらいでした。

日本軍命がくだり、住民は地域指定を受けた場所へ強制退去させられます。殆どの移動先は、マラリアを媒介するアノフェレスという蚊が充満し猛威を振るうジャングル地帯だったため、住民はたちどころにマラリアに罹患し高熱に魘《うな》されて、難を逃れに行った先でつぎつぎ命を奪われてしまったのです。

ご多分に漏れず、私も父母も祖父母も罹患しました。母と祖父は病に勝てず、山中で息絶えました。妹は飢え死に、なぜか弟だけはマラリアから免れ、幸運でした。

その他、避難小屋の脇を流れる小川に、ある日の昼下がりに突然ロケット弾が落ちて、その破片や土砂が小屋の中に飛び込んできて、衰弱しきっている人たちに泥の毛布を覆い被せました。怖さのあまり、私の家族は翌日には任意の避難小屋へむけ逃避しました。

マラリアにかかると、40度もの高熱と寒さが3日も、4日も続き、繰り返します。

だんだんと痩せ衰え、髪の毛は抜け落ち、脾臓が腫れ上がるので、大人、子ども、男女の区別なくまるで妊婦のような体形になります。そんな様相が群れを成していた場面を、思い起こすだけでも震えを抑えきれません。

マラリア犠牲者の３７００という数は、１９４５年６月１日、日本軍による強制退去命令が発せられてから同年12月末日の間の犠牲者の数に過ぎず、敗戦後に亡くなった人々も加えると、５０００人は有に超えているのではないかと思います。

兄を忘れていました。彼は１９４３年12月、予科練への

「いのちと暮らしを守るオバーたちの会」の沖縄本島での交流会（左端が筆者）

途中、乗っていた湖南丸が米軍の魚雷に撃沈され、帰らぬ人となりました。登野城国民学校の高等科１年生でした。

戦後の混乱期がおさまり、人々が復興期を迎えるのに、個人差もあるでしょうけど少なくとも4、５年は要したと思います。公共施設などの整備や再建には、島社会の運命共同体の精神で協働し復興を成し遂げました。しかしながら、戦争の負の遺産である心の病は未だ癒されていません。その意味において人々に「戦後」は訪れていません。

十字架を背負わせられた沖縄

１９５５年５月～１９６６年10月に、米軍と米国地質調査所による「軍事地質調査」が石垣島と宮古島で実施され、両島の地質、土壌、植生、水利など綿密な調査が行われています。私は石垣島を担当した地質学者のフィールド・アシスタントとして採用され働きました。17、18歳の頃でした。家計が苦しく進学できなかったのが理由でした。

この調査結果は、当時東京都にあった王子キャンプで纏められ、ワシントン本部を経て太平洋圏内の主要な米軍基地（ハワイ、グアム、沖縄等）へ配布されたようです。私はこの仕事に就き、「軍事」加担したことへの贖罪意識から後年、環境保護や平和運動に参加するようになりました。

敗戦直後のマッカーサー元帥と天皇が交わした談話中、天皇が「沖縄を米軍基地として永年使用を」と進言したことに端を発したその時から、沖縄は「戦後戦争」の十字架を背負わされてきました。マッカーサーが携えてきた「民主主義」は、そして「憲法９条」のスポットライトは、沖縄には照射されていません。

「国内第３世界の沖縄」、「国内植民地の沖縄」が常態化されてから70有余年、またしても「鉄の暴風」が吹きすさぶのでしょうか。今度事が起きれば、「鉄」の暴風は「ミサイル」台風となり、陸、海、空を問わず、更に宇宙空間へも際限なく広がりを見せようとしています。

南西諸島あるいは先島群島がいったん戦闘に巻き込まれれば、「軍事的空間」は「東洋の中東」と化し、生きとし生けるものは半永久的に命の危機にさらされるでしょう。

喜友名英文《きゆなえいぶん》 作詞　大浜津呂《おおはまつろう》 作曲（歌詞は別紙）

「新生節（あーらゆーぶし）」は太平洋戦争直後に生まれた平和祈願の詩です。

「島の最高峰・おもと山の頂きで神の声を拝み、島の一番長い宮良川《みやらがわ》で地の神の声を授かり、そうして昔世の人々はお暮しになった。神の心を悟り、人々の暮らしを知り、私たちは手を取り合っていきましょう。戦争が終わり、平和な世をむかえまっした。この後は皆して命永らえ、手を取り合っていきましょう。」

この歌の持つ意味の普遍性をアピールし、私たち（いのちと暮らしを守るオバーたちの会）の祈りの詩として平和な世界を創っていきます。セレモニーにとらわれることなく戦

自衛隊配備反対の住民行動（石垣市役所前）

争の犠牲者の魂に寄り添って「御願」たてていきたいです。
どうすれば戦争をなくすことができるか……重く難しい問いです。永遠に答えは出ないかも知れませんが、答えを求め続ける事を生き甲斐に、平和を祈り、闘い貫きます。

新（あーら） 世（ゆー） 節（ぶすぃ）
1、うむとぅだぎから かんぬ くいば うがみょーり
（おもと岳から 神の声を おがみ）
めーらがーらから づぃーぬ くいば うけおーり
（宮良川から 地の声を 受け）
かんぬ ゆーや くらしょーった
（神世の 人々は お暮しになった）
かんぬ ゆーや くらしょーった
（神世の 人々は お暮しになった）

2、かんぬ くくるん さとぅりょーり
（神の 心も 悟り）
ぷぃとぅぬ くらすぃん ばがりょーり
（人々の 暮らしも 知り）
ばがーけーらぬ ゆーや てぃーとぅり おーら ばがーけーら
（私たちの 世は 手を取り合って いきましょう 私たち）

てぃーとぅり　おーら　ゆすけーら
（手を取り合って　いきましょう　みなさま）

3、
いくさゆーん　ふけーおーり　みるくゆーん　んかいよーり
（戦世を　くぐりぬけ　平和な世を　お迎えになり）
なまからぬ　さくぃや　ぬつぃがふーゆ　ながらよーり
（これから　先は　命果報を　永らえて）
てぃーとぅり　おーら　ばがーけーら
（手を取り合って　いきましょう　私たち）
てぃーとぅり　おーら　ゆすけーけーら
（手を取り合って　いきましょう　みなさま）

●観光がダメージを受けても補償なし――防衛省

笹尾哲夫（石垣島在住）

「風評」被害よりはるかに現実的な恐怖感

４月22日の防衛省説明会は、配備計画の新情報は何もないのに、「厳しい安全保障環境」の説明や災害出動のビデオが延々と続き、１４１項目の事前質問から取り出した15問へのおざなりの回答の説明もあり、フロアからの質問時間は40分足らずでした。

でも、「1人1問再質問なし」の制限下で、多くの人が次々と質問に立ち、打ち切り時間まで手が挙がり続けました。質問は大部分が配備に批判的な、切実で鋭いものでしたが、ここでは白分が聞き、答えを得たものだけを書きます。

私はまず、緊張感高まる東シナ海に面した石垣島に防衛省が置くつもりの地対空、地対艦誘導弾は、中国が南シナ海に配備したミサイルと同様のものだ、と指摘した上でこう尋ねました。

この厳しい情勢では、尖閣諸島周辺で偶発的な武力衝突も起こり得る。幸い石垣島への攻撃は避けられたとしても、島内では「ミサイル基地の島」から逃れようと観先客が空港に殺到し、客数が大幅に減ることもあり得る。観光という石垣島の基幹産業が深刻な不況に陥り、多くの関連産業も影響を被るだろう。「仮にそうなったとき、その損害を補償する制度はあるのですか」と。

実際、２００１年の９・11同時多発テロで、沖縄県の観光客数は急減しました。今度は「風評」よりはるかに現実的な恐怖感が、尖閣周辺の緊張が消えない限り何か月も何年も続きかねません。

平得大俣地区に立てられた横断幕。地元の反対の意思を表している。

沖縄防衛局・森企画部長の答えは次の通りでした。

①防衛省としては、何かの事態の後の補償制度について申し上げる立場にない。

②さまざまな事態の後、国民が被った損害についてどう補償すべきかは、紛争後に検討する方針であると聞いている。

③防衛省としては、そういった事態が起きないために、自衛隊をこちらに置く必要があると考えている。

④わが国周辺はさまざまな要因、要素があるが、それが紛争に発展しないために、力の空白をなくし、わが国として領土をしっかり守っていくという毅然《きぜん》とした意志を示す必要があると考えている。

①と②は「補償する制度がない」ということです。「紛争後」うんぬんは、何の補償もない空手形です。確かに「観光客が減ったから補償」は難しいのでしょう。

「武力衝突事態」を認める自衛隊配備

でも、それなら観光の島へのミサイル配備は、はなから無理です。計画を待って帰ってもらうほかありません。③と④は、一部の人たちの「配備部隊には石垣島を守る兵器しかない、外国にとって何ら脅威ではない、標的にもされない」の宣伝を否定するものです。だって、配備の目的は「石垣島を守る」だけでなく、「そういった事態」つまり「尖閣諸島周辺の武力衝突事態」を阻むためでもあると認めたのですから。

「石垣へのミサイル配備は尖閣対応」は、情勢に詳しい人の間では常識でした。すでに13年秋の自衛隊統合演習の際に、産経新聞は「(地対艦誘導弾を)石垣島に展開すれば尖閣諸島周辺海域も射程に収める。尖閣周辺で挑発活動を強める中国をけん制する狙い」と書き、中山義隆市長は、地対艦誘導弾は「攻撃するもの」と石垣持ち込みを断ったのです。領有権争いにミサイル配備で対応すればどうなるか、市長は分かっていたのですね。

説明会は、防衛省の姿勢が「計画の中身は市のご了承をいただかないとこれ以上具体化できない」と、まるで現地を見せずに売買契約を迫る悪徳ブローカーみたいだったために大変不評で、市が再度の説明会を求めました。

次回は、市の主催、詳細情報の開示、公平な運営、パネルディスカッション的要素の導入、再質問を認める等々工夫すべきでしょう。何を聞くか、どう聞き出すか、質問を練っておくのも大事でしょう。さらに、市民同士で、立場を超えてじっくり話し合う機会も必要かと思います(2016年4月22日、『八重山毎日新聞』「論壇」)。

●沖縄が非武装地域になることが東アジアの平和に

東山盛敦子（「石垣島への自衛隊配備を止める住民の会」事務局）

「世界自然遺産になれば侵略など絶対できない」

２０１３年末、20年ぶりに戻った石垣島は雰囲気が変わっていました。豊かな自然と音楽を愛する人々、基地のない平和な島。その島が中国の影におびえ自衛艦が往来し、自衛隊基地建設も取りざたされていました。母は沖縄出身、私は21歳まで千葉で育ち、石垣島に単身移住しました。当時は白保の海を埋め立てる新石垣空港建設計画をめぐり、賛成・反対両派が激しく対立、殺気だつ住民説明会で「自然が好きで移住した。埋め立てなんて絶対反対」と断言しました。

市街地でカフェレストランを経営していた時、「そんな事を言ったらお店なんかできないよ」と周りから言われましたが発言は続けました。飲み会の席で「よそ者のくせに」と突き放されても、泣きながら反論、泡盛３合瓶を開けた後は賛成、反対を問わず友人になっていました。

あれから20年、仕事で一時内地にいましたが、母が暮らす石垣市崎枝に戻り、市長選を迎えました。争点の１つは自衛隊配備計画の是非。母が基地建設の不安を語ると、知人は「中国が攻めてくるよ」と聞き返しました。「基地ができると相手を刺激し、戦争時は標的になる。平和で非武装の島を攻撃したらその国は世界からバッシングを受ける。八重山がこの豊かな自然を活かし、世界自然遺産になれば侵略など絶対できない」と言いましたが、〝中国脅威論〟を信じる人と議論は深まりませんでした。選挙戦が激化すると、いつの間にか自衛隊誘致の話は無い事にされ、争点からもはずされました。

国会前で自衛隊配備反対を訴える先島代表団（2016 年３月 30 日）

尖閣問題の過剰な政府のアナウンスで、石垣島は不安にさせられました。平和や友好を語ることもタブーのような雰囲気でした。そして今、尖閣を含む東アジアの安全保障環境の悪化を理由に、集団的自衛権の行使を可能にすることなどを盛り込んだ安全保障関連法案が強行採決され、同じようなことが石垣島でおきているのです。

当時まだ「そんな話は来ていない」とし、市長選、市議選の争点からうやむやにされた自衛隊基地誘致の話。そこで選ばれた人たちだけで決められる問題ではありません。安全保障関連法案の強行採決のように、石垣島でも同じように基地誘致を強行採決するつもりでしょうか？

沖縄から石垣から流れを変えよう

市長は「防衛は国の専権事項」とし、住民に丁寧な説明をせず、いきなり防衛省の説明会を開催。中立を保つ為といい、建設予定地の住民の話すら聞こうとしません。建設予定地の於茂登、開南の方々がどれだけ苦労して開拓して今の農業で未来を夢見ているのか、その場所が石垣島のへそにあたる場所で、島の自然環境にどれだけ影響を与えるのか、市の首長であるなら石垣市の住民、島の事を一番に考えてほしいものです。本当に中立というなら反対、賛成の両方の声を聴くべきです。既に市長は防衛協会の顧問ですから、賛成の立場の意見はたくさん聴いているはずです。

国を信じたり、批判するだけでは無責任。戦争とは何なのか、島をどうしたいのか、島に暮らす全ての人が本気で話し合う時期に来ています。

民法テレビ番組や中央紙、ネット上では過剰に何かをあおっています。平和ぼけが悪いですか？　その先に何がありますか？　そのうち日本でも自分の身は自分で守るのが当たり前と、アメリカのように普通の人々が拳銃を持つようになるのでしょうか？　それが平和で安全に暮らす為の方法ですか？

自衛隊が武器を持たず、日本と世界の災害救助をするためだけの部隊になれば、どれだけ平和な貢献ができるかしれません。憲法9条を掲げた私たちだからこそ受け入れられた事があったはずです。唯一被ばくを経験した私たちは、本当の平和を世界に訴えていく事ができるのでは？

「沖縄が非武装地域になる事が東アジアの平和につながることになる」と語った宮崎駿監督。

沖縄から、そして石垣島から流れが変わっていくことを願って訴え続けます（以下は、私のfacebookからの記録です。石垣島への自衛隊配備の経過が記されていますので、参考資料にしてください）。

【自衛隊配備問題懇談会】（2015年11月26日）

2015年6月24日、沖縄防衛局企画部長が市長に対し、自衛隊配備の候補地選定の現地調査に入ることを報告して5か月が経過しています。この間、候補地に挙がっている7か所についてどのように調査をしているのか、また、候補地選定の時期、部隊、規模などについて一切の情報が明らかにされませんでした。ところが、読売新聞報道では、陸自500人規模、週内にも防衛副大臣が来島、市長に理解を求めるとあります。宮古島では、地対空・地対艦ミサイル部隊、警備中隊など７００人規模の配備計画、与那国では、住民投票の結果を受け、沿岸監視隊配備へ、レーダー基地による電磁波被害の不安があるのに基地建設が進み、島の自然が大きく破壊されています。辺野古では、県民の声、地方自治、法制度を踏みにじり、新基地建設を強行しています。まさに、沖縄本島を含め南西諸島の軍備増強、要塞化が推進されています。

自衛隊配備について、防衛省は中国脅威論を背景に「抑止力」と災害時の対応を理由に挙げています。しかし、自衛隊配備は、かえって、軍事的緊張を高め、不測の事態や攻撃の標的になるのでは？

懇談会では、８月29日、宮古島で開催された講演会「自衛隊配備で宮古島はどうなる」での伊波洋一さんと三上智恵さんの講演ダイジェストＤＶＤを上映、また、懇談会には、国際関係論・平和学を研究され、「辺野古・高江から見える日米安保体制の矛盾」、「日米安保の再検証」などの講演・発表をされている立命館大学非常勤講師池尾靖志さんが話をしてくださいました。

急な呼びかけにもかかわらず、１００名あまりの方が話を聞きにきました。

石垣島の各地に立てられたのぼり

【平和アクションみんなで手をつなごう平和の輪】（2016年3月10日）

市議会開催中の市長、市議にアピールする為、無言で人の鎖をつくり市役所を囲みました。いつもは見えない顔ぶれ、若い方、抗議に賛同して下さった観光客が一緒に手をつなぎました。

私たちの島は、今自衛隊配備計画で軍事要塞化されようとしています。私たちのこの平和で美しい環境と文化、歴史の島を後世まで残すために、今一人ひとりが意思表示をしなければならないと感じています。3月の議会がはじまり、そこで自衛隊配備に関する事が話し合われる状況です。この様な大きな問題は市議会だけで決定されるべきものではなく、すべての住民に情報公開すべき重要な問題です。

そもそも、議員選挙時では、まだ自衛隊基地配備の話はなく、その事は選挙の争点にはなっていなかったはずです。このような民主主義を装った強引なやり方で本当に良いのでしょうか？　自衛隊配備で経済効果がはかれるのか、本当に豊かな生活を送れるのでしょうか？

実際に自衛隊基地を受け入れた対馬は、1980年当時、5万人あまりいた人口も2015年には3万1千人位に減少、経済力も落ちています。つまり自衛隊誘致による振興など幻想にすぎず、基地がある事により、テロや事故に巻き込まれる危険の方が増すのです。威嚇する抑止力より、基地が無く、どこの国の人でも楽しく訪れる事ができ、軍事とは無縁で標的とならない平和な島を維持する事が一番の抑止力になるはず。

八重山の素晴らしい自然環境、歴史、文化はお金には換算できないほど価値のあるものです。この価値ある環境を守っていけば、いろんな形で私たちに還元されるでしょう。私たちの島を自衛隊基地配備で変えてはいけない！

【島のどこにも自衛隊基地はいらない！　市長は判断を急ぐな！　抗議集会】（2016年12月11日）

「議論不十分なまま、候補地周辺や市民の声を聴かずに可否判断は許せません！　島の未来を決めるのは市民です。みんなで声をあげよう！」と、石垣島に軍事基地をつくらせない市民連絡会（10団体と個人）が声をあげて、候補地の於茂登集落入口のロータリーで緊急集会をしました。

若いお母さんたちや子どもたちが楽器を持って基地反対の替え歌を歌ったり、「命とくらしを守るオバーたちの会」が島唄（新世節、おもと山祈願　トゥバリャーマ）を披露するなど、みんなの気持ちを1つにした、今までの抗議集会とは違った感じのとてもよい集会でした。

基地候補地周辺の4地区（於茂登、開南、川原、嵩田）の皆さんは公民館で全て反対決議をし、市に請願書を提出しています。それにもかかわらず、市長は一向に住民の声を聞こうとせず、市議会では候補地周辺住民の切実な請願が否決される、こんなことがあっていいのでしょうか？　市民の安全と暮らしを守ると言っているのは口だけですか？　候補地の皆さんは、２０１５年の11月に突然候補地だと告げられ困惑しています。こんな状態で自衛隊基地誘致という大きな問題の決断を簡単にしないでください。

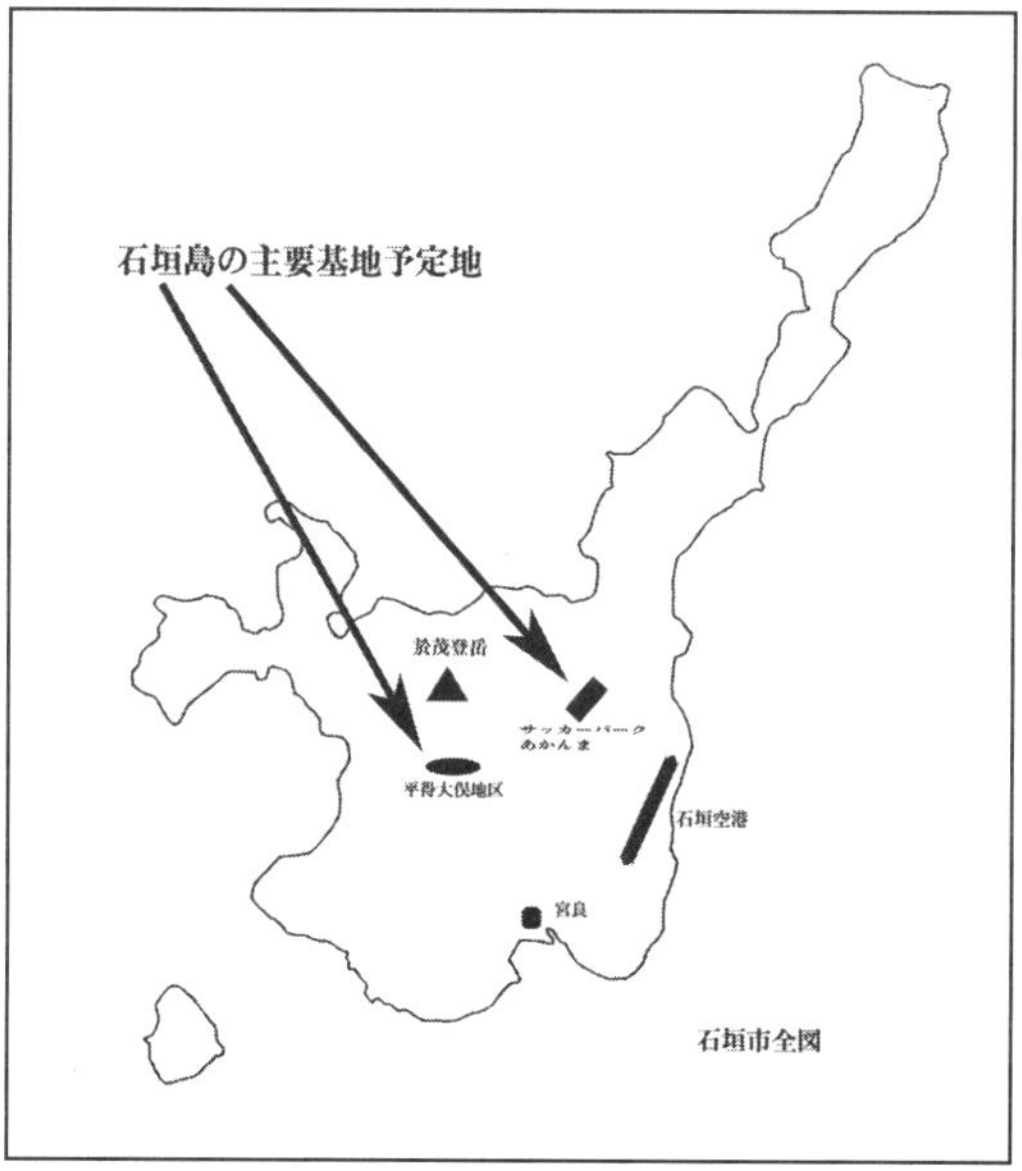

石垣島の主要な自衛隊配備予定地

於茂登山は、神聖で石垣島の水源や貴重な生態系の源です。基地建設でどれだけの赤土が海へ流出するかも調査されません。貴重な森、農地、海がだめになれば石垣島の未来はありません。今ある環境が当たり前だと思わず、感謝して維持、保全していく事が、この奇跡的な島を安全で豊かにしてくれる最善の方法だと私は確信しています。

●配備で揺れる石垣島の中の燃える市民・住民たち

安住るり（石垣市民）

フクシマ後のプチ集団移住

２０１３年６月半ば、開港間もない新石垣空港に、オバアがひとり、降り立った。内心「こんなクソ暑い真夏に２人目を産むなんて！」と、自分の娘に毒づきながら。

前年の11月に、私の娘夫婦が、１歳半の長女を伴い、逗子の遊び仲間の友人数人とともに、生まれ育った湘南逗子市から、日本の南の果ての「石垣島」に、プチ集団移住したのだ。きっかけは、２０１１年３月11日の東日本大震災、その福島第１原子力発電所の大事故だった。

あの地震で、逗子市はあまり揺れはひどくなかったが、すぐ停電した。まもなく、知人から、「東電の福島原発がやられたらしい」との情報が入った。私の夫は放射能問題に詳しいジャーナリストだったが、幸か不幸か、２００７年の夏に自宅で入浴中に動脈瘤の破裂で、瞬時にあの世にワープしていた。73歳だった。

もし３・11のときに夫が生きていたら、「それ、逃げろ！」と我が家は大騒ぎになっていただろう。なにしろ、逗子の家では私の娘は最初の子どもを孕んで６か月目。息子の妻も、第２子を孕んで７か月目で、妊婦が２人もいたのだ。

私だって、ある程度の知識はあったから、できることなら大好きな沖縄あたりにみんなで逃げたかった。けど、どこに？　家は？　仕事は？　もろもろ１００万円くらい軽くかかる。しかも移動した先の目処も立たない。そんな冒険をする熱意は私にはなかった。いわゆる「直ちに健康に影響はありません」だから、ね。

津波が来た！　となれば、着の身着のまま「津波てんでんこ（人には構わず、まず自分の身を守れ）」なのだが。逗子あたりには放射能はそれほど流れてきていなかったから、「雨に当たらないようにね」と、何も気にしていなそうな妊婦たちに注意するくらいのことだった。

ところが娘夫婦の親友の１人に「放射能コワイコワイ」のパパがいた。５歳の１人息子を連れて、夫婦で石垣島に逃げると決めたという。「へエ〜。家とか仕事はどうするの？」「何も決めてないって」「あら〜、大胆だねえ」と、人ごとに聞いていたのだが、「一緒に石垣島に行こう」と娘夫婦が誘われたのだ。思いがけない展開だが、私はいいと思った。３・11は東北沿岸だったが、日本中どこでも、大地震のおそれはある。逗子の我が家は、海岸から１キロ程離れてはいるが標高は５メートル。３・11級の津波なら水没しかねない。配偶者たちも逗子の人だから、一族のどかに暮らしているうちはいいが、一旦コトがあると、みんな「被災者」になってしまう。誰かが「遠く」に住んでいるのは「危機管理上」賢明な選択かもしれない。

娘も私も沖縄には何度も観光に行っていて、「沖縄に住みたいね〜」「どこがいいかな」などと妄想していたくらいだ。「石垣は、遠いな〜」と私は言ったが、石垣にも那覇からフェリーで二度行ったことがあるし（このフェリーは10年ほど前の原油高騰時に廃業したから、今は、飛行機しかない）、石垣に友人がいて、車で島を案内してもらったから、様子は分かっている。

「放射能から逃げるにしても、北に行ったら、冬は暖房費がかかる。その点、南国は気楽。凍え死にもしないし、たぶん飢え死にもしないでしょう。誰かが食べ物をくれるよ。」「給料は神奈川の半分だから、貧乏暮らしになるけど、夫婦で稼げばやっていける。ただし、２人目の子どもは当分つくらないこと。」と、私は能天気な末っ子夫婦に釘を刺したのだが。

彼らが石垣にプチ集団移住すると決めたのが２０１２年の１月頃。準備期間が10か月あった。気の早い私は、娘一家が石垣在住になるなら、関東が寒い時期は、石垣に避寒しようと、自分用のワンルームをネットで探して、南部宮良湾が見える静かな所にアパートをさっさと契約した。現地で確認しないと契約出来ないので、安い往復航空券で1人、石垣に飛んだ。この時は「旧空港」だった。その飛行機の中で私は石垣にまもなく「新空港」が完成する、と初めて知って驚いた。私が借りるアパートは、新旧空港の中間地点で、バスの便が増える。車に乗らない私はバスが足になる。事前に、地元のバスのシルバーパス制度も確認した。

娘たちは船便のコンテナに家財を詰め込んで、オトナ5人、子ども2人、犬2匹で石垣に到着。まずは大浜地区の大きめの戸建て住宅を借りて、合宿生活を始めた。

しばらくして娘夫婦は、スイートホームを構築すべく、車で当てずっぽうに島を回って、実に幸運にも、北西部のヤラブ半島の農地の中に、庭付きの古民家を格安で貸してもらえた。めったにないことだ。私は本当に安心した。八重山病院で出産後、夫婦はここで2人の幼児と暮らすことになる。手伝いオバアの私は、しばらくここに同居する。これが、のちに東山盛敦子さんとの縁につながっていく。

私は、冬だけ石垣に来るつもりだったのだが、無計画な娘夫婦の出産ヘルプのために、真夏の石垣に来ることになって、「移住」を決めた。逗子の家は息子夫婦に任せ、いつでも帰れる。石垣の路線バスの65歳以上乗り放題特別シルバーパスを買う為には、住民登録が必要だ。介護保険などは逗子よりかなり高いようだが、宮良から崎枝に毎週のように通うとなれば、バス代を節約する方がずっと得だ。

2013年の暮れ辺りに石垣市長選挙になった。ほとんど興味がなかったが、選挙権はある。どうやら、平和主義の医師の市長が4期続いていたのが、前回の市長選で、自民党の若手に負けて、そのリベンジにまたその医師が出るらしい。なんとなく疑問を感じて、いきさつをネットで調べてみた。どうもアヤシイ。何か臭う。

池子米軍住宅反対の苦い経験

私は神奈川県逗子市で主婦として35年暮らした。その間に、のどかな住宅都市で思いがけない「事件」が起こった。相模湾に面したリゾート逗子市の位置は、歴史の都・鎌倉の南隣。三浦半島の東京湾側の横須賀市の西隣である。横須賀は、言わずと知れた「海軍の街」だ。戦前は帝国海軍最大の港。敗戦後は米国にとられて、太平洋艦隊の最重要の軍港となっている。沖縄の米軍がいなくなっても横須賀の米海軍は残る、と言われるくらいだ。ちなみに横須賀は、自民党の小泉家の根城である。ここに無謀にも、元レバノン大使でアメリカの２００１年９・11同時多発テロの後の、ブッシュ大統領の「テロ戦争」に即時同調した小泉純一郎首相に反抗して辞任した「天木直人」氏が、衆院選に打って出たことがある。

その時に私は、せっかく隣町なのだから、と野次馬？　で、自転車で出かけた。ここで偶然出会った、ギターを抱えた巨漢が、のちに石垣島で共に闘う事になるＺＡＫＩさんこと野崎昌利氏なのだ。不思議な縁だ。

石垣島の賛成派の横断幕

話は１９８０年代に遡るが、のどかな逗子市に降ってわいたのが「池子米軍住宅」問題だ。逗子市の東部、雑木林の山は元々は入会地だったが、昭和初期に、海軍が買い上げて地下弾薬庫にした。敗戦後は米軍の弾薬庫になり、核兵器もあったかもしれないと言われる。神奈川県にたくさんあった米軍基地は順次返還されて、池子基地も、弾薬を処理して全域が逗子市に返還されて公園になるはずだった。

ところが、国というのはしばしば約束を破る。ある日突然、米軍の都合により、池子基地は返還されず、横須賀の米海軍の高級将校達の家族住宅地になる、とのお達しがあったのだ。

静かな逗子市はテンヤワンヤ！　当時の県知事の長洲氏はもちろん、保守の市長も、５万市民のほぼすべても、この突然の住宅計画に反対した。しかし、ここは国有地である。防衛施設庁と米軍の間で決められる話に、地元がいくら反対しても無駄だった。

そこで「条件闘争」に切り替えることになったが、ここに「ヒーロー」が登場した。保守のジイさん市長とは全く違うシュッとしたインテリで、条件闘争を批判した。僕なら、米軍の計画を白紙撤回させられます、と純真な逗子市民を騙して、まんまと市長になった。彼は8年も逗子市長をやったが、基地反対はポーズだけで、結局、米軍の住宅建設計画は一歩も遅れる事なく、完成した。

あとから思えば、彼は「分断工作員」だったのだ。それが証拠に、白紙撤回出来ないことが決定的になって彼は、あとの尻拭いを彼の信奉者だった女性市議に託して関西に逃げたのだが、おそらく京都大学閥であろう国立島根大学の教授にいきなりなった。学者としての実績は何もないのに！　彼は自民党政権と裏で繫がっていたのだ。

話は更に遡る。1968年のあたり、70年安保闘争の前哨戦として、全国の大学で左翼学生による「政治闘争」が火を噴いた。あれは一体なんだったのか？

当時、東大文学部で好きな美術のことをちょこっと勉強しようと思っていた私は、大迷惑をこうむった。文学部の教室は、過激派によって、机や椅子が積み上げられ、バリケードと称して「封鎖」された。左翼過激派が牛耳る学生総会で、「全学無期限ストライキ」を決議するという。冗談じゃない。そんなことで何が変えられる？　絶対オカシイ。私は大教室の後の方で1人挙手して、「ハンタイ！」と叫んだが、無視された。この行動で私には「右翼」という称号が与えられていたらしい。ずっとのちにそれをきいて、爆笑した。

授業も卒業式も出来ず、入試も中止になった。本当に嫌な雰囲気だった。言葉が意味を失っていた。ワケの分からない「がなり声」が大学を支配していた。しかし、あの経験から私は人間と社会について、実に多くを学んだ。生まれてからずっと家でとっていた新聞「朝日」は、闘争学生の理屈にならない理屈を支持していた。内実を知らないのだ、と私は思った。「報道を鵜呑みにしてはならない」と、人生で初めて気付いた。

時が経ち、1971年に、NHK Books の創刊編集長だった田口汎と結婚し、1978年から逗子の海軍住宅という地区で35年暮らし、息子2人と娘1人が成人し、私は「これから世界はろくでもないことになるから孫などいらない」と、ひねくれたことを言い続けていたのに、いまでは孫が逗子に3人、石垣でも3人になろうとしている。私はいつも、のんびり静かに暮らしたいと思っているのに、想定外の波乱に巻き込まれる。そうとなれば、闘わないわけにはいかない。孫たちはこれから何十年もこの憂き世に生きていくのだから。

自衛隊配備の地ならしの「保管庫」造り

さて、石垣市長選挙の話だ。平和主義の医師市長「大浜ながてる」に、さしたる失政はなかった。長年の懸案の「新石垣空港」建設問題もまとめた。想像するに、自衛隊や米軍方面からの「隠然たる圧力」もあったにちがいないが、彼は「笑わないシーサー顔」で、やんわりと拒否してきていたのだろう。

石垣島に軍基地を置きたい勢力にとって、「大浜ながてる」は、なんとしても排除しなければならない邪魔者だった。そこで、彼を市長選挙で落とす作戦が水面下で着々と進行した。

まずは「長期政権批判」だ。これは理がある。どんな名市長でも、4期5期と続けば弊害が出てくる。大浜市長は後継者作りに失敗した。ある筋の話では、中山義隆は大浜ながてるの後継者候補のひとりだったという。義隆の高校の同級生に言わせると、「ぱっとしない奴」だったらしい。特に信念もないから、どうにでも染まったのだろう。結局、決め手はカネの力だったのではないか。

中山義隆は石垣市内の大手建築資材会社の息子だが「傍系」である。自民党で市議選に出て、1期目のうちに、かの「田母神」氏を石垣島に招き、講演会のMCをつとめている。すでに傀儡である。その頃（私はまだ石垣に移住していなかったが）、石垣市内の電柱等に黄色の「CHANGE」という謎のポスターが大量に貼られたという。誰がやったか、推して知るべし、だ。

公明党の支持も得て、中山は市議1期で市長になった。最初の施政方針演説は、神奈川県の海辺の某市の市長の演説の丸パクリだったことがバレた。このへんの「指導」をしたのはたぶん、ＴＫ大学海洋経済学教授という肩書きの右翼ＹＹ氏だろうと私はにらんでいる。中山が市長になってすぐ、石垣市海洋基本計画という、どうでもいいものを、どこかのコンサルに大金を払って作成している。石垣市より先に、竹富町がＹＹにたらしこまれて海洋基本計画をつくっている。なぜ、石西珊瑚礁で一体である石垣市と、西表島を含む竹富町が、別々に「海洋基本計画」をつくる必要があるのか？　竹富町は第2次までつくろうとしているらしい。公金の無駄遣いだ。

中山市長が石垣島に「水族館」を是非つくりたい、と広報誌で言っているのを読んで、こりゃなんだ、と私は思い、担当部署に突っ込みに行った。これもどっかのコンサルに大金を払って、青写真をつくっていたが、目玉になる展示物があるわけでなく、年間50万人の入館者を見込むという、夢想的なプランである。島内10カ所近くが候補地として選定され、調査がされた。無駄な仕事である。これを「指導」したのもＹＹ氏であった。コンサル料からキックバックがあるのだろう。今この計画は塩漬けになっている。

また、中山が市長になって間もなく、「不発弾保管庫」が必要だ、と、石垣市から沖縄県にわざわざ要請を出した。戦後60数年間、不発弾は数知れぬが、大きい物は発見現場に自衛隊の処理班が来て信管を抜く。爆発の心配がなくなった物は、畑に囲まれた汚水処理場の一角に野ざらしになっていて、問題が起きたことはない。小さい銃弾は、年に1回か2回、海辺の崖の下などで爆破処理されるらしい。ないし、委託業者が船で島外に運び出し、どこかで処理する。あえて大袈裟な「保管庫」を造る必要はない。しかし、県は要請に応じて、予算をつけた。

この迷惑な「不発弾保管庫」を石垣島のどこに置くかで、たらい回しになり、結局、市議の居ない「崎枝」地区に押し付けられた。土建関係の公民館長がたらし込まれて、「保管庫を島のどこかに建てないと、旧空港跡地の開発ができない」などというデマが流され、純真な地区役員達が騙され、不意打ちの臨時総会で「受け入れ」が決められた。これは「自衛隊基地受け入れ」の地ならしだ、という噂がある。

「自衛隊が来る」という噂はかねて流れていたが、誰も実態がわからない。市当局に聞いても、「そういう話はありません」と言われるだけだ。これが「お上」の常套手段だ。水面下で着々と準備をして、反対しても手遅れなところまで準備しておいて、公表する。これをやるために、防衛省とその親方の米軍と、その親方の国際軍需マフィアは、狙いをつけた地域の有力者を籠絡していく。そして、操り人形（傀儡）を首長に据え、議会を乗っ取る。

防衛省の住民説明会の「演出」

今の石垣市の中山市長と与党は、「自衛隊配備」を選挙で問うてはいない。地元新聞が候補者に自衛隊に関するアンケートをとったりはしているが、一般市民には、どんな「軍」が来るのか、さっぱり分からない。「災害救助」等という面ばかり強調する。そうやって市民を騙し、「中国が攻めて来る」などという妄想を煽り、「自衛隊に反対する奴は共産党だ」などという古典的（笑）なデマを流す。こ

> **石垣島への自衛隊配備を求める決議（全文）**
>
> 我が国を取り巻く安全保障環境は、中国の軍事力の広範かつ急速な強化により東シナ海における中国の活動はさらにエスカレート、更には北朝鮮によるミサイル発射や核実験の強行など緊迫した状況が続いている。
>
> 国民の生命・財産と領土・領海・領空を守り抜くためには、まさに国の防衛力並びに実効的な抑止力および対処が必要であり、島しょ防衛は安全保障環境に即して部隊などを配備するとともに平素から常時継続的な情報収集・警戒監視などが重要である。
>
> 住民の安全・安心、穏やかな平和は力による均衡で保たれていることは世界の常識であり、戦争を起こさせないためにも、更には法の秩序を無視した侵略を招くような隙を生じさせないための防衛力の強化が求められている。
>
> 尖閣諸島を抱える国境の我が石垣市においては、中国の尖閣諸島奪還にも監視の目を緩めることなく防衛力を高めるために自衛隊の配備は必要不可欠であり領土を守り、住民の生命・財産を守るという気概を持って島しょ防衛の防人としての役割を果たすためにも、本市議会は石垣島への自衛隊配備を求めるものである。以上、決議する。
>
> 石垣市議会

れが結構効果的だから困る。

防衛省が2度目として不意打ちに行った「説明会」に私は早めに行った（2016年5月24日）。1回目（同年4月22日）は町中の市民会館中ホールで、私は仕事を終えて行ったら、会場は満員で入れなかった。説明会の様子は、外の大型モニターで見た。2度目の会場は更に狭い、しかも街はずれの健康福祉会館だった。

15分前に入ったら、ちょうど「防衛協会」の三木巖会長がダークスーツを着て、悠然と最前列に座った。あちらは私のことを知らない。隣の椅子が空いているので、「三木さんこんにちは」とにこやかに挨拶して座った。説明会が始まるまで15分間、たのしく雑談した。後方で見ていた知人が「愛人になりそうな感じだった」と言ったので笑った。

さりげなく三木氏について本人から情報収集した。「観光業」をやっていたというが、港の近くの土産物屋だったらしい。今でも、台湾のクルーズ船が入ると商売しているみたいだ。石垣の東海岸の開拓地「伊野田」の出身だと言ったので、あとで伊野田の知人に聞いてみたが、「知らない」と言われた。部落内で知らないはずがない。どうも怪しい。ともかく「自衛隊とツーカー」の関係である。

1回目の「説明会」の時に、三木会長は、最後に司会者から指名されて、質問ではなく、自衛隊受け入れ賛成の「演説」をしたから、彼の役割はよく分かった。2回目もきっとそうなるだろうと予測された。

説明会で質問をした市民のほとんどは反対の立場だったが、賛成派もいて、候補地の近くに住んでいるが自衛隊受け入れに賛成だ、という。理由は、中国は尖閣諸島を獲りに来る、そして石垣も、沖縄も、武力で獲りに来る。「弱い所には必ず攻めて来るのが中国だ」とオジイはまくしたてた。

私が挙手したら、司会者が当ててくれた。

「今の方のご意見は、そうとう偏った情報によっていると思います。現在の国際情勢を広く見ますと、世界を動かしているのは【経済】なんです。『軍』も経済の一部なんです。軍という組織は、出来てしまうと、維持しなければならない。その為に、危機をでっち上げたりもするんですね。歴史上いくらでも実例があります。尖閣諸島周辺に中国公船が頻繁に出て来るようになったのは、石原都知事が尖閣諸島を買い取る、とアメリカのヘリテージ財団で発言して、日中間で知恵ある政治家達が【国境（領土）問題は棚上げにしよう】と合意していたのを、あえて壊したからです。」

「今の世界は、経済が国境を越えて網の目のように絡み合っていて、互いに補完関係、互恵関係なんですね。日本と中国は互いに最大級の貿易相手国です。主婦の感覚で見れば、衣料品のほとんどはメイドインチャイナで安い物が買えます。百円均一の雑貨には助けられます。食料輸入もすごい量です。中国の食べ物は毒が入ってるとか言われることがありますが、加工品の原料にもなっているから、選別できません。中国と喧嘩したら日本は生きていけません。中国も、日本と戦争して得することは何もありません。」

石垣島市内の公園に設置された「戦争放棄」の碑

「ところで、石垣島には国立の天文台が2カ所あります。オモト岳の西にあるVERA電波天文台は、石垣でなければならない科学的な理由があります。宇宙からの微小な電波をキャッチして、宇宙の成り立ち等を研究する、国際的にも貴重な施設です。近くに軍の施設が出来ると、電波相互干渉の影響が出るのではないでしょうか？　総務省と調整する、とのことですが、結論が出るのはいつごろでしょうか？」

当然、明確な答えはない。隣に居る三木会長は、「周波数が違うから問題ない」と繰り返し呟いていたが、「問題ない」なら、防衛局がそう答えるはずだ。

で、やはりこの日も、最後に司会者が三木会長を指名した。演出がミエミエで笑っちゃう。会場から「やらせダ！」と、ブーイングの嵐。「これで市民への説明は十分尽くされた」と締める予定だったのだろうが、思いどおりにはならなかったはずだ。

クニが「やる」と決めたことをひっくり返すのは非常に難しい。しかし、不可能ではない。原発計画を撤回させた自治体の例は少なくない。コツは、「イデオロギー色を消す」こと。「郷土を守る」ことに右も左もない。

石垣では、自衛隊配備反対の「市民連絡会」の代表は、もともと「純正保守？」の医師だ。前回の市長選では、自衛隊受け入れという隠された目的を知らず、中山義隆を医師会として支持したことを「後悔している」と明言している。

「島を守るために」軍隊が必要だ、役に立つ、と言い張っているのが、推進派の市議たちだ。「備えあれば憂いなし」と言う。しかし、ガードマンが強盗になった、という実例を、沖縄は知っている。ガードマンが大食いの居候になりかねない。「押し掛け用心棒」はお断りだ。

海上の国境を「守る」仕事は「海上保安庁」が【コーストガード】という、軍に準ずる装備の組織を強化している。不当に領海侵犯する外国船は適正に追い払っている。「陸自のミサイルは何の役にもたたない」。島の環境を汚し、【演習】で島の暮らしを乱し、観光業にも悪影響がある。島人にとって、何のメリットもなく、迷惑なだけだ。その事実を、もっと広く、一般市民に説明する作業は、市当局がやらないから、ビラ配布や小規模集会、大規模集会、新聞投稿、ノボリ林立、等々、あらゆる手段で、粘り強く続けるしかない。

自然が豊かな石垣島

インターネットを活用しての宣伝

日本の非武装憲法に違反する自衛隊の存在を、なんとか日本国民に馴染ませようと、自衛隊は長らく「ソフトイメージ」作戦を展開してきた。これはかなりの成果をあげている。「自衛隊がいれば、大災害の時に安心だ」と漠然と思っている市民も少なくない。しかし、去年の安倍戦争法によって「自衛隊は米軍と一体化して、世界中の紛争地に出ていく軍隊に変身した」ということを、分かり易く一般市民に知らせなければならない。

もっとラディカル（根源的）に言えば、「世界の紛争はつくられている」ということだ。「武器と武器で殺し合う」という場面がなくなれば、米国の経済の柱になってしまっている【軍需産業】が衰退する。そうならないために、国際軍需マフィアが、テロ組織を育てたりしている。ならず者国家「北朝鮮」が生き残って核兵器開発を継続しているのも、国際軍需マフィアから裏金が入っているからに違いない。

また、「紛争の解決には軍備が必要だ」と一般の納税者に信じ込ませる為に、マスコミが利用される。かつてはこの情報操作に対抗する手段はほとんどなかった。しかし、今、市民は、インターネットという強力な【情報交換の武器】を持っている。これは諸刃の剣だが、巨大な軍需マフィアと平和勢力が闘うには、コレの活用が最も有効だ。

しかし、石垣島の実態を見ると、ネット後進地であることは間違いない。地域に合った広報手段を、地元の覚醒した人々に考えてもらいたい。人間関係が濃密な【島】では、地域ごとの小集会が有効かもしれない。「国際軍需マフィアの手先になった極右安倍政権と闘う」には、まともな「保守」の人々の覚醒がカギになる。よそ者の私は、仕事の傍ら、自分が得意なネット発信で、全国の人々に、日本の南の果てで進行している【危機】を知らせることに努めたい（了）。

石垣市長の突然の自衛隊受け入れ表明

２０１６年12月26日、中山石垣市長は自衛隊の受け入れを表明した。よりによって市民が年の瀬の一番忙しい時期を狙っての突然の言明。しかしこの市長の自衛隊受け入れが報じられるやいなや、石垣島の「軍事基地をつくらせない市民連絡会」の人たちは、市役所に駆けつけ、役所内に座り込んで中山市長への面会要求をたたきつけた。

翌日27日には、市役所前で抗議集会。集会には急であったにも関わらず約１５０人の多くの人々が集まった。特に怒りの声を上げ駆けつけたのは、自衛隊配備予定地とされている住民たちだ。開南・於茂登・嵩田・川原の4自治公民館の住民たちは、次々に「絶対つくらせない」「市長を許さない」と怒りにかられて声を上げていた。それもそうだ。中山市長は、この4つの公民館の代表に対して、12月14日、「4公民館の皆さんと会って話を聞きたい。その上で市長としての自衛隊配備の判断をしたい」と議会で答弁していたのだ。

緊急行動の後、４つの公民館の代表らは、同30日にも記者会見して、この市長の受け入れ表明の撤回と面会要求を行った。また、市民らの激しい抗議にも逃げ回っていた市長は、ようやくだが28日、市民連絡会とも面会した（市民連絡会の「抗議文」参照）。

中山市長は、この突然の自衛隊受け入れ表明について「尖閣を含む石垣島、八重山を取り巻く情勢の変化をひしひしと感じている。わが国を守るという意味合いで石垣島配備は必要という防衛省の説明は十分に理解できた」（２０１７年元旦、『八重山毎日新聞』）とインタビューで答えている。

ところが、これは表向きの説明、裏では、防衛省の圧力があったことは明らかだ。

「複数の関係者によると、中山市長は先週、首相官邸で菅官房長官と面会し、年内表明に踏み切る考えを伝えていた」（12月28日付『沖縄タイムス』）

同紙によると、石垣市の与党市議らにとっても「寝耳に水」であったという市長の受け入れ表明は、このように政府・防衛省の圧力下でなされたということだ。この背景には、お隣の宮古島市長選への圧力もあると言われている。今年１月22日に開票される宮古島市長選の結果は、同市の自衛隊配備の受け入れにも大きく影響する。そして宮古島と歩調を合わせるかのように、石垣島に前倒しで早急に自衛隊を配備する計画も動いている。防衛省や自民党関係者には、「予備費を使っていくらでもできる」と、早期の用地取得を期待する動きもあるのだ。

この防衛省・石垣市当局に対し、もちろん、「市民連絡会」も年始めから様々な行動を始めている。石垣市内の道路脇には、至るところに「自衛隊配備反対」の「のぼり」が立ち、街頭行動・集会などが本格的に始まっている。かつて、石垣空港反対闘争の、長い長いたたかいを経験した住民たちは、このような行政や自衛隊の「宣撫工作」を必ず突き崩し、自衛隊配備を阻んでいくことだろう（この最後の節は編集委員会で追加）。

陸上自衛隊配備受け入れ表明に対する抗議

市長は、12月26日突然、石垣島への陸上自衛隊配備について「受け入れ表明」を行ったが、以下の理由により怒りを込めて、強く抗議し「受け入れ表明」の撤回を求める。

1．「候補地周辺4地区の市民の意見を聞く」という12月議会での自らの答弁に背くものである。
　日程調整中に、一方的に、「時間を延ばしてもいつお会いできるのかわからない」というのは理由にならず、市民との約束を反故にする行為で「裏切りだ。信用できない」と不信感が広がっている。
　4公民館の反対決議を押し切って進めるのかと質問に対し、「基本的には現在の候補地で進めていくことになる」と答えており、「聞きおいた」という既成事実をつくるためとしか言えない。

2．12月総務財政委員会において、開南公民館・川原有志からの「配備中止を求める請願」が継続審議になっており、議会軽視、市民無視である。

3．市長は、「防衛省の説明会、市の公開討論会、新聞投書、市への要請などをみて、賛成反対双方の意見はほぼ出尽くしていると判断した」と述べているが、それは、市長の独断である。公開討論会のアンケートや新聞投書では、「もっと議論を」「これでは判断できない」というのが市民の声である。防衛省の説明や市民からの質問に対する回答、オスプレイ、ヘリの離発着・訓練場などの問題、市が責任を負う有事の際の「島外避難体制」など市民に対して説明されておらず、判断できる状況ではない。

4．　12月11日開催の「市長は判断を急ぐな！緊急抗議集会」決議で申し入れたように、受け入れ表明を急ぐ必要は全くない。なぜ、この時期に受け入れ表明したのか市民に納得いく説明をすべきである。

あわせて、私たち市民連絡会との面談が速やかに行われるよう重ねて要請する。

2016年12月28日

石垣島に軍事基地をつくらせない市民連絡会
共同代表　　上原　秀政

石垣市長　中山　義隆　様

石垣島の自衛隊配備問題の経緯と取り組み（石垣島への自衛隊配備を止める住民の会）

日付	事　項
2014.2	市長選挙時、市内2か所の地域が配備候補地との報道。市長は否定。「自らは誘致しない」と主張。
2015.3	防衛省が民間に委託した調査結果が情報開示、大部分が黒塗り。
4.8	日本共産党八重山郡員会が候補地7か所を解明
5.11	防衛副大臣が来島、石垣市に調査協力を要請。平和憲法を守る八重山連絡協議会が抗議行動呼びかけ
6.17	自衛隊配備計画を撤回させる市民組織結成準備会開催
6.24	沖縄防衛局企画部長来島
7.1、2	防衛省　自衛隊配備の調査について市に関係資料の提供を受ける。
7.5	市民有志が候補地7か所の現地調査ツアー実施
8.20	屋良朝博氏講演と「石垣島への自衛隊配備を止める住民の会」結成総会250人が参加。　1号ビラ発行。この間8回の準備会、2回の呼びかけ人会議を開き進めた。当初8月8日の結成総会が台風接近で8月20に延期。石垣島への自衛隊配備を止めることを目的に、賛同する個人で構成。呼びかけ人138名。配備撤回を求める署名スタート
11.20	石垣島自衛隊配備推進協議会（八重山防衛協会、自衛隊父兄会八重山支部、隊友会八重山支部）が10月26日発足と地元紙で報道
11.26	防衛副大臣、石垣市に正式要請。止める会抗議行動。
〃	「自衛隊配備は何のため？みんなで考えましょう」懇談会開催。８０人参加。
〃	配備推進協議会「自衛隊配備を求める」請願を提出
12.4	宮古の会と共同で沖縄防衛局要請
〃	「自衛隊配備を求める」請願について総務財政委員会全会一致で継続審議
12.6	候補地周辺の開南、嵩田、於茂登の公民館長が会見「生活圏への影響が心配、防衛省は詳細な情報を開示すべき」、市議会に対し「地元を無視した形での議決はできないはずだ」と訴えた
12.18	八重山建設産業団体連合会　防衛大臣へ　部隊配備に伴う周辺整備について要請
12.22	市長要請。防衛省対し①地域・個別の住民説明会でなく、石垣市に対し配備計画の全容を明らかにさせ、その情報を市民や議会に提供すること②石垣島への自衛隊配備計画を容認せず、計画の中止を求めること
2016.1.13	3地区公民館役員会　現候補地反対、防衛省説明会拒否を確認
1.15	3地区公民館長　防衛省に、平得大俣地区への自衛隊配備計画に断固反対、配備計画の一方的な進め方に抗議文提出
1.23	平得大俣への自衛隊配備絶対反対緊急市民集会(止める会、八重山大地会共催）。１８０人参加。2号ビラ発行
1.27	上記集会決議　市長に手交(副市長対応)、防衛省に送付。
2.15	開南地区有志による説明会開催。沖縄地方協力本部(山根寿一本部長）、沖縄防衛局が説明
2.26	市議会へ「自衛隊配備計画撤回を求める」請願書提出。FBとHP立ち上げ公開。
3.4	市議会へ3地区公民館「平得大俣への配備計画中止を求める」陳情提出
3.10	市役所を囲む「みんなで手をつなごう平和の輪」行動　320人参加
3.11	市議会総務財政委員会　請願審議
3.15	財政総務委員会委員長へ　請願者の声を聴き、慎重な対応要請
3.17	財政総務委員会　推進の請願継続、撤回の請願、反対の陳情否決
3.18	市議会本会議　推進請願賛成多数（賛成13）で継続審議。反対の請願・陳情賛成少数（賛成8）で不採択。「防衛省に計画の情報開示と説明を求める要請決議」賛成多数（賛成13）で可決
3.26	「みんなで止めよう基地配備！」市民集会開催
3.28	与那国陸上自衛隊沿岸監視部隊配備はじまる。
3.29	東京行動　戦争法施行抗議国会前集会
3.30	東京行動　防衛省要請。配備計画撤回要請署名　11,571筆提出。
〃	〃　〃　宮古島・石垣島の自衛隊配備を止めよう！3.30東京集会
4.9	東京行動報告会（健康福祉センター視聴覚室）
4.10	自衛隊配備を考える学習会　「それってどうなの？沖縄の基地の話」講師　佐藤学沖国大教授　フリージャーナリスト屋良朝博氏　同学習会実行委員会主催
4.11	防衛省　沖縄防衛局ホームページに陸自配備について4月22日住民説明会開催を掲載。事前質問11日から17日受付。市ホームページにも掲載。
4.13	防衛省、中山市長宛　説明会開催について抗議声明送付
4.15	八重山毎日　事務局長投稿「住民説明会を市民的論議のスタートに！」を掲載

4.16	石垣海上保安部浜崎船艇基地完成、尖閣領海警備専従体制を構築。新造巡視船10隻配備、約500人増員され689人に
4.18	防衛省、市長に事前質問の公開を要請
4.22	防衛省住民説明会　事前質問14人141項目　ホームページで回答。当日15項目のみ回答。300人が参加。
4.29	沖縄平和市民連絡会総会で報告(藤井)
5.1	八重山大地会　市長あて自衛隊配備についての見解など公開質問状(八重山毎日新聞）。
5.12	市長　沖縄防衛局に説明会開催を要請
5.17	沖縄防衛局、市　ホームページに5月24日住民説明会開催を掲載
5.18	説明会開催について、市長要請(副市長対応）。事前質問への回答がない下での開催の経緯を質す。5月12日、市長から沖縄防衛局へ開催要請したことが明らかに。
5.21	防衛大臣、沖縄防衛局長、市長あて、一方的で無責任な説明会開催への抗議声明。
5.24	八重山毎日、事務局次長投稿の「質問への回答のない説明会は延期すべき」を掲載。
5.24	沖縄防衛局、住民説明会開催、事前質問に対する回答(未回答もあり）中心に説明。開催前に抗議声明についての回答を求め、会場質疑でも主張、事前質問への回答ができていないことを謝罪させる。後日、全質問への回答をホームページで行う。200人参加
5.31	産経新聞　「石垣配備着手2年前倒し」報道。記者会見を開き、抗議。
6.6	嵩田公民館と名蔵有志の会　平得大俣地区への自衛隊配備計画の中止を求める請願提出
6.8	防衛省へ自衛隊配備着手の前倒しの策動に抗議声明送付。
6.9	市長要請(副市長対応)、①情報開示と市民的検討②市民、滞在者の安全をま持つことについての市長の見解③配備によるくらし、産業への影響④地区公民館の反対決議についての対応の４点につて明らかにすることを求める。
6.10	沖縄防衛局　事前質問への全回答をホームページの掲載。
6.13	第２回「みんなで手をつなごう平和の輪」行動　２００人弱の参加。
6.14	八重山大地会　市長に情報開示と基本的見解、賛否表明を求める請願提出。
6.17	市議会総務財政委員会　請願について審議。配備計画中止を求める請願者代表３人が意見陳述するも、否決(賛成３、反対４）。市長に情報開示と基本的見解、賛否表明を求める請願も否決(賛成。配備推進を求める請願について採択(賛成４、反対３）。
6.20	市議会本会議　配備推進請願、不採択(賛成８、反対９、退場３）。
7.2	「島嶼防衛と離島への自衛隊配備を問う」シンポジウム(那覇市）で報告（東山盛）　科研費プロジェクト主催
7.6	６月議会報告と懇談会　３地区役員と名蔵地区有志、市議６人。
8.5	カフェタニファで第１回JETセッション「石垣への自衛隊配備についてもっと話そうよ！石垣の明るい未来のあり方は？」ライブ＆トークのセッション開催(同実行委員会主催)　20数名参加
8.8	八重山防衛協会2016年度定期総会　会長あいさつ「今年は自衛隊配備を進めることがテーマ」と強調。会長三木巖、副会長大浜一郎、我喜屋隆、黒嶋克史、大濵達也、石垣敦子、事務局長砥板芳行、監事與那國光子、前田小五郎、顧問中山義隆
8.10	市長　5日から活発化している中国公船や漁船による尖閣周辺での航行について、外務省、海上保安庁に対し、中国側への抗議や沈静化を働きかけるよう要請。
8.14	読売新聞報道　政府が、沖縄県・尖閣諸島などの離島防衛の強化ため、新型の地対艦ミサイルの開発を決め、17年度予算に。23年度配備を目指す。
8.18	カフェタニファで自衛隊配備を考える勉強会(JETセッション実行委員会）開催　「事前質問への回答を読む」　20数名の参加
8.18	防衛省　来年度予算の概算要求で、奄美大島、宮古島に置く南西警備部隊の配置費用746億円計上。
8.19	八重山防衛協会が陸自配備推進への対応をめぐり、会員の仲嶺忠師、伊良皆高信両市議の除名を役員会で決定と八重山毎日新聞報道
8.23	第1回みんなで検討・交流会開催　「事前質問への回答を読む」、元自衛官小西誠氏「自衛隊の先島配備と自衛隊員たち―今、自衛隊で何がおこっているのか？」　大浜信泉記念館　64人参加
8.29	開南公民館、川原地区有志の会が平得大俣地区への自衛隊配備中止を求める請願提出。
〃	第2回みんなで検討・交流会　高良沙哉沖大准教授「自衛隊基地の隣で暮らすということ」　於茂登公民館　90余人の参加。
8.30～9.17	石垣市議会9月定例会
8.30	市議会会派「自由民主党」結成。代表仲嶺忠師他伊良皆高信、今村重治，箕底用一
8.31	防衛省、来年度概算要求。南西諸島防衛重点に奄美・宮古関連で746億円、総額5.1兆円
9.1	市議会会派「自由民主石垣」結成。代表砥板芳行他知念辰憲、仲間均、石垣亨、我喜屋隆次、友寄永三、東内原とも子、長山家康。
9.12～16	市議会一般質問。野党５人与党1人（仲間均氏）自衛隊配備問題を取り上げる。
9.12	「議長不信任案」を否決。自衛隊配備促進の団体（建産連）と要請行動を行ったことが中立性を損なうとして動議。

9.15	仲間均市議「自衛隊配備を求める決議」の動議提出。
9.16	「自衛隊配備を求める決議」賛成11、反対7、退場2（公明の2人）で可決。配備計画中止を求める請願は、総務財政委員会に付託、継続審議に。市長、公聴会開催を明言。
9.17	八重山毎日記事「住民投票条例案見送る　陸自配備候補地　野党が警戒感」
9.21	八重山・大地会　「公開質問に回答を」と市長に抗議、申し入れ。
9.29	市議会「自衛隊配備を求める決議」に抗議する怒りのデモと市民集会（大川公民館）合わせt200人が参加、集会決議を採択。
10.4	市長、28日に公聴会開催予定を明らかにし「1回の公聴会で即判断するわけにはいかない」と慎重に結論を出す意向を示した。
10.5	「止める会」平真地域懇談会開催。37人が参加。「防衛省の説明から分かったこと、分からないこと」を報告。デモやノボリなど具体的な行動を求める声が相次いだ。
10.10	川原自治公民館、陸自配備反対を決議。
10.12	「公聴会」説明会に反対派欠席との地元紙報道。
〃	「石垣島に軍事基地をつくらせない市民連絡会」「公聴会」の見直しを求める要請を提出。
10.14	上記要請について、市より回答。
10.20	「公聴会」について、市、「市民連絡会」、「推進協議会」で調整会議開催、「公開討論会」として開催するなど開催要項を確認。、
10.23	市民連絡会、「軍事基地反対！国会議員へ要請・意見交換会」開催（大浜公民館）。照屋寛徳・赤嶺政賢・仲里利信衆院議員、糸数慶子参院議員参加。260人参加。
〃	止める会の自衛隊配備撤回署名だ2次集約10,050筆を国会議員に託す。
10.25	公開討論会の意見発表者を市に通告。市民連絡会ー上原秀政共同代表、藤井幸子、伊波洋一参院議員。推進協議会-砥板芳行市議、仲田吉一、佐藤正久参院議員。
10.28	市主催「自衛隊配備に係る公開討論会開催。市民会館大ホール、700人参加。
10.30	産経新聞に、公開討論会について上原共同代表の発言を歪曲、非難する報道。
10.31	市民連絡会、上記報道に対し申し入れ、上原共同代表の発言前部と反論文の開催を求める。
11.2	推進協議会（三木巌会長、具志堅用治鮪船主会会長ら18人）、陸自配備計画について早期受け入れ表明を市長に要請。（副市長対応）
〃	うりずんの会、石垣自衛隊配備撤回署名を防衛省に提出。
11.25	市民連絡会、自衛隊配備について市民、議会のさらなる議論の積み重ね、公開討論会のアンケートの公表など市長に要請。
11.26	いしがき女性9条の会、「防衛省の事前質問への回答からわかったこと」、戦時尖閣遭難事件の体験を聴く学習・懇談会開催（健康福祉センター会議室、27人参加）
11.30	柳澤協二さん講演会　中国は脅威か？「抑止力」から「拒否力」へ～石垣で考える戦争と平和～　大浜公民館220人参加（主催市民連絡会）
12.1	日本記者クラブ与那国石垣取材団（15人）　上原共同代表に取材
12.2	市長の12月議会の議論を踏まえて「遠くない時期に可否判断」発言報道される
12.3	〃　4地区公民館役員取材
12.5	公開討論会アンケート結果公表。アンケート率42.86%(300/700)、自衛隊配備に賛成80人(27%)、反対139人(46%)、その他81人(29%)。アンケートは賛否を問うものでなく自由記載、その後分類した数字。
12.5～16	12月石垣市議会
12.8	市民連絡会　市長の遠くない時期に可否判断への声明発表、記者会見。「1．市民や市長、議会で判断できる議論が尽くされておらず、必要な情報が周知されていない。2．市長は直接、反対決議をしている候補地周辺の4地区をはじめ市民の声を聴くべき。3．自衛隊配備は、市民の暮らし・経済にかかわる重要問題。島の未来を決めるのは、市民。」の3点を述べ、判断を急ぐべきでない旨を主張。
12.11	市民連絡会　「市長は判断を急ぐな！緊急抗議集会」開催　於茂登集落入口ロータリー　集会決議採択。　参加約180人
12.14	市長　議会で「4地区公民館長と面談」答弁。総務部長「16日4時に役所で面談」を連絡。
12.15	市民連絡会　集会決議を手交（副市長、総務部長対応）。12.15　市民連絡会　集会決議を手交（副市長、総務部長対応）。4地区は、市長との面談は公民館として役員会や臨時総会などはかってから日程を連絡する旨伝える。
12.16	総務財政員会　開南、川原有志の請願審議→全会一致で継続審議
12.16	市長　開南の自衛隊配備賛成の市民6人と面談（非公開）。
12.26	市長　自衛隊の受け入れを突然表明。

第3章　住民を無視した奄美大島の自衛隊配備計画

——たった1度の住民説明会で配備を決定

インタビュー　聞き手・編集委員会

●奄美の自衛隊配備をどうするのか？

牧口光彦さん・佐竹京子さん

（奄美の自衛隊ミサイル部隊配備を考える会）

突如持ち上がったミサイル部隊配備計画

編集委員会　与那国島・石垣島・宮古島と並んで、奄美大島にも陸自普通科部隊・ミサイル部隊、そして空白の移動警戒隊の新たな配備計画が発表されました。現在、奄美では、その駐屯地工事の公開入札が行われ、今年度は着工態勢という厳しい状況にあります。皆さんは、この奄美への自衛隊配備計画を知ったとき、どう感じましたか。

佐竹　とっさに、まさか！　と思いました。昨年だったか（一昨年かも）。まず瀬戸内町が自衛隊誘致を行い、地元選出の衆議院議員と町長と町議数人が防衛省で陳情を行っている写真が地元新聞に載っているのをみて、正直、愕然としました。

配備計画は、その陳情団にはお構いなしに発表されたと思います。え、私はどうすればいいの？　というのが率直な気持ちでした。

牧口　まず、各種団体が、自衛隊誘致の陳情に行ったことに違和感を覚えました！　さらに、その中に観光協会が入ってたことにもっと驚きました！「世界自然遺産」登録を目指しているのに、まるで逆行していると！

編集委員会　本当に突然の発表ですね。牧口さんが言われた「世界自然遺産」の登録を目指しているときにですね。ところで、この配備発表に対する周りの方々、知り合いの方々の反応はいかがでしたか。奄美の経済的状況から配備賛成が多いと聞きますが……。

佐竹　奄美では、2010年に大きな水害が起きて、その時、自衛隊が救助に来てくれた。なので自衛隊は歓迎ムードでした。米軍は嫌だけど、自衛隊ならいい！　という反応です。それと人口減少を食い止めなければという意識が、自衛隊が来ることで食い止められる上、経済効果もあるんだから、と大方の意識のある市民は賛成したと思います。ですが、近所のおばちゃんたちに聞いてみると、ほと

瀬戸内町節子の自衛隊駐屯地の配備予定地

んど何のことか分からない、と答える人が多いですね。

牧口　特に、２０１０年に水害があり、そのことから、島に自衛隊が駐屯していれば、すぐに対応してくれると。だまされていますね！　ミサイル部隊は、災害の対応などしないんです。また、「離島防衛」という言葉にだまされていて、自衛隊が、有事に島を守ってくれると思っているのです。「離島」を守るのではなく「離島」で、本土を守るのです！　自衛隊員により、人口が増え、経済効果があるなど、あまりにも、短絡的で、情けないとしか言いようがない。

地域で１回だけの説明会

編集委員会　問題は奄美では、自衛隊配備に関して市当局などの行政の説明会が、ほとんどなされていないとお聞きしますが、実際はどうなのでしょうか。石垣島にしても、宮古島にしても、市全体はもとより、配備予定地住民にも一応、「説明会」は開いています。もちろん、この説明会自体が「アリバイづくり」という面もあります。

佐竹　ありません。昨年（２０１６年６月）、大熊《だいくま》の公民館で行われた熊本防衛局の説明会だけです。それも最初は大熊集落民のための説明会というので、外部の人は入れないとかでしたが、当日の新聞に一般市民も入れると書いてあったので、私たちも参加しました。

牧口　私はこの問題で、地元紙『南海日日新聞』への投稿をしました。当時のこの投稿が質問に充分に応えていますので、あえてこれを参照にさせて下さい。

『市長は！、説明責任を！』

奄美市民は、奄美市の大熊の高台に自衛隊の〝ミサイル部隊〟が配備されようとしている事を知っているのだろうか⁉　過日、「大熊公民館」で、自衛隊の説明会があったことを知ってますか⁉

市長は、それ以上、説明会はしないと言っているようです。私は、「奄美の自衛隊ミサイル部隊配備を考える会」を立ち上げ、このことを市民として考える勉強会を毎月、行っています。その時の議題として、まず、「市長に市民に対して、ちゃんと説明をしてもらいたい」と言う声が必ず上がります。4万人の市民に対する説明会ならば、少なくとも「文化センター」のホールでやるべきでしょう！「大熊公民館」で、十分と言うのは、冒涜です！

自衛隊ミサイル部隊配備の肯定派は、「雇用が増える」「人口が増える」「経済効果がある」「税収が増える」等々、良いことばかりです。本当に、そんな良いことばかりなら、胸を張って、「説明会」を開けば、良いのではないでしょうか⁉

私は、単純に、奄美に「自衛隊」が、今迄どおりなければ、有事に攻撃の対象にならないと思います。「離島防衛」と言えば、聞こえは良いが、これは〝離島〟を〝守る〟のではなく、〝離島〟を犠牲にして、〝本土を守る〟と言う意味だと思います。

今月の30日（日）に「ＡｉＡｉひろば」で「標的の村」の自主上映会を行います。沖縄の「米軍基地」と「自衛隊基地」の違いはあるが、〝オスプレイ〟が奄美市街地の頭上を低空で爆音を立てて飛ぶのは、間違いないと思います。奄美が「標的の島」にさせられないように、市民、ひとりひとりの問題として考えて欲しいと思います。その為にも、まず、「市長は！　説明責任を！」果たして頂きたいと切に願います。（「奄美の自衛隊ミサイル部隊配備を考える会」代表、牧口光彦）

「奄美の自衛隊ミサイル部隊配備を考える会」の発足

編集委員会　お聞きしていましたが、やはりひどい説明会ですね。住民の自治など、完全に無視しています。ところで、「奄美の自衛隊ミサイル部隊配備を考える会」の立ち上げのきっかけはどのようなものだったのでしょうか。

佐竹　牧口さんの提案です。恥ずかしながら私は、ミサイルって何？　程度の知識しかなくて、「奄美の自衛隊ミサイル部隊配備を考える会」というネーミングにビビりました。でも、避けては通れない問題なので、とにかく勉強会ならやりましょう！　と賛同しました。私の他、女性は5

人が参加しています。連絡はＳＮＳで行っています。

牧口　奄美では、すぐに①戦争のための自衛隊誘致に反対する奄美郡民会議（郵政退職者会・道の島交通労組・奄美地区退職教職員連絡協議会・鹿児島県職員労働組合大島支部・奄美ブロック護憲平和フォーラム）、②社会民主党奄美支部、③名瀬生活と健康を守る会、④奄美民主商工会、⑤新日本婦人の会奄美支部、⑥日本共産党奄美地区委員会、⑦奄美地区労連、⑧奄美医療生活協同組合、⑨「あぶし会」が結成されましたが、さらに、この会の発足で多くの島民と「自衛隊ミサイル部隊の配備」を考えようと、開かれた場を設けたいと思い結成しました。

編集委員会　様々な団体が反対の声をあげているようですが、他の団体などの実状はいかがでしょうか。

佐竹　今、牧口さんが紹介した労働組合系９団体で、すでに「戦争のための自衛隊配備に反対する奄美ネット」、通称「自衛隊ネット」が出来ていて、反対行動などが新聞に載っているのをみて、情報の共有を図るためにも「自衛隊ネット」に入会させてもらいました。私たち以外の自衛隊ネットの皆さんは、ほとんどＳＮＳができないので、「南西諸島ピースネット」などの情報共有ができないのが悩みです。事あるごとにスマホ携帯をお勧めしてますが、

奄美市内での宣伝行動

会の最初の取り組みとして、ミサイル配備を考える会では、映画「標的の村」の上映会を提案、上映が成功したことで、自衛隊ネットにも弾みができたのではないかと思っています。

「工事差し止めの仮処分」の準備

編集委員会　さて、先ほども申し上げましたが、熊本防衛局の入札情報を見ますと、今年の早い時期にも駐屯地などの造成工事が始まるかもしれない状況にあります。この自衛隊の着工態勢の中で今後、何が出来るでしょうか。運動をどのように進めていけばと思いますか。

牧口「工事差し止め仮処分」のための訴訟に向け、準備を進めています。また、わかりやすいパンフレットを作成して、島内外に広く知らせようと思います。さらに、「奄美平和音楽祭」の開催も計画しています。

佐竹　これは問題ですね。牧口さんが言われた自衛隊ネットで「工事差し止め仮処分」の訴訟ですが、私も原告になります。また、私はお店を経営することで生業を立てていますので、目一杯活動ができませんが、人と人を繋ぐことができます。それと、市民に参加してもらいやすい映画の上映会を断続的に継続していければと考えています。

編集委員会　最後に、奄美でのお一人おひとりの平和への思いを一言お願いします。

佐竹　奄美大島に移住して今年で38年になります。山の深い奄美大島は温暖ですし、人の心に裏表がないのでそのままお付き合いができる、というのが私の最も気に入っているところです。私もよそ者ながら、言いたいことを言わせてもらっています。

ただいま世界自然遺産登録と、自衛隊配備が同時進行していますが、高江の現状をみるにつけ、山の深い奄美の原生林が伐り倒され、ヘリパットができたり、オスプレイが飛来することも時間の問題かなと思うと胸が苦しくなります。とにかく日本はいまだ独立していない、いまだ米国の植民地であること、沖縄の独立も含めて、国民の一人ひとりがもっともっと政治の矛盾を知ることではないかと思っています。

「武器を楽器に！　戦争よりも祭りを！」

牧口　一昨年より、ＬＣＣの就航により来やすくなり、観光客が確実に増えています。「世界自然遺産」の登録がされれば、さらに、観光客は増えるだろうと思います！　しかし、その一方「辺野古」の埋め立ての〝岩ずり〟を搬出

奄美市内の繁華街に設置された「憲法第９条」の看板

する為、無残にも各所の山肌が削られ、痛々しい姿をみせています！　さらに、「自衛隊ミサイル部隊」の基地の建設が、着々と進められています。

政府は、隣国の〝脅威論〟を煽り、〝抑止力〟の名のもとに、自然を破壊し、軍備を増強し、集票の為に大手建設業者を潤わせているようです。インフラも整備されると、不必要なものをつくり出します。その最たるものが戦争で、ありもしない〝脅威論〟をでっち上げ、武器をつくり、若者の命を犠牲にしようとしています。街を破壊するのが目的ではないのか⁉　もう、そんな馬鹿げたことに参加するのはやめようと訴えたい！　そうだ！「武器を楽器に！戦争よりも祭りを！」と訴えたい。

編集委員会　ありがとうございました。奄美の皆さんの思いを何とか全国に伝えたいと思っています。奄美は、いくぶんか全国の支援のある先島諸島や沖縄とも異なり、もっとも厳しい運動環境にあるかと思いますが、佐竹さんの言われたそのSNSのネットワーク「南西諸島ピースネット」も発足しました。これから、本当の意味での島々の連帯を創り出しながら、防衛省・自衛隊の横暴に対抗していきましょう。

●いま黙っていたら奄美《しま》はどこへ行く

——自衛隊誘致の動きを質す

薗 博明

以下のレポートは、奄美市の自衛隊誘致の動きに対して行政・議会への要請をはじめ、奄美在住者、本土在住奄美出身者、その他の多くの方々との意見交換の素材になればと私の思いを、『南海日々新聞』に4回にわたって掲載したものを短くしたものです。運動そのものではありません。

奄美《しま》はどこへ行く

2014年8月のこと。奄美市が自衛隊誘致に動き、議員の多くまでがそれに輪をかけたように走り回っているとの情報が入り、ケンムンにでも惑わされてるのではないかと唖然となった（編集部注「ケンムン」とは奄美に伝わる妖怪）。かねて話題にもなっていないのに、かくも安易に進めていいのだろうか。新しく軍事基地をつくるということは奄美の将来にきわめて深刻な影響を及ぼす案件なのに、一体全体何を血迷っているのだろうか。時あたかも「集団的自衛権」で揺れ、安倍政権の右傾化を懸念する声があがっている最中の動きである。

個人であれ団体であれ物事を進めるには順序がある。自治体にあっては手順を踏むことはなおさら重要である。防衛省から打診を受けたなら、奄美にどんな影響があるかを検討の上、住民の意見を聞く段取りをするのが常道ではないのか。

そんな思いをしているときに、市当局が各種団体に陳情書を出すよう働きかけているとの情報が入った。こんな大問題に易々と応じる団体はないだろうと高をくくっていたが、さにあらず、12団体が陳情書を出したとの報道に驚き、併せて陳情書の内容にあきれてしまった。「活性化」、「災害派遣」、「過疎の歯止め」、「人口増」、「観光浮揚」等々、防衛省はなんのためにあるのか、そっちのけではないか。こんなおねだり根性丸出しの陳情書を自主的・主体的に作成したのだろうか。防衛省は歓迎しながらも内心苦笑しているのではないか、いや、その前に陳情書の多さと思考停止したような筋違いの要望に驚いたに違いないと思った。

愚痴っぽい話になったが、「島」と「シマ」の将来に大きく影響する重大問題。かねて話題にもなっていない自衛隊誘致を、12団体が防衛省に直接陳情したことだけを根拠に（それもやらせの可能性が濃厚である）、自衛隊誘致の「可否を問う説明会を持つべきではないか」との要請を無視して、市議会決議を経て具体的作業を進めている。否応なしの住民への押しつけである。このことは、日本国憲法の基本理念である「民主主義」「主権在民」「住民自治」の精神を無視した暴挙に他ならない。

いま黙っていたら奄美《しま》はどこへ行く。そんな不安でいっぱいです。民主主義は、みんながそれぞれの考えや意見を出し合うことから始まります。奄美に住んでいる私たちには、今それが強く求められていると考えます。既成事実が重ねられていっても主張し続けなくてはならない重大事項です。

先ず、自治体や議員の方々に真摯な討論を求めていきたい。陳情した団体と膝をつき合わせて話し合いたい。戦争と平和についてかねて考える機会のない方々とざっくばらんに話題にしたい。こんなことを考えながら私の意見を述べることにします。

（1）多大な犠牲を生み出し、甚大な被害をもたらした先の大戦（太平洋戦争だけではない）を反省し、憲法9条の下に平和裏に歩んだ戦後70年をどう受け止めているか。どう受け止めるべきか。

（2）戦争に明け暮れた時代に戦争推進のためによく使われた言葉が「わが国体」「お国のため」「国防」「抑止力」。“侵略する”と叫んで戦争した国はない。「抑止力」なる名のもとに果てしなく繰り広げられた軍拡競争の行き着いたところが広島・長崎の原爆ではなかったのか。抑止力で平和は守れないことは歴史が証明している。戦争を体験した先達が思想信条を超えて「戦争だけは二度とするんじゃないよ」と語る思いを今一度かみしめるべきではないか。

永続的な平和は、普段のたゆみない相互理解への努力、より適切なコミュニケーションの積み重ねの中でしか築かれないことを確かめ合いたい。

奄美に配備予定の移動警戒管制レーダー

（3）戦争とは人間と人間が集団で殺し合いをすること。否応なしに民衆も巻き込まれる。先の沖縄戦で日本軍は住民を虐殺し、敗色が濃くなると自決を迫った。戦場にならなかった奄美でも徳之島から疎開児童を乗せて出航した武州丸の悲劇、赤木名での防空壕爆破の惨状など一般民の犠牲があった。これらのことを承知の上で陳情したのだろうか。

（4）近代戦は、かつての竹槍や鉄砲を使う戦争とは違う。あまりにも破壊的なものになってしまい、勝ち負けに関係なく双方に甚大な被害をもたらす。新しい基地をつくるとなるとミサイル配備（この頃はミサイルの話はなかった）が当然に考えられ、真っ先に攻撃の対象になる。限られた面積の島嶼にあっては壊滅的な打撃を受けるだろう。陳情のとき、こんなことを考えただろうか。

後日、陳情書を出した団体の役員が「ミサイルが来るとは思わず、いま後悔している」と語った方がいる。1人ではない。

（5）奄美が日本に復帰し、奄振事業による開発工事が進められてから十数年たった頃から、奄振事業のあり方を巡って「自立自興」なる言葉がよく使われた。国のカネに頼るあまり自ら興す気概をなくしたのでは、という議論である。同じ感覚で自衛隊の本務を知るや知らずや次元の違うことを並べて戦争の危機に真っ先にさらされる道を選ぼうとしている。おねだり根性もここまで来ると、まさに命がけの観を呈している。

（6）環境破壊の最たるものは戦争である。いま、世界自然遺産登録を目指して山場にさしかかっているとき。「棲み分けができる」と言っている人がいるようだ。本気で言っているのだろうか。それとも環境へのダメージなど〝どうでもいい〟と思っているのだろうか。江仁屋離島で自衛隊の大演習があったとき、憂慮する声があったことを承知だろうか（2104年9月18日掲載）。

先人の生き方に学び沖縄の現実に意思表示を

2015年2月6日、沖縄・辺野古を埋め立てて新たな基地をつくる計画に反対して防衛省に陳情に行ったときの一場面。対応した防衛省の職員4名に冒頭「先の沖縄戦でみなさんの先輩に当たる太田実中将が自決する直前、大本営に『沖縄県民かく戦えり、県民に対し後世特別の御高配を賜らんことを』と送った電報をどう思いますか」と聞いた。きょとんとしているので「知らないんですか」と問うと黙っている。怒りがこみあがるままに「あなた方は国民を守るためにある防衛省の職員でしょう。みなさんの先輩が自決する寸前に送った沖縄戦の歴史的電報も知らないんですか」と声を荒げ、「青二才どもが」と続けた。

やりきれない思いを抱えたまま衆参両議院内でロビー活動をしているとき、取材筋から「奄美にも筋を通す人がいるんですね」という防衛省職員のコメントがあったと伝わってきた。瞬間、かねて心配していたことが目の前に突きつけられたような思いがしてガクンときた。何故かというと、昨年、奄美大島の12団体が出した自衛隊誘致のおねだり丸出しの陳情書に、防衛省は大歓迎しながらもあきれているのではないかと危惧していたからである。そのうえに、奄美の先人の生き方までが歴史から抹消されたようで二重のショックだった。

奄美のホンマ（女性の先達）やフッシュ（男性の先達）は、外から支配され屈辱や苦難の限りを経験したが、自らの力で必死に生き、極貧の中にあっても人間としての誇りを失うようなことはしなかった。自ら「島」を売るようなこともしなかった。代官の島妻にされるよりはと「ウラトミ」を小舟に載せて大海に流した。植民地支配・黒糖収奪の犠牲となり薄幸の生涯を終えた「カンツメ」を哀れみ、あのような生き方はさせるなよと唄に残した。渡り鳥のサギにも「そんなに痩せたなら我《わ》きゃ家《やー》に来て飯《むん》を食べないか」と声をかけた。自然と人間の関わりの大切さを「水《ムジィ》や山おかげ　人《ちゅ》は世間おかげ　海山ぬ清《きよ》らさや　太陽《ていだ》おかげ」と詠んだ。これら先人たちが残した自然・文化・生活、人間としての誇りを持った生き方まで消し去られようとしているように思えて悔しかった。

太平戦争で本土防衛の捨て石にされた沖縄。敗戦後、日本の独立に利用され米軍の統治下に置かれた沖縄。在日米軍施設の74％が集中し軍事植民地の様相を呈している沖縄。県民の声は無視され屈辱に耐えている沖縄。

辺野古に反対するオール沖縄の戦いを支援・共闘する機運も全国的に広がってはきた。しかし、まだまだ本土にとって、沖縄の苦悩はよそ事。同じ日本人として、隣人としてどうあるべきか。自分に何ができるか。今一度考えて意思表示しようではないか（２０１５年７月９日掲載）。

【参考1】太田実中将（沖縄戦で沖縄根拠地隊司令官。豊見城にあった海軍壕内で自決）が、自決する直前の6月6日に海軍次官宛に送った電報。老若男女を問わず軍の作戦に献身的に協力。このことを、県知事ノ依頼ヲ受ケタルニ非ザレドモ現状ヲ看過スルニ忍ビズ知事ニ代ツテ緊急ニ通知申上グ、として、「沖縄県民 斯ク戦ヘリ　県民ニ対シ後世 特別ノ御高配ヲ賜ランコトヲ」と打電。

【参考2】沖縄戦で沖縄の民衆は、守ってくれるはずの日本軍から食料を奪われ、壕から追い出され、集団自決を迫られ、県民の4人に1人が死亡。

【参考3】沖縄・戦後70年の苦難。サンフランシスコ講和条約で日本から分離。「銃剣とブルドーザー」による土地の接収。島ぐるみ闘争。キャラウエイ高等弁務官の「沖縄の住民自治は神話」と屈辱この上もない暴言。日本に復帰したが基地負担は変わらず。

日本復帰から２０１４年までの42年間で米軍の犯罪５８６２件（殺

奄美に配備予定の地対艦ミサイル

人や強盗571件、女性や子どもを被害者とする事件・事故は後を絶たず、米軍航空機関連の事故650件）。まさに軍事植民地。

これでいいんですか

大熊地区に陸上自衛隊警備部隊が配置されることが新聞紙上に載ってから、大熊の方と会うときは挨拶代わりに「引っ越しの準備はできましたか」と聞くようになった。

都市計画が終わって新しい家屋が並んでいる地区だが、大熊地区にミサイルが飛んでくる危険があることとは結びつかないようできょとんとしたり、びっくりしたり。1人だけ「長浜にも飛んでくるのでは」とやり返された。「そうですね、私も考えなくてはならないんですね」と苦笑い（長浜と大熊は名瀬港の湾口入り口に向かい合って位置し、私の住まいは長浜）。

奄美市当局と市議会に問います。また、多くの方々と意見交換をすべく問題提起をします。

（1）一旦緩急あるときは、真っ先にミサイル基地が狙われることを承知の上での受け入れですか。対空ミサイルの攻防は秒単位の勝負。空中で防ぐ技術は今のところ確立されていないようです。小さな島嶼《とうしょ》にあっては壊滅的な打撃を受けることが予想されます。そんなことを予想されましたか。受け入れたみなさんは、子や孫に戦争の犠牲になりなさいと言えますか。
（2）陸上自衛隊警備部隊は、ミサイル部隊を護衛するために配置される部隊と聞いています。ミサイル部隊は、昼夜を問わず瞬時も寸時も任務から離れることはできない部隊です。災害の時には、救助の要請を受けてから奄美駐留以外の部隊が本土から派遣されるはずです。
（3）地対空ミサイル基地が設置される大熊は、奄美諸島最大の名瀬港の入り口にあります。戦争になったら真っ先にミサイル基地、次に名瀬港と奄美空港が標的にされるでしょう。奄美群島の交通網はめちゃくちゃになることが考えられます。
（4）戦争を防ぐためという「抑止力」が、逆に甚大な惨状をもたらした戦争の歴史を承知しての判断だろうか。歴史に学ぶ姿勢が欠けている事象が随所に見られる昨今です。
（5）奄美は世界自然遺産の登録を目指してヤマ場を迎えていますが、気になりませんか。環境破壊の最たるものは戦争です。それを覚悟のうえでの受け入れですか。
（6）ミサイル建設予定地の環境調査は、公表は差し控えたいとのことでしたが、運動体の要請を受けて2回に分けて出すそうです。何故2回に分けるのか疑念が残りますが、自衛隊誘致には関係なく調査のすべてを公表すべきです。世界自然遺産との関連もあります。
（7）先の大戦で沖縄が本土防衛の捨て石にされたことは、みなさんは知っていると思います。馬毛島から与那国島まで帯状に本土防衛の捨て石にされる心配はしませんか。
（8）戦後、サンフランシスコ平和条約（1952年4月28日）が発効したとき沖縄にある米軍基地は日本全体の10％、沖縄が日本に復帰したときは（1972年5月15日）50％、今は74％と日本にある米軍基地のほとんどを沖縄に押しつけています。何も感じませんか。
（9）奄美市当局は「アメリカ軍の受け入れは反対」と言っているようですが、「日米地位協定」が改変または廃止されない限り不可能です。すでに自衛隊と米軍は共同演習をしています。ご承知でしょうか。
（10）大熊は、自衛隊の宿舎建設に土地を提供した。壁を隔てただけの西側に県営の公営住宅5階建て4棟80世帯、道路を隔てただけの南側に総合病院、そのそばに中学校と小学校が連なっています。なにも感じませんか。私には心配の声が相当寄せられています。
（11）市当局は、「国策だから受けざるを得ない」と言っているようです。戦前の国家総動員体制の時代と勘違いしているように聞こえます。日本国憲法の３大原則は「国民主権」「基本的人権の尊重」「平和主義」です。それに「地方分権」「地方自治」が保証されています。このことは子どもたちは義務教育で学習しています。わたしたちの日本は、「国家主権」ではなく、「国民主権」の国です。自衛隊誘致の賛否に関わらず確認しておかなくてはなりません。

近年、面と向き合って意見を出し合う機会が少なくなり、本音で語り合う雰囲気が薄れているように感じます。かつての奄美はことあるごとに「学舎」(今の集会場)にゆらって喧々囂々の話し合いの中で絆を深めてきました。自衛隊誘致の件は、奄美の問題であることはもちろん、琉球列島ならびに日本の将来に、場合によっては国際社会に影響する重大な問題です。みんなして、今、本音で語り自分の主権者としての意思・行動をはっきりさせる時と思います。悔いを後々に残すようなことは絶対に避けなくてはなりません(2016年10月10～14日、5回シリーズで掲載)。

「戦ぬ世《いくさゆ》」の沖縄は今～日本環境会議沖縄大会に参加して

去る10月22～23日、沖縄国際大学で開催された「日本環境会議沖縄大会」に出席した。テーマは「環境、平和、自治、人権」。いずれも沖縄はもちろん国際的にも今日的に重要な政治課題である。

私は、かつて関西で経験した奄美・沖縄に対する本土の蔑視・差別が、今日の辺野古、高江を巡る国家権力の理不尽な暴力行為につながっていることを関西での体験を踏まえて見解を述べ、併せて自衛隊誘致を巡る奄美の動きを報告すべくレジメを送ってあった。

びっくりしたのは、高江のヘリパッド工事に抗議して座り込みをしている人々を排除するために、大阪府警から派遣された機動隊員が「あほんだれ、土人が」、「シナ人、黙れ」と差別意識丸出しの暴言をはいたことを大会に出席する2日前に知ったことだ。私の話は沖縄に対する本土の「構造的差別」のことでもあったので、高江の座り込みの様子を精力的に聞いてまわった。

それによると、座り込みをしている方々は、平日は高齢者が多く(仕事の関係で)人数も少なめなためか、特段に荒っぽい扱いを機動隊から受けているとのこと。「戦争がいやだから殺し合いをするのがいやだから反対している。何が悪いの」と叫んでも無反応で「物体《もの》」を扱うように腕をわしづかみにして引きずり、車と車の間に設けてある柵の中に放り込んでいるとのこと。車いすに手を縛って座り込んでいる人が手に怪我をして血を流していても情け容赦なし。高齢の女性が「私の孫ぐらいの年に見えるが、ばあちゃ

奄美大島の自然（大和ダム）

んにこんなことが出来るか」と叫んでも反応なし、１人だけは涙を流していたとのこと。これを目撃した女性曰く「あの子は機動隊が務まるだろうか」。

政府は、先の大戦で沖縄が本土防衛の捨て石にされたことなどそっちのけ、そのうえに、憲法で保障されている「地方分権」「すべて国民は法の下に平等」を無視して、国家の暴力を平然と行使している。まるで植民地ではないか。差別丸出しではないか。このまま推移すると、やがて馬毛島から与那国まで島々を連ねて本土を守る「防衛の帯」ができるのではないかと危惧している。

いま奄美に住んでいる私たちは、日本復帰運動を共に闘った沖縄の今日の苦悩や怒りを、どう受け止めているだろうか。こんなことを考えていると、またも２０１２年、徳之島町亀津であった「米軍基地移設反対１万人集会」に参加していた数名の女性の会話がよみがえってきた。

「今まで沖縄はかわいそうと思っていたが何もしなかった。こんなことになると沖縄の人にすまないことをしたように思える」と。

あのときは、この語らいに心温まる思いをした。今は本土防衛の「帯」の一環として徳之島が再度俎上《そじょう》に上るのではないかと気が気でない。

かつて奄美は、日本復帰運動（１９５１〜53）で99・８％

辺野古の埋めたて用という奄美の土砂堆積場。凄まじい自然破壊！

の署名を掲げ「太平洋の潮音《しおのと》は、わが同胞の血の叫び」と唱い、「20余万の一念は、諸島くまなく火と燃えて、烽火《のろし》となりて天を焼く、いざや団結死闘せん」（日本復帰の歌）とスクラムを組んで国の内外に群島民の意思を示した。

あの決意とエネルギーはどうなったのだろうか。思いはさらに砂糖の自由売買を要求して群島民あげて「沸騰」した勝手世騒動（1876年）へ飛び、過酷な収奪に抗《あらが》い村《しま》のため心を1つにして闘った犬田布騒動（1864年）、母間騒動（1816年）へと、先人が人間の誇りをかけて闘った歴史に思いが至り、やりきれない思いをしている。

話の終わりを私は「辺野古に基地ができてもできなくても、沖縄のみなさんは人としての道をきちんと歩んで行かれるでしょう。なぜなら、沖縄のみなさんは戦争の残酷さを体験し、戦争を実感していない若い世代もそれを共有しているからです。その上に、人の世の冷たさをみていると思うからです。それに引き替え大和（本土）は、辺野古に基地ができてもできなくてもダメになるのではないかと泣きたい思いをしています」と結んだ。

演台を降りたところで「沖縄を激励していただいてありがとうございます」と声をかけられ、「命《ぬち》どぅ宝」を地で行っている人ならではと、思わず目頭を熱くした（2016

年12月7日掲載)。

【註】奄美・沖縄に対する大和の差別を最初に知ったときのこと。高校3年の時、奄美は日本に復帰した(1953年12月25日)。復帰翌年から8年間住んだ関西でのこと。

夜のとばりが降りた頃、神戸市長田区の通りを駅に向かって歩いているとき、かすかにサンシンの音が聞こえてきた。吸い寄せられるように小さな家並みがひしめいている細い路地に入った。戸口に現れた70歳代の女性は私の姿を見るなり目を丸くして「わぁ夢みたい、こんな家に学生さんが来るなんて」、「サンシンの音がしたので、つい」と私。コップ酒をぽつんと置いてある食台を前に主人が座っていた。「シマはどこですか」から始まった挨拶もそこそこに主人は「シマウタ」を奏で唱った。

しばらくして奥さんが大粒の涙を流しているのに気づきはっとした。けげんな顔をしている私に奥さんは「主人があんなに嬉しそうに唱うのは何十年ぶりだろうか。ヤマトンチュ(大和人)に聞こえたらバカにされると、いつも寂しそうに唱っていたのに」。涙をぬぐうこともせず夫を見つめる目の輝きが美しかった。

それからまもなくして、大阪市大正区に住んでいる沖縄出身者の話を聞いた。「今日、学校で沖縄民謡のことを教わったよ」という息子の話を聞いた父は、しまってあった三線を持ち出し、大阪で初めて唱ったとのこと。長田区の老夫婦の場面と重なった。

それからというもの、日本人とは? 奄美とは? と考えるようになり、奄美差別の深刻な実態をいくつもみてきて60年が過ぎた。そして、今につながっている。

(薗 博明[その ひろあき] 1934年奄美市笠利町用安生まれ。95年に中学校社会科教師を退職。教師時代には奄美の屈辱・苦難の歴史を語り、「勝手世騒動」「奄美の原爆乙女」、「潮鳴りよ同胞の胸に響け」(日本復帰運動劇)など演劇に子どもたちと取り組み、シマンチュ(奄美人)の誇りを訴え続けてきた。90年、奄美の海辺を守る会(環境ネットワーク奄美の前身)を結成。日本初の奄美「自然の権利」訴訟原告団代表。環境ネットワーク奄美代表。自然と文化を守る奄美会議共同代表。エコジャパン評議員。共著に「戦後奄美の教育史」「奄美戦後史」)。

●奄美への陸上自衛隊・ミサイル配備に反対する行動経過報告

城村典文（「戦争のための自衛隊配備に反対する奄美ネット」代表）

２０１４年から始まった自衛隊誘致

奄美大島への自衛隊配備についての動きは、２０１３年中期防・南西諸島防衛計画策定の以前の、自衛隊西部方面総合防災訓練ごろから始まっていたように思います。

奄美の抗議行動は、２０１４年5月28日に『奄美民主団体協議会』が、奄美市市長に「自衛隊誘致に反対する申し入れ」を行って始まっています。その後、反対協議会『戦争のための自衛隊誘致に反対する奄美郡民会議』を結成、同年6月9日に奄美市長あて「自衛隊誘致に反対する申し入れ」を行いました。「戦争のための自衛隊」と命名したのは、島民には、自衛隊を身近に感じる方々が多く、住民の理解を得るために、安倍政権の「戦争のできる国づくり」に関わる組織として、「戦争のための」を前置しました。

また6月24日には、「集団的自衛権行使」の閣議決定が行われました。次期国会では、集団的自衛権行使を可能にする安全保障法案が審議日程に上るなかで、奄美への自衛隊配備は、米軍との軍事行動も予想されますので、私たちの反対運動は、ただの自衛隊配備でなく『集団的自衛権行使と戦争のための自衛隊誘致に反対する奄美ネットワーク』と再改名して発足しました。

7月3日には、防衛省副大臣が来訪するとのことで、早朝8時から奄美市役所前で「奄美群島が戦場につながる自衛隊誘致に反対する緊急行動」を行い、参加者のリレー・トークで、戦争の愚かさを訴え、シュプレヒコールを上げました。

7月26日には、奄美市名瀬の郵便局前で「奄美への自衛隊配備は許さない7・26緊急行動」を行い、副大臣へ前向きの対応を行った市長の発言を批判しました。

8月12日には「奄美市議会誘致決議と民間誘致要請団体の意向を誘致の民意が十分浸透していると判断した」という奄美市長への抗議集会を、奄美市役所玄関前で行った。総勢80名ほどが参加しました。

戦争法（安全保障制度）成立後（２０１５年9月）は、『戦争のための自衛隊配備に反対する奄美ネット』と改名して、奄美市当局、奄美市議会へ自衛隊配備誘致の暴挙を問い続けています。

仕組まれた誘致運動（２０１４年9月）

なぜ、奄美に自衛隊誘致をしなければならないのか、災害対策のためなのか、日本全国の過疎地における人口減の歯止めのためか、国防は国の「専権事項」で住民の民意を反映させる場も時間もないのか。

自衛隊誘致を急いだ理由を突き詰めるために、「集団的自衛権行使と戦争のための自衛隊誘致に反対する奄美ネットトワーク」は、民間12団体に「自衛隊誘致活動の質問」をお願いした。３団体が書面で回答してくれました。

各団体の誘致決定手順は、理事会、役員会、会員の意見集約となっている。決議の場に誘致に熱心な議員の臨席があったとのこと、上部から仕組まれた誘致行動であったと思われる。また、誘致をした時点で、ミサイル配備は予想していなかった。奄美豪雨時の自衛隊の支援活動が誘致の最大要因になっていました。

奄美市議会議員に公開質問状（２０１４年９月）

「集団的自衛権行使と戦争のための自衛隊誘致に反対する奄美ネットワーク」の公開質問状に、誘致議員の17名の内５名が回答を寄せてくれました。誘致要請の理由は、中国の台頭をあげ、国土（領土・領海・領空）を守るために、自衛隊配備は必要との考え。奄美の発展「成長戦略ビジョン」に世界自然遺産登録が含まれているが自衛隊配備との整合性は、どのようになるかの問いに「諸外国の世界遺産登録地においても軍事施設が有り、棲み分けは十分できる。」これからの住民説明会については「公開討論会などを開いて真剣に話し合う場が必要」と回答しています。

誘致反対議員は、「武力に頼らない平和的外交で紛争は解決すべきだ。」「自衛隊配備は、軍事的対立、緊張を高める。」「世界遺産登録で全世界に奄美を発信し観光客の増加が見込める。自衛隊配備は生態系への影響と奄美のイメージダウンにつながる。」との声を寄せている。

12名の回答をしなかった賛成議員は、市民の付託に答えて行動をしているのでしょうか。次回の市会議員選挙（２０１５年10月）でも、自衛隊誘致に関する選挙公約を入れた議員は、反対の立場の社民・共産党の３人も含めて、たったの７名（定員24名）でした。奄美市「成長戦略ビジョン」に自衛隊配備は寄与することはないとの証になっています。

陸上自衛隊基地「受け入れ」表明の撤回を求める請願書提出（２０１４年10月）

「集団的自衛権行使と戦争のための自衛隊誘致に反対する奄美ネットワーク」は、奄美市議会へ、自衛隊誘致は、奄美群島を「敵の標的」にし、群島民の安全確保が図られない。専守防衛の自衛隊も、集団的自衛権下では、戦争のできる軍隊に変質します。これから世界遺産登録に向けて歩んでいる奄美には、軍隊である自衛隊は必要ありません。被爆国日本は、憲法9条のもと不戦を誓い、世界の平和を希求しなければなりません、と要請しましたが、総務委員会審議で賛成少数となり、私たちの請願を不採択にしてしまいました。

反対署名活動とミサイル配備反対市民集会準備（２０１４年10月〜）

奄美市議会が「奄美市への陸上自衛隊配備を求める意見書」を採択した時点（２０１４年7月3日）では「ミサイル部隊」の配備計画は知らされていませんでした。

地元新聞社の自衛隊配備アンケート（２０１４年8月）によると、誘致賛成者は、配置にともなう税収の増加や経済効果を上げる割合が多く。それでも、ミサイル基地の配備については「有事の際の攻撃対象になる」と反対する島民が多いことが判明していました。また、地元が誘致活動をしていることも知らなかったということや、情報不足と意識の低さの結果も出ていました。

私たちは、街頭に出てミサイルの脅威を語りました。島民の生の声を3月議会に届けようと、全郡的に署名活動を展開しました。しかし思うように署名数は伸びませんでした。「いまさら誘致反対は手遅れだ」と言う、住民もいました。それにもかかわらず個人で島外の出身者に奄美の現状を訴える方もいて、最終的に署名数は1万５０００筆に上りました。島内者の分は、１５００筆でした。

ミサイル配備反対市民集会（２０１５年2月11日）

「奄美ブロック護憲平和フォーラム」では、反対運動を盛り上げようと、沖縄県・与那国島の闘いに学ぶために、「ミサイル配備反対市民集会」を開催し、与那国町・町議を講師にお招きして、与那国の自衛隊沿岸監視部隊反対のとりくみを語って頂きました。

与那国島では自衛隊誘致反対・賛成の住民の数が拮抗していて、民意の反映の場として、町長選挙戦や住民投票条例制定の運動を通して熾烈に闘って来ていました。議員さんが、役場職員時代に起業した台湾との交流事業が感動的でした。与那国町は台湾事務所を設け、地域活性化・経済浮揚を進めていたようです。

沖縄戦で「軍隊は島を守らなかった」。今回の自衛隊は軍隊に似た組織。琉球王朝は軍隊を持たなかった王国で、アジア各国との交易が盛んに行われていた歴史がある。

「これからの与那国島が生きる道は、東アジア共栄圏構想と信じて行動していたが、将来は、自衛隊員だけの住む国境の島になってしまうのでは」との寂しいお話がありました。

奄美市内での街頭宣伝

ミサイル配備反対市民集会（２０１６年2月11日）

「奄美ブロック護憲平和フォーラム」では、沖縄辺野古新基地建設反対闘争のテント村・村長さんを招いて、辺野古新基地反対闘争の現状を話していただいた。辺野古の大浦湾は、ジュゴンの生息する海域で、アオサンゴを始め生物多様性のブルーの海、そんな自然を壊してまで、米軍の侵略戦争のための新基地を建設すべきものか。

普天間基地の代替えは、日本政府の言う「辺野古移設しかない」ことの真偽をアメリカ政府や米軍に質すために沖縄県翁長知事はアメリカを訪問、アメリカ議会の上院や下院の議員さんに沖縄の実情を語り、善処を図る取り組みを進めています。また、元民主党首相が唱えていた東アジア経済協力体制の構築は、恒久的なアジアの平和安全保障体制確立のためにも喫緊の課題ではないか。

沖縄の民意は4度の選挙で「辺野古移設ノー」を突きつけているが、政府は日米軍事同盟の下、仮想敵国・中国への抑止力として、より強大な基地機能を揃えるために、辺野古移設を強行に推し進めようとしている。そこには日本国憲法の保障する基本的人権や地方自治法など存在しない、まるで無法地帯になっている。沖縄を未だ植民地として差別をして統治し続ける日本がある。

瀬戸内町長へ自衛隊誘致撤回の申し入れ（２０１６年２月16日）

奄美大島北部・奄美市と南部・瀬戸内町にミサイルが配備される予定です。「攻撃の標的」にされるのは、奄美市、瀬戸内町の住民だけではなく、奄美大島本島全域に関わることで、誘致を働きかけた市町村の首長は「島民の安心安全な暮らし」を保障する責任は重大です。

瀬戸内町は、過去十年来に渡って、町の各種団体や議会などが賛同して今ある佐世保海軍分屯地の隊員の増員を要望、誘致を進めていました。今回の防衛省から警備部隊配備の話に、議会、町当局、一般市民は諸手を挙げて賛成したのである。

しかし、住民の中には、大正時代から第２次世界大戦まで、日本海軍の要塞基地が大島海峡を挟んで設置され、昭和19年10月の大空襲では、町内全ての集落が米軍の爆撃をうけ多数の民間の負傷者を出していることから、戦争の記憶が未だ癒えないお年寄りや、平和を希求する市井の方々は、不安をかくせない。しかし保守化した地域では、なかなか誘致反対の声は出せない。

そこで「戦争のための自衛隊配備に反対する奄美ネット」が、奄美大島本島全体の問題ということで、撤回の申し入れを行いました。町長の「国の安全保障からも自衛隊は必要。町民の安心、安全が保たれる。」の言葉に、「軍事基地があると人間が犠牲になる。平和の作り方を考えなければならない。」と、訴えた。

中央商店街に憲法ひろば完成（２０１６年5月3日）

奄美市名瀬の中央商店街入り口に、奄美の平和運動活動家の某氏が、憲法9条広場を設けてくれました。5月3日の「憲法記念日」には、さっそく平和集会を開催しました。この場所を利用して憲法9条の理念を奄美から世界へ発信しようという試みです。

「奄美九条ネット」による、9・11戦争法案成立反対集会。「奄美の自然と平和を守る奄美会議」（6月17日）には米軍軍属による女性殺人遺棄事件・抗議行動などを行い、沖縄からの全ての基地の早期全面撤回を訴えました。また、「奄美九条ネット」と「反自衛隊ネット」共催による、戦争法（２０１５年9月）の廃案を目指す集会も何度となく、憲法広場で行われています。今では、名瀬市民の観光広場にもなっています。

ところで12月6日に、憲法広場の看板をペンキで汚した事件が発覚しました。それも「9条の理念」の「戦争はしません」「軍隊は持ちません」の「戦争」「軍隊」の文字を汚しています。平和憲法への挑戦だと考えると、これからの平和運動を益々深化させなければと誓いました。

奄美市長へ自衛隊誘致撤回の申し入れ（２０１６年５月17日）

２０１５年９月、奄美市議会で採択された「自衛隊誘致に関する説明会開催」が未だ実施されていなかった。理由として、熊本防衛支局が、熊本地震の対応で追われ説明会が遅れている。また他の理由として、防衛省と奄美カントリーとの土地取引に時間が掛かったという、耳を疑う回答だった。

また意見交換で、市長は「国を守るのは、国の責務。奄美を含む南西諸島の安全確保についても国が責任を持つべき。奄美の豪雨災害で自衛隊に世話になった配備は必要」との考え。『反自衛隊ネット』側は「複数の団体が賛成を示したことを民意と認識したことは疑問。日米軍事同盟に基づく米軍と一体的な施設運用の可能性も否定できない。」と平行線。

また、米軍掃海艇「パトリオット」の名瀬港入港に関して、「奄美市政10周年の記念行事に出席してもらったのは偶然。米軍が来ることがあってはならない。そうなれば私は反対する。」と語気を強める。オスプレイについては奄美飛来については聞き流すだけであった。

自衛隊基地配備説明会（２０１６年６月５日）

６月５日に、大熊公民館で説明会が行われました。当初は自衛隊配備場所の大熊集落だけを対象に説明会を開く予定でありましたが、上方地区（大熊を含む）まで拡げ、一般住民へも呼びかけた形になっていました。開催にあたって事前に奄美市当局からの広報はなく、地元２紙の開催前日の行事告知で市民への広報を行ったとなっていました。

これからの奄美市の将来を左右する大事な事案の説明会が、何と形式的なものか。大部分は部隊配置の概要と配備後の自衛隊員と地域のふれあい活動についての説明であった。住民からの質疑、仮想敵国はどこなのか、オスプレイの配置はあるか。世界自然遺産にふさわしい環境の維持が可能か。さらに問題が深まりました。

地域の要望として、造成工事中の大型トラックの交通事故防止対策。基地隣接集落までの道路の改修の必要性。隊員は奄美出身者をより多く駐在させるなどでした。どう評価しても市長の言う、市民にとって有意義な説明会でなかった。

瀬戸内町議会へ「自衛隊基地誘致白紙撤回」の陳情書提出（２０１６年９月）

瀬戸内町住民の中にも、自衛隊配備後の想定外の事故・

事件などの生起について不安を抱いている町民がいました。２０１６年９月「瀬戸内町議会へ自衛隊基地白紙撤回を求めた」のは、誘致を決議した町長、議会議員へ後世までの責任を負うことを自覚してもらいたいとの思いでの決断でした。陳情書には「瀬戸内町には先の大戦の戦跡が多く残る、武器を持たない勇気を世界へ標榜していただきたい。」と訴えた。

陳情書には、瀬戸内町出身の関西在住の皆さんが故郷の軍事基地化を心配して集めた、署名４７８３筆を添えました。陳情書は、委員会では審議せず、直接最終本会議で採決し不採択を決めたようです。

「奄美市独自による自衛隊配備に関する説明会開催」の陳情書提出（２０１６年９月）

２０１６年９月議会へ、今度は白紙撤回でなく配備に関する説明会を求める陳情書を提出しました。前回２０１５年９月の市議会の「説明会を求める陳情採択から1年が経過していましたが、陳情内容が同じでは」、との議員の声がありましたが、防衛省と奄美市共催で行った6月の説明会は、全く住民の不安を解消する説明ではなかった。

今回は自衛隊配備に伴う住民の安全確保や、基地建設に関連する市内における給水施設の工事や宿舎建設など、地域住民の生活に影響を及ぼす事案や、経済効果６５８億円の算出根拠を市民にしっかり説明するのが地方行政の行うことでないか。市民の切実な声を市当局に届けるのが議会ではないかと思います。

審議をした総務委員会の議員は、市長による説明会の開催には理解を示しつつも、陳情書の説明書に「誘致白紙撤回の文言」が残っていることで、賛成少数の不採択にしてしまいました。

自衛隊配備予定地・環境調査開示請求（２０１６年10月）

「戦争のための自衛隊配備に反対する奄美ネット」は、世界自然遺産をめざす奄美全域には、稀少価値の動植物が生息していることは間違いないと考え、熊本防衛支局へ「自衛隊配備予定地の環境調査」の開示を求めました。

瀬戸内町の自衛隊用地は、町有地（養豚団地あと・廃土置き場）を提供することになっています。環境調査の後を見ると道路脇の希少植物に名前を表示し、四隅を赤テープで囲む処理の仕方でした。奄美市大熊配備予定地のカントリー地区周辺での環境調査は、希少野生生物も調査の対象で、それらは盗採等の可能性の観点から公表はしないとのこと。

２つの配備地では、もう造成工事がはじまっています。

環境調査の結果、希少動植物がいた事実は、はっきりしています。どんな動植物が、環境調査後どう処理されたのか、疑問は膨れ上がるばかりです。世界自然遺産登録前の奄美自衛隊基地建設、環境調査の公表の意義は重大です。

市議会報告会へ出席し「自衛隊説明会」の開催を求める（２０１６年10月）

奄美市は旧名瀬市、笠利町、住用村が合併（２００６年）して出来ました。自衛隊の説明会（駐屯地の概要）は、これまで奄美市の大熊町だけで開催（6月5日）しています。奄美市議会は今年度から年２回、３地区で議会報告を行うことになりました。

『反自衛隊ネット』は、市民生活の将来を左右する自衛隊問題を、名瀬地区の大熊地区だけでの説明会で済ますのは、笠利地区、住用地区の住民が納得するのか、反応を確かめるために3地区の説明会に出席しました。

３地区で行うのが「民主的行政の手続き」だと意見を述べましたが、報告会に出席した議員の皆様は、普段から市民の付託を受けて議会活動に臨んでいるのか、「３か所説明会開催の要望があったことは報告しておきます。」との、奄美市議会報告でした。

奄美市議会へ「自衛隊の配備に関する説明会の開催」を求める請願書提出（２０１６年12月）

「反基地ネット」は、共産党の議員を紹介議員にお願いして、請願書を提出しました。自衛隊配備計画は、これからの市民生活に密接に関わってくる。十分な情報提供や意見交換もなく進めることは、将来に禍根を残すことになる。説明会の開催は市長の職務であり、説明会の開催を求める請願を行いました。

経済効果６５８億円の説明。毎年3億円の交付金の歳入で、どのように奄美市を発展させるのか。自衛隊基地と世界自然遺産と棲み分けできるのか。自衛隊基地への給水事業に関わる自治体の事前持ち出し経費。自衛隊員の宿舎建設を予定している隣接地住民への説明など、市民が説明を求めていることを総務企画委員会で発言しましたが、今回も賛成少数で否決されました。

議員のほとんどが誘致を働きかけた立場で、奄美市長のいう「自衛隊配備（誘致の是非）についての入口論が繰り返されては建設的でない。」に同意し、自衛隊の配備に関しては、国の専権事項。国民主権を論議する必要はないことを「不採択」は、意味したことになる。

市長に説明会を求める署名を提出（２０１６年12月19日）

市長に「奄美市への自衛隊警備部隊・ミサイル部隊配備計画について市民への説明会を求める署名」１５２３筆を直接手渡し、市民の説明会を求める思いを伝えようと取り組みました。しかし市長は、公務が多忙で対応できず、副市長、総務部長等の市幹部が対応しました。

「議会主導での説明会開催に対しては、当局も同席することはやぶさかでない。」と回答をしました。しかし、議会側は、年末に全員協議会を開催、各会派に持ち帰り開催を論議する。年明けに、代表者会議を開いて、開催の賛否をとることになっていたようですが、議会主催の説明会は行わないとの結果になったようです。

「標的の村」の上映会（２０１６年11月19日）

「戦争のための自衛隊配備に反対する奄美ネット」は、沖縄・ヤンバル東村高江でヘリパッド建設を強行する安倍政権の横暴、人権無視政策を奄美島民にも知ってもらおうと「標的の村」（三上智恵監督）の映画上映会を行いました。来場した市民のアンケートによると「このようにひどい現実があることを知らなかった。」「マスコミは何も報じてくれない。」「沖縄と同じ米軍下にあった奄美の住民ができることは何か。」「安倍政権は憲法無視の戦争政策を進めている。これをどうにか阻止できないか。」

90分の映画を3回に分けて上映、２００人の方々が視聴しました。これから戦争に荷担するかもしれない奄美の自衛隊基地建設についても、このまま見過ごしていいものかと危惧する声が聞こえました。

沖縄・辺野古新基地建設反対に連帯する取り組み
（２０１５年5月30日）

『自然と文化を守る奄美会議』は、奄美市住用町・市集落に隣接する採石場から、大雨のたびに赤土が流れ出て、周辺の海面は真っ赤に染まり、サンゴ礁が死滅状況にあることについて、集落民から相談を受け、その解決の為に、集落自治会と共に県、市行政に改善の要求をしました。

しかし、なかなか解決の兆しはなく、その後県議会へ、採石法条例「公共物・公道に影響の及ぼす開発は認めない。」違反の採石事業の許認可の取り消しを県当局へ要請しました。その後も採石場からの土石流が市道を封鎖することが起こりましたが、県は事業停止の行政指導をある期間行いましたが、また事業更新を認めました。

この採石業者の動向から、奄美大島の数か所の山々が削られ大量の岩刷りが、沖縄・辺野古の米軍新基地建設のために調達されるということを知り、「これは大変なことだ」と、さっそく西日本各地から同じように辺野古へ土砂搬出予定地にされている採石地の自然保護団体に呼びかけ、2015年の5月に奄美市名瀬で「辺野古埋め立て土砂搬出反対全国連絡協議会」を立ち上げ、「どの故郷にも戦争に使う土砂は一粒もない」のスローガンの下に海砂問題や環境汚染に詳しい瀬戸内海会議をはじめ、8県18団体を組織しました。2015年10月には5万2429筆の搬出反対の署名を防衛、環境、経産省に提出、2016年11月に3万2000筆の署名を提出し「辺野古新基地反対」を要請しました。

「ハイイロゴケグモ」の移出禁止鹿児島県条例の制定を目指して要請（2016年9月）

沖縄県那覇空港第2滑走路建設に、2015年の11月から奄美の山々から石が運び出されていました。沖縄県は2015年11月に「公有水面埋立事業における埋め立て用材に係わる外来生物の侵入防止に関する条例」を制定し施行しました。県条例適用1号となった奄美大島の採石場や用材の仮置き場など調査した結果、「調査した6地点」の全てにおいて特定外来生物の「ハイイロゴケグモ」が確認されました。ハイイロゴケグモはセアカゴケグモと共に外来生物法に基づき、生きた個体を持ち運んだり飼育したりすることを禁止しています。

「自然と文化を守る奄美会議」は、奄美大島からの石材搬出の中止、第3者による仮称「外来生物防除事前審査機関の設置、仮称「特定外来生物の移出を防止する鹿児島県条例」の制定を県議会へ陳情しました。

鹿児島県は「外来生物法第4条の規定で禁止されており、規制は国の所管事務」と回答しました。しかし、国は「意図的に運搬する場合は防止できるが、土砂に混入している外来生物の防止対策は第4条では考えていない。」との判断で、鹿児島県条例の制定がぜひ必要になります。

石は洗浄できますが、辺野古埋め立て用の岩ズリ・土砂（岩ズリ）の洗浄は、赤土が流れ出し、外来生物が蔓延するのは明らかです。辺野古の米軍新基地へは、西日本各地から岩ズリを運ぶことなく、建設計画白紙撤回が最善の解決方法となります。

（記録者　城村典文［1952年生］奄美大島名瀬在住。「自然と文化を守る奄美会議」事務局長（2014年9月〜）。「奄美の自然と文化を守る奄美郡民会議」事務局長（2016年6月〜）。「奄美九条ネットワーク」（2016年6月〜）「戦争のための自衛隊配備に反対する奄美ネット」代表（2016年6月〜）。「奄美ブロック護憲平和フォーラム」事務局長（2016年8月〜）。

第4章　自衛隊の先島――南西諸島重視戦略と「島嶼防衛」戦

――先島諸島・沖縄・奄美大島への配備と増強の実態

小西　誠（軍事ジャーナリスト）

約1万人の新配備が予定される南西諸島

先島――南西諸島に新たに配備される予定の自衛隊の人員と部隊については、意外に現地でも正確には把握されていない。筆者の情報公開請求で開示された「南西地域の防衛態勢の強化」（巻末資料）という防衛省文書でも、陸自の人員が記されているだけで、空自などは抜け落ちている。

この端的な例が、２０１６年3月28日に開隊された与那国駐屯地だ。ここでは、陸自沿岸監視隊の隊員約１６０人が配備と発表された。だが、すでに２０１２年の防衛省業務計画では、空自の移動警戒隊の予算が確保されており、遠くない時期に与那国島へこの部隊が配備されることは確実だ。全体の配備隊員は、２００人を超える規模にまで拡大するだろう（以下、陸海空自衛隊部隊をそれぞれ陸自・海自・空自と略称）。

宮古島に配備される部隊は、地対艦ミサイル部隊約１００人、地対空ミサイル部隊約１５０人に加えて、その指揮統制部隊（司令部）となる部隊約２００人、そして警備部隊（普通科）の約３５０人の、合計して約８００人と発表されている。また、石垣島にも、この司令部を除く、地対艦・地対空ミサイル部隊・警備部隊の約６００人の配備が予定されている。

そして、奄美大島においては、先島諸島と同様、地対艦・地対空ミサイル部隊と警備隊の約５５０人という隊員が発表されているが、これに空自の移動警戒隊約50人も追加される予定だ（２０１６年度防衛概算要求）。

こうしてみると、すでに発表されている部隊だけで先島諸島――奄美大島に新たに配備される部隊は、約２２００人を超える人員を有する。

また、もう1つ正確に認識されていないのが、沖縄本島における自衛隊の急激な増強についてだ。先の「南西地域の防衛態勢の強化」という文書には、２０１６年3月末段階での沖縄（与那国島を含む）での自衛隊の配備人員が明記されている。それによれば、陸自約２６５０人、海自約１４９０人、空自約３９１０人の合計約８０５０人となっている。

ところで、この沖縄での自衛隊の配備人員についてだが、

２０１０年の沖縄県の統計では、陸自約２３００人、海自約１３００人、空自約２７００人の、合計約６３００人と発表されている。つまり、およそ5年の間に、特にこの１年の間に沖縄では、約１７５０人もの隊員が増加したことになるのだ。その増加の大部分は、一見して明らかだが空自部隊である（約１２１０人増）。

発表されている沖縄での空自の増強の中心は、南西航空混成団傘下の第83航空隊の、第９航空団への昇格部隊である。この航空団への昇格によって、配備されているＦ‐15戦闘機は、20機から40機へ増強される（２０１６年）。また、これにともない、南西航空混成団は、南西航空方面隊に昇格し、北部航空方面隊・中部航空方面隊・西部航空方面隊と並ぶ航空総隊の直属の方面隊となるのだ（２０１７年）。

この南西航空方面隊の人員は、約４５０人程度の増加だが、空自はこれに加えて早期警戒機Ｅ‐２Ｃの４機（三沢から移動）、早期警戒管制機Ｅ‐７６７（浜松から）の臨時の移動など、沖縄本島での増強態勢を急ピッチで進めている。

海自は、沖縄本島に第5航空群傘下の第51・52飛行隊が配備されており、その所属するＰ‐３Ｃ対潜哨戒機はすでに東中国海の常時警戒監視の任務についているが、海自もまた、南西シフトによる増強が着実に進行している（２０２０年半ばに配備予定の国産新型の対潜哨戒機Ｐ‐１も南西諸島に重点配備される予定）。

九州─南西諸島の増強配備態勢

自衛隊の南西シフト、南西諸島への増強態勢は、琉球列島弧──第１列島線に沿って展開されるのだが、そのもう1つの要となっているのが、西部方面普通科連隊（約６６０人）の旅団規模への昇格であり、日本型海兵隊──水陸機動団の新編成である。

もともと、この西部方面普通科連隊は、防衛大臣直轄部隊、南西諸島への緊急増派部隊として編成されたのだが（２００２年3月、長崎県の相浦駐屯地）、新中期防衛力整備計画（２０１４年策定）において、２０１８年度までに約３０００人規模の大部隊（水陸機動団）に増強編成されることが決定されているのだ。

この新編成にともない、水陸機動団に新たに配備される予定の部隊が水陸両用車（ＡＡＶ7）52両、オスプレイ17機であり、すでに今年度から順次その調達が始まりつつある。水陸両用車・オスプレイは、ともに米海兵隊が装備しているもので、海兵隊との互換性──共同作戦によるそれ

陸自が導入予定の水陸両用車（AAV7）

が重視され、アメリカからの購入が確定している。

南西シフトによる自衛隊の新配備・増強は、これらに留まらない。九州南部の高畑山レーダーサイト（宮崎県串間市）、沖永良部レーダーサイト（鹿児島県沖永良部島）には、最新式のレーダー・J／FPS‐7が配備され、九州南部から奄美大島を経て、沖縄に至る、琉球列島弧の北側まで増強態勢が行われつつある。

加えて、これらの先島諸島――沖縄に至る補給線（兵站線）を形成するために、種子島沖にある馬毛島（無人島）に事前集積拠点を造ることがうち出されており、また、事前集積拠点は、九州南部の港湾にも設置することが予想される。

つまり、現在始まっているのは、南西重視戦略による自衛隊部隊の約1万人に近い規模の巨大な増強態勢であり、すでに配備されている沖縄本島の部隊と併せて、約2万人規模の「事前配備」態勢である。

琉球列島弧は「万里の長城」

さて、今まで述べてきたように、与那国島から石垣島、宮古島に至る先島諸島、そして沖縄本島から奄美大島、さらに九州に至る、いわゆる琉球列島弧での自衛隊の大配備は、何を意図しているのか？

産経新聞などの報道なども影響して、少なからぬ人々は、この自衛隊配備の目的が「尖閣問題」「尖閣戦争」対処のように受け取っているようだが、これらの自衛隊配備は、尖閣問題とは全く関係がないのである。

なぜなら、尖閣列島の問題が、日中の間で険悪化したのは、２０１２年の民主党政権による「尖閣国有化」後であるからだ。

しかし、後述するように、自衛隊が「離島防衛―島嶼防衛」対処を策定したのは、２０００年における陸自教範・新『野外令』によってである。そして、この『野外令』での島嶼防衛戦の策定後の２０００年代には、日米共同演習においても、自衛隊統合演習においても、島嶼防衛戦の演習は繰り返し行われてきたのだ。

こうした「実績」に踏まえて、２００４年の「防衛計画の大綱」などの自衛隊内の文書で、島嶼防衛戦のための南西重視戦略が確定していくのである（この過程は後述）。

さて、このような琉球列島弧（線）への自衛隊配備の直接の目的はなんだろうか。この琉球列島弧は、軍事的には第１列島線と呼ばれている。九州南端から奄美大島・沖縄本島を経て、先島諸島から台湾・フィリピン・ボルネオ島に至るラインである。第１列島線の外側に第２列島線と呼ばれるラインがあり（次頁参照）、これは伊豆諸島を起点に小笠原・サイパン・グアムを経て、パプアニューギニアに至るラインである。

この第１・第２列島線というラインは、そもそもは中国が設定したと言われているが、現実には、同時に日米両軍の設定ラインでもある。

というのは、この第１列島線は、地図を見れば一見明白だが、特に中国側から見れば一目瞭然だが、中国大陸の、東中国海[注]を囲むラインであり、中国を東中国海に封じ込める列島線となっていることだ。これを米海軍大学のトシ・ヨシハラらは、琉球列島弧を「天然の障壁」であり、中国に向けた「万里の長城」であると例えている。

つまり、琉球列島弧の島々に自衛隊のミサイル部隊を配置し、琉球列島弧の各海峡（大隅・奄美・宮古・与那国の海峡・水道）を通過する中国艦艇・航空機に対し、「通峡阻止」の対艦・対空ミサイル戦、海空戦闘、対潜戦（機雷戦）を仕掛け、中国を東中国海に封じ込めるというものだ。このためには、以上の戦闘に加えて、「通峡阻止」の陸自の地上戦も必要とされるというわけだ。

（注　本章では、「東シナ海」は国際水路機関発行の「大洋と海の境界」の記述に基づき、東中国海と表記した）

事前配備・増派・奪回の3段階作戦

こうして、陸自が言うところの、島嶼防衛戦における「通峡阻止」のための地上戦が戦略化され、策定される。

陸自は、この島嶼防衛戦を「事前配備・緊急増派・奪回」の3段階戦略として位置づけており、防衛白書などで大々的に発表している（2015年度防衛白書、パンフレット「陸上自衛隊」2016年3月発行他）。

それによると、第1段階として「平素からの部隊等配置による抑止態勢の確立」（↓石垣島・宮古島・沖縄本島などへの事前配備）、第2段階として「機動部隊等の実力部隊による緊急的かつ急速な機動展開」（↓3個機動師団・4個機動旅団の編成）、第3段階として「万一島嶼部の占領を許した場合における水陸両用部隊による奪回」（↓水陸機動団＋増援部隊）として、作戦を具体化している。

この事前配備部隊については、すでに見たところだが、機動部隊等の緊急機動展開とは、2014年度の「防衛計画の大綱」では3個機動師団・4個機動旅団の編成が謳われており、すでにその中核となる機動連隊の編成が始まっている。

特徴的には、従来の北方重視に基づく戦車・火砲の各約900両／門を、それぞれ約300両／門に削減し、北海道と九州以外の部隊については、戦車をゼロにするとしていることだ（「機動」旅団重視の装備）。

また、この戦車削減に合わせるかのように、島嶼防衛戦用の高機動車約200両を調達するとしており、このうち中期防衛力整備計画では約99両の調達が決定しているということだ。

高機動車は、装輪とはいえ、74戦車並みの105ミリ砲を装備しており（次頁写真）、開発されたばかりの空自のC‐2輸送機（2016年配備）による先島諸島への緊急輸送が予定されている。

宮古島などの先島諸島では、地形的に戦車戦を行うほどの広さがなく、障害物も少ないことから高機動車の導入に踏み切ったようだ（しかし、陸自の2016年8月の「富士総合火力演習」の最後を飾るのは、陸自の74式戦車などの戦車の大量投入による島嶼の奪回である。これは単に宣伝だけとはいえない陸自の硬直化を示している。また、新輸送機C‐2の貨物積載量は最大36トンで、高機動車の重量の26トンでは緊急増派には不向き、欠陥品という指摘がある）。

基本作戦は「島嶼奪回」

陸自の構想する、これら3段階作戦で特徴的なのは、この作戦計画があらかじめ「敵による島嶼占領」を前提にしていることであり、その後の「奪回」を戦略としていることだ。この理由は明らかだ。「島嶼の防衛」は、基本的には不可能ということである。

自衛隊は、南西重視戦略に転換して以降、サイパン・テニアン・ガダルカナル、そして沖縄戦などの、かつての島嶼防衛戦や、フォークランド戦争（1982年）での島嶼防衛戦の研究を盛んに行っている。特にフォークランド戦争の戦訓の研究は、1冊の書籍にしているほどだ（『フォークランド戦争史』防衛研究所発行）。

これらの研究での結論は、島嶼防衛戦は、狭い縦深のない島々での戦争であるから「全周防御」が必要だが、全周防御は、敵の上陸地点が無数に存在するから不可能である、としていることだ（「離島作戦における普通科の戦い方」富士学校「FUJI」2012年4月号ほか）。

確かに、かつてのサイパン戦、沖縄戦などにおいても、米軍の上陸正面での旧日本軍の戦力配置は、相手の数分の1も満たせず、米軍の上陸時の激しい砲爆撃の効果もあり、簡単に上陸を許してしまった。

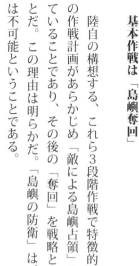

実際に、石垣島、宮古島などの島嶼も、サイパン島などとほとんど大きさが変わらず、その縦深のなさからして、長期持久戦は不可能である。したがって、島嶼防衛戦の初期の作戦としては、一旦、敵の上陸を許容し、以後の「奪回」の専任部隊である水陸機動団などの部隊による上陸作戦が基本作戦として策定されているのである。また、これらの水陸機動団を軸にし、機動運用部隊による増派部隊もまた、上陸作戦を担うのである。

島嶼防衛戦での陸海空部隊の統合運用

さて、今まで見てきたのは、島嶼防衛戦の時間的な流れであるが、実際の島嶼防衛戦は立体的な陸海空の統合運用として行われる。

この作戦全体の概要を、さまざまな演習の分析や研究を通して示すと以下のようになる。

自衛隊の島嶼防衛戦の戦略的重点は、大隅海峡・奄美海峡・宮古海峡・与那国水道の確保をめぐる海峡戦争――海峡封鎖作戦として戦われるが、最初の戦闘はその海峡を封鎖・制圧する機雷戦（機雷の敷設、下図参照）として始まる。機雷は、空中・水上・潜水艦から投下され、中国艦艇の海峡通過に大きな障害となる。

海上作戦の例

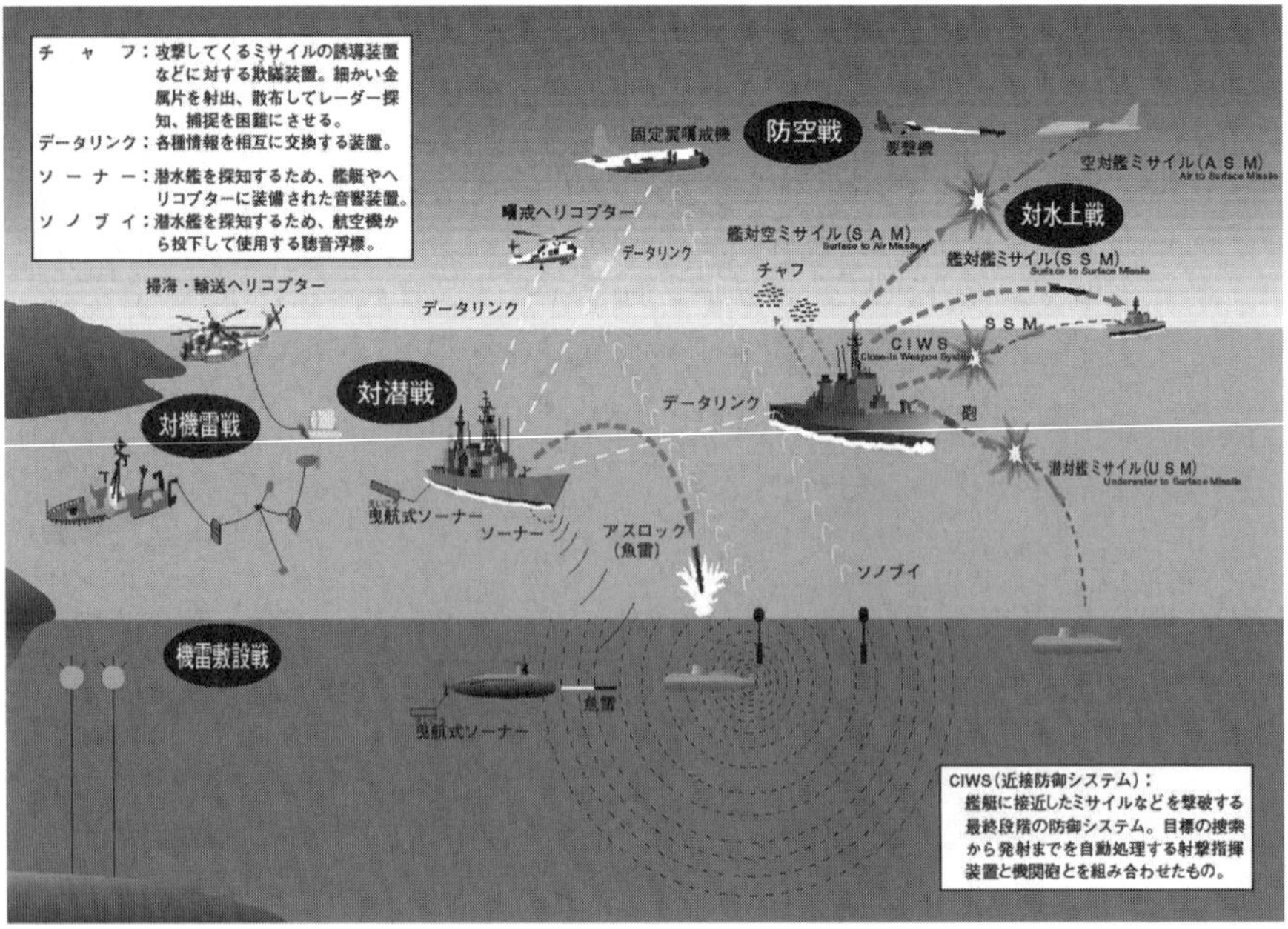

この機雷戦において、海自は機雷を敷設する「うらが型掃海母艦」など対機雷艦艇26隻を保有しており、その能力は世界一だ。この理由は、海自の出自とも関係するが、アジア太平洋戦争後の瀬戸内海を中心とする米軍機雷の掃海、朝鮮戦争における米軍の朝鮮半島上陸作戦支援のための掃海任務の遂行など、実戦経験を豊富にもつのが海自である（1991年、湾岸戦争での、多国籍軍のペルシャ湾の掃海も担わされたことは周知のことである）。

こうした機雷戦と同時に進行するのが、平時からアジア太平洋海域に、特に宮古海峡などの海峡全域に張り巡らされた対潜バリアである。つまり、これらの海峡・海域には水中マイクが張り巡らされ、中国潜水艦の全ての動きを掌握できるというわけだ。これを海自では「通峡阻止の対潜作戦」、いわゆる、ハンター・キラー作戦と呼んでいる。

ところで、島嶼防衛戦の帰趨は、この緒戦の対機雷戦・対潜水艦戦で決定づけられる。というのは、この第1列島線に封じ込められた中国艦艇、特に潜水艦隊は、太平洋への出口を封じられるからだ。

自衛隊がこの通峡阻止の重要な相手とするのが、中国の原子力潜水艦だ。特にこの中国原潜は、巡航ミサイルなどを搭載し、グアム以遠に退避した米空母機動部隊をやすやすと攻撃できる戦力である。現在のところ、中国で渡洋能力を有しているのもこの原潜だけである（封じ込められるのは、また中国軍艦艇ばかりではない。後に述べるように、中国の世界貿易の過半を占める中国商船、中国の貿易も封じられるのである）。

島嶼でのミサイル戦争

このような対潜作戦・機雷戦とほぼ同時に進行するのが、対艦・対空ミサイル戦である。しかし、時間的には、機雷戦・対潜作戦が緒戦となるであろう。なぜなら、このハンター・キラー作戦は、平時から有事に至る段階での戦争として静かに進行するからだ。

そして、島嶼防衛戦の最初の戦闘は、空と海でのミサイル戦争となることも不可避である。自衛隊の各島に配備された対艦・対空ミサイルは、中国艦艇・航空機の通峡阻止のための先陣をきることになる。しかし、同時に、中国本土から撃ち込まれる弾道ミサイル・巡航ミサイルも激しく島嶼を攻撃し、島嶼部に置かれた地上目標、固定目標は、一瞬のうちに破壊される。

このため、自衛隊の島嶼に配備されたミサイル部隊は、全てが車載式のミサイルであり、これらの対艦・対空ミサイルは、島中を移動し、偽装を凝らす。つまり、ミサイル

防衛白書に描かれた「島嶼防衛戦」のイメージ図

部隊の位置を敵から掩蔽するために、発射→移動、発射→移動を繰り返すのである。

この場合、陸自の最新の12式地対艦ミサイルの射程は、海峡阻止戦に大いに戦力を発揮する。このミサイルの射程は公表されていないが、およそ射程２００キロ以上になる。それは、中国艦艇の海峡通過に大きな打撃を与えるだろう。陸自は、今年度の概算要求で、射程約３００キロの地対艦ミサイルの開発を決めているが、おそらく近い将来、中国本土に届くミサイルをも保有するのは必至だ。

このようなミサイル戦争は、対艦・対空ミサイル戦の海空一体の戦闘であるばかりでなく、ほとんど初期から、海自・空自の制海・制空権確保のための陸海空の統合運用による作戦となることも明らかだ。アジア太平洋戦争時の、かつての島嶼防衛戦の勝敗も、これらの海空の優勢、制海・制空権の確保なしには、全くの無力と化した。

上陸作戦・着上陸戦闘での奪回

ところで、アジア太平洋戦争時の島嶼防衛戦と、現代のそれとの大きな違いは、現代は以上のようなミサイル戦争を伴うことであるが、このミサイル戦争を除けば、ほとんどがかつてと同様な戦闘となるということだ。この戦闘は、制海・制空権の確保により、島嶼での対着上陸戦闘も、上陸戦闘も圧倒的に有利となるのである（右図参照）。

しかし、自衛隊が構想する島嶼防衛戦は、あらかじめ中国による島嶼の占領を想定した「奪回」作戦である。

この理由は、すでに述べてきたように、戦史上、島嶼防衛戦が成功した例がないということであり、「全周防御」の不可能性、「全島防御」の不可能性にあると思われる。

つまり、各島の全周防御はもとより、先島諸島などの琉球列島弧の、主要な島々の全島の防御を行うには、多大な兵力──事前配備戦力を必要とするということだ。

アジア太平洋戦争時の先島諸島には、宮古島に約３万人、石垣島に約１万人の日本軍が配備されたが、おそらくこれほどの兵力でも、全周・全島防御は不可能であろう。

したがって、自衛隊が想定しているのは、あらかじめ中国の島嶼占領を前提とした「島嶼奪回」作戦である。そして、そのために水陸機動団などの海兵隊の編成が行われようとしているのだ。

中国ミサイル部隊の戦力

しかしながら、この「島嶼奪回」作戦を、あらかじめ前提化するというのは、自衛隊は初めから自らの制海・制空権の確保に自信が持てていないということなのか。

最高機密であるこの作戦内容にまで立ち入ることはできないが、推定するに、やはり、この問題は先島諸島と中国との距離にあろうと思われる。先島と中国との距離は、もっとも近い所で約５００キロだ。この距離は、中国のミサイル部隊、空軍部隊にとって圧倒的有利に働き、自衛隊には圧倒的不利に働くことになる。

すでに、対東中国海戦争においてアメリカの空母機動部隊が、沖縄・日本周辺海域からグアム以遠に退避することを戦略化しているのは周知の事実であるが、この中国軍の最大の戦力となっているのが、弾道ミサイル・巡航ミサイルなどの各種のミサイル部隊の存在である。

中国は短射程の弾道ミサイルはもとより、中射程・長射程の地上目標攻撃の弾道ミサイル、対艦弾道ミサイル、そして航空機、潜水艦、水上艦艇から発射できる巡航ミサイルを多数装備している。

２０１６年の防衛白書は、「射程がグアムを収めるＤＦ-26は、移動目標も攻撃することもできる」「中国はこれらのＡＳＢＭ及び長射程の巡航ミサイルの戦力化を通じて、Ａ２／ＡＤ能力の強化を目指していると考えられる」と、盛んに「中国脅威論」を唱えている。Ａ２／ＡＤ能力とは、後述するアメリカのオフショア・コントロールの定義による、中国の「アクセス（接近）阻止／エリア（領域）拒否」能力のことだ。

だが、防衛白書が唱えるような、空母などの移動目標を攻撃できる弾道ミサイルを中国が保有しているわけではないが、先島諸島に近い中国本土から撃ち込まれる無数のミサイルに対しては、自衛隊（米軍）も、防御する方法はほとんどない。

もちろん、かつての島嶼防衛戦がそうであったように、このようなミサイル攻撃に対して有効な戦術が地下壕戦であり、あらゆる兵力・兵站の地下壕化である。しかし、この場合にも、過大な兵力はそのような地下化を妨げることになることは明らかだ。

このような、自衛隊の地理的不利という状況が、間違いなく、自衛隊のあらかじめの「奪回」作戦の根拠となっているることが推定される。

いずれにしても、こうして繰り返される島嶼防衛戦は、彼我双方の対着上陸戦闘・着上陸戦闘を何度も繰り返すことによって、先島諸島――南西諸島の島々を破壊尽くし、一木一草も生えない焦土と化してしまうに違いない。

新防衛大綱による島嶼防衛戦力の増強

既述のように、島嶼防衛戦のための陸自の増強配備は、機動師団・機動旅団・水陸機動団の新編成や高機動車・オスプレイ、水陸両用車などの装備の導入など、一段と進められているが、司令部機能面でもまた推し進められている。その中心が陸海空の統合運用であるが、そのために新設されるのが陸自「総隊」だ。

周知のように、もともと陸自の最大の作戦部隊の単位は方面隊であり、北部方面隊以下の全国5個方面隊が、それぞれ防衛大臣の直接の指揮監督を受けていたのだ。

この方面隊が独立して指揮を執るという編成は、もとより自衛隊が国内での戦争だけを想定していたという由来による。しかし、南西諸島――東中国海戦争に向かって戦争態勢をつくりだしていく自衛隊において、このような一地方・一方面隊の指揮運用体制は、重要な障害になりかねないというわけだ。

現実に、海自には自衛艦隊司令部が、空自には航空総隊がそれぞれ存在し全国的な一元指揮を執っており、これに陸自総隊が新編成され、初めて島嶼防衛戦における陸海空の統合運用・指揮ができるのである。つまり、この陸自総隊の編成は、自衛隊が外征軍、海外派兵へ突き進む象徴的存在になるということだ。

２０１４年に策定された新「防衛大綱」以後、陸自の増強編成と同時に海空の増強も急激に始まっている。島嶼防衛戦＝海峡封鎖戦争を反映するかのように、海自潜水艦が16隻から22隻へ一段と増強され（5個から6個潜水隊に増強）、護衛艦も47隻から54隻へ増強される（5個護衛隊から6個護衛隊に増強）。この中でイージス艦も6隻から8隻態勢になり、文字通り米海軍に次ぐ世界第2位の海軍力がつくられるのだ（2015年に就航したヘリ搭載護衛艦「いずも」は全長248メートルという旧日本海軍の空母に匹敵。また強襲揚陸艦の導入も検討されている）。

空自も同様に急激な増強が始まっている。戦闘機は260機から280機に増加し、1個飛行隊が増強されるが、その中に最新鋭ステルス戦闘機のF-35Aの42機の導入が決定されている（12個飛行隊から1個飛行隊増）。F-35Aは、2018年に三沢基地への配備が予定されている。また空自では、航空警戒管制部隊の1個警戒航空隊の2個飛行隊が1個増え、3個飛行隊となり、この増強分が沖縄・那覇基地に重点配備される予定だ。さらに、空中給油・輸送部隊も、1個飛行隊から2個飛行隊へ増強され、これらも間違いなく南西諸島へ配備されるだろう。

このような、自衛隊の南西諸島への新配備や陸自総隊などの組織再編、そして最新兵器の調達・配備などとともに見過ごせないのが、自衛隊単独および米軍との共同の島嶼防衛演習の活発化である。もともと、陸自教範『野外令』の改定・策定とともに、早くも2005年の西部方面普通科連隊の米海兵隊との共同演習として始った島嶼防衛演習は、以降、今日まで特段に強化して行われてきた。

2006年には、「島嶼防衛」「南西諸島有事」を想定した日米共同演習「ヤマサクラ」が開始され、以後も日米共同演習は指揮所演習、実動演習、ともに定期的に継続され、

2016年11月の沖縄での日米共同演習まで拡大強化して行われてきた。

また、自衛隊単独の島嶼防衛戦での演習は、早くも2010年、「島嶼部における各種事態への対処」を目的とした陸自方面隊を中心にして行われた。以後、

2014年には、「平成26年度自衛隊統合演習・島嶼防衛演習」が、奄美・沖縄東方海域などを中心にして行われるなど、この時期から島嶼防衛演習は、統合演習、日米共同演習ともに活発化していくのだ（全頁写真は、西部方面普通科連隊）。

こうして現在、毎年のように島嶼防衛演習は行われているが、もはや自衛隊と米軍にとっての島嶼防衛戦は、主要な、最大の演習のテーマとなっているのだ。

対テロ戦争の長期化と島嶼防衛戦

今までの叙述で、おそらく読者は不可解に思われるかも知れない。なぜなら、2000年の陸自教範『野外令』の大幅な改定による島嶼防衛戦の策定、2004年「防衛計画の大綱」による南西重視戦略——島嶼防衛の公表、そして、2005年以降の自衛隊および米軍との共同演習まで突き進んできた自衛隊が、どうして先島諸島への配備を2016年まで遅らせたのかと。

ここには重大な理由がある。その要因の1つが、アメリカの2001年以後の十数年に及ぶ対テロ戦争の泥沼化である。つまり、アメリカは1996年の、東西冷戦終了後の「日米安保再定義」によって、対中抑止戦略に転換したわけであるが、直後にイスラム原理主義勢力による世界的な対テロ戦争に巻き込まれていったのである。したがって、この時期の米軍戦略は、アジア重視——アジア回帰を掲げながらも、実質的には中東へ軍事力は投入されたのである。

アメリカによる、対テロ戦争の泥沼化の影響を決定的に受けてしまったのが、自衛隊の冷戦後の南西重視戦略である。ソ連崩壊後に、自衛隊の生き残りを賭けて、南西重視戦略へと移行し、軍事力のほとんどを南西諸島に投入しようとした、その足下をすくわれてしまったのである。

そして、自衛隊のこの大転換は、もう1つの困難に直面することは不可避であった。この困難の理由も明らかだ。事は、あの沖縄戦を体験し、すさまじい地上戦によって住民の3分の1が戦死した沖縄・先島諸島へ、再び軍隊を配置しようというのだ。

それは、1972年の沖縄の日本復帰後の、自衛隊の進駐のときから明白であった。このとき、沖縄に進駐した自衛隊は、初めから長期にわたって、沖縄民衆の厳しい反自衛隊の住民運動・住民感情に悩まされてきたのだ（進駐した自衛隊は「日本軍の再来」として、住民登録を拒否され、成人式への出席を拒否されるなど、全島民から包囲され、拒まれた）。

このような、軍隊を拒んできた沖縄——先島諸島へ自衛隊を配備することの困難は、防衛省・自衛隊においてもあらかじめ予想されたことであろう。

したがって、例えば与那国島への、自衛隊配備への周到な準備に見るように、時間をかけた、住民の宣撫工作を徹底して行わねばならないことが明らかであった。――これが、２０００年策定の、陸自教範『野外令』以後の状況である。

アメリカのエアシーバトル構想

さて、このような10年にわたる、自衛隊の南西重視戦略の「停滞の中での朗報」が、２０１０年、アメリカ政府が発表したＱＤＲ（4年ごとの国防政策の見直し）である。この中でアメリカは、ようやく本格的に対中抑止戦略を発動することになった。それは以下のように言う。

「中国は長期的で包括的な軍近代化の一環として、大量の新型中距離弾道ミサイルと巡航ミサイル、進歩した兵器を備えた新型の攻撃型潜水艦、能力を向上させた長距離防空システム、電子戦とコンピューターネットワーク攻撃能力、新型戦闘機、及び対宇宙システムを開発し配備……米国の戦力投入部隊は他の領域においても増大する脅威に直面している。近年、多数の国が海上作戦に脅威を及ぼす精巧な対艦巡航ミサイル、静かな潜水艦、新型機雷、その他のシステムを取得」

この中国に対して、ＱＤＲは「統合空海戦闘構想の開発」として「空軍と海軍は、接近阻止と航空拒否の精巧な能力を持つ相手を含む軍事作戦の全範囲において相手を打破するために、共同して新しい統合空海戦闘構想を開発」「この構想は、米国の行動の自由に対する増大する挑戦に対抗して、全ての作戦領域――空、海、宇宙、及びサイバースペース――を通じて、空軍と海軍が能力をいかに一体化するかに取り組む」（傍点筆者）と、新しい戦略を発表した。

陸自の「島嶼防衛」上陸戦闘

この戦略が「統合エアシーバトル構想」（Joint Air Sea Battle Concept：JASBC）と言われるもので

ある。

エアシーバトルの構想の具体的内容は、「米国の行動の自由」（アジア太平洋地域の覇権）に挑戦する中国の「アクセス阻止・エリア拒否戦略」に対抗して、陸・空・海・宇宙・サイバー空間の全ての作戦領域における統合作戦を遂行するということである。

これをもっと分かりやすく言うと、中国の海空戦力・対艦・対地ミサイルによる第1列島線・第2列島線への接近拒否に対抗する、アメリカの「対抗的中国封じ込め戦略」（2012年「米国国防指針」）ということである。しかし、これは単なる第1列島線への封じ込めには留まらない。

このエアシーバトル構想は、また「ネットワーク化され、統合された部隊による縦深攻撃で、敵部隊を混乱、破壊、打倒すること」（2013年「エアシーバトル室」から）でもあり、縦深攻撃とは、中国本土への攻撃、中国の戦略軍司令部の破壊まで想定したものである。

明らかなとおり、このエアシーバトル構想が発動されたとするなら、戦争が「東中国海」という地理的制限はおろか通常型の戦争に限定されることもあり得ない。この戦争は、不可避的に米中を中心とする通常型の世界戦争から核戦争にまで発展することは不可避だ。

したがって、この対中戦争を限定する、世界戦争への閾値《いきち》を高くする戦略が打ち出されることになる。それがオフショア・コントロールというものであり、事実上、エアシーバトル戦略を修正したものだ。

オフショア・コントロールによる修正

では、このオフショア・コントロール戦略とはどのようなものか。この構想は、まず第1段階として米国と同盟国の共同の航空力・海軍力を行使して、中国の石油・天然ガス・貿易などの海上輸送を遮断し、中国商船の同国の港への出入を阻止・封鎖することが初期の戦略だ。

初動作戦は、「中国の沿岸部直近から始まる海上封鎖」と「第1列島線に沿っての海上封鎖」が、戦略上のポイントとされる。またこの海上封鎖は、遠距離海上封鎖――マラッカ海峡――ロンボク海峡（インドネシア群島）――スンダ海峡での中国船の停船・拿捕などの海上封鎖まで想定される。

つまり、中国の世界貿易のほとんどを占める、アジア太平洋地域・インド洋地域への輸出入を封鎖し、中国の海上交通・海上貿易を完全に遮断するということだ（例えば、中国は国内総生産の50％を輸出入に依存し、石油輸入量の78％、海外貿易の85％が海上経由）。

オフショア・コントロールの戦略は、中国が遠洋での戦闘能力（渡洋能力）を保有していないことが前提になっている。現実に中国は、この渡洋能力の開発に必死になっており、南沙諸島の軍事化もその1つと言える。

海洋限定戦争＝東中国海戦争論

しかし、オフショア・コントロールは「海洋拒否戦略」、あるいは「海洋限定戦争」と称するように、このような経済封鎖だけには留まらない。

これは、米軍と同盟国軍による海洋遠隔地のコントロールから始まり、次には中国近海全域で中国海軍艦艇・商船を撃沈し攻勢に出るとされる。

「小型・高速かつ対艦巡航ミサイルで武装した水上艦は、第1列島線に沿って設置された沿岸陣地から発射されたミサイルとともに、中国沿岸部への主要アプローチをいくつか封鎖」する。第1列島線内では、この作戦の大半は、限定的航空戦・潜水艦・機雷・水中無人艇で行われる。

また、この作戦の目標は、第1列島線内に無人地帯を作り出すことにおかれ、「琉球列島の小さな島々、フィリピン群島の一部、さらには韓国沿岸に配備された対艦ミサイルと水中監視システムを組み合わせることにより、攻勢的な対潜水艦戦は、中国海軍の水上艦艇ならびに潜水艦が第1列島線を突破し、西太平洋の広大な海域に打って出ることを、きわめて困難にする」ということだ（以上はアーロン・フリードバーグ著『アメリカの対中戦略』芙蓉書房）。

いずれにしても、この島嶼防衛の戦略は、「第1列島線内に無人地帯」を作り出し、中国のA2／AD能力を無力化するのが目標であり、この戦略構想にとっては、第1列島線――琉球弧は、まさに「天然の障壁」であり、対中国への「万里の長城」として存在するということだ。

オフショア・コントロールの戦略がエアシーバトルと異なるのは、核戦争へのエスカレーションを防ぐために、「戦闘行為の範囲と持続期間を十分に低くするということ、中国政府が目的遂行のため、最後の審判の日の武器を使用することに賛成しない程度に、十分に抑制的である」とすべきとし、「米政府にとっては、展開兵力の種別や量について、核の閾値《いきち》以下に留めることが肝要となる」とすることだ（米海軍大学教授、トシ・ヨシハラとジェームズ・R・ホームズ『海幹校戦略研究』第2巻第1号増刊2012年8月）。

彼らは、また米国の戦略策定者は、作戦目標について、米軍の同盟国支援のためには、中国人民解放軍に多大な出血を強要するような派遣ではなく、「海軍力により孤立化させ得る、敵領域の明確な一部への影響力使用または確保の

宮古島のトゥリパ・マリーナの近くに多数残る特攻艇「震洋隊」壕

ための限定作戦」とすべきであるとし、この「海洋限定戦争」を提唱するのである。

　このような戦争が、「海洋拒否戦略」、あるいは「海洋限定戦争」（東中国海戦争）と称され、まさしく「自衛隊を主力」として行われる戦争である（日米ガイドラインは、「日本の防衛」のためには自衛隊を主力とし、米軍が自衛隊を支援し補完するとして定めている）。

先島諸島の無防備都市宣言

　島嶼防衛戦争の「戦略目標」が、米軍による同盟国支援（自衛隊）のために、中国軍に多大な出血を強要するような派遣ではなく「海軍力により孤立化させ得る、敵領域の明確な一部への影響力使用また確保のための限定作戦」であるということは、中国のA2／AD能力とも相まって、究極的には、「先島諸島限定戦争」（奄美大島を含む「島嶼戦」）として想定されるということだ。

　つまり、沖縄本島を含む戦争のエスカレーションは、必然的に在沖米軍・在日米軍との戦争に発展しかねないのであり、日米の通峡阻止作戦においても、中国側の海峡突破作戦においても、この「海洋限定戦争」は成り立つのである。もちろん、ここでは日米中の密接な経済関係、特にその世界的に多大な影響のある貿易関係は捨象している。

だが、問題は、この海洋限定戦争の戦場とされる先島諸島の住民たちである。自衛隊の島嶼防衛戦においては、ほとんどこの戦争における住民の避難問題は対象化されていない。実際、平時から有事へ、シームレスに変化して行くであろう島嶼防衛戦では、時間的にも、地理的にも住民の避難は不可能だ。

沖縄は、あの戦争において凄まじい犠牲を受けてきたが、また先島諸島においても空襲や強制疎開によるマラリアの罹患などによる多大な犠牲を受けてきた。この先島諸島の住民たちを、再び戦火のもとにさらすことがあってはならないのだ。

この戦禍を避ける唯一の方法は、先島諸島の住民たちが今こそ「無防備都市（島）宣言」を行い、一切の軍隊の配備・駐留を拒むことだ。もともと、先島諸島には、戦後71年にわたって軍隊はほとんど駐留していなかったのであり、何事もなく平和が保たれてきたのだ。だからこそ、島民たちは、無防備都市を宣言する権利をもつのである。

無防備都市（地区）宣言」は、国際法上の規定に基づくもので（ジュネーブ諸条約追加第1議定書第59条）、歴史的にも幾多の事例がある。

重要なことは、このような無防備都市宣言を行った地域に紛争当事国が攻撃を行うことは、戦時国際法で禁止されていることである。また、「無防備都市宣言」を行う場合、この地域からは全ての戦闘員、移動可能な兵器、軍事設備は撤去されなければならないし、また、この地域で軍隊や住民が軍事施設を使用することも、軍事行動の支援活動を行うことも禁止されるのだ。

宮古島市のピンフー岳に残る日本軍砲台壕

つまり、「無防備都市宣言」とは、宣言する地域が軍事的な抵抗を行う能力と意思がない地域であることを示すことによって、その地域に対する攻撃の軍事的利益をなくし、その地域が軍事作戦による攻撃で受ける被害を最小限に抑えるためになされるものである。

アジア太平洋地域においても、かつて無防備地域を宣言した時

191

代があった。1922年、米・英・仏・日は、軍艦の保有数を制限した4か国条約を締結したが、この中には「島嶼要塞化の禁止」条項もあったのである（ワシントン海軍軍縮条約）。

それによると、日本の提案により、太平洋における各国の本土並びに本土にごく近接した島嶼以外の領土については、現在ある以上の軍事施設の要塞化が禁止された。日本に対しては千島諸島・小笠原諸島・奄美大島・琉球諸島・台湾・澎湖諸島、サイパン・テニアンなどの南洋諸島の要塞化を禁止し、アメリカに対しては、フィリピン・グアム・サモア・アリューシャン諸島の要塞化を禁止したのである。

ところが、1930年代において、戦争の危機が深まってくると、例えば日本の場合、サイパンのアスリート飛行場（現サイパン国際空港）を始め、秘密裡の軍事化が始められたのだ。これは沖縄でも同様であり、1944年3月、陸軍が沖縄守備軍、第32軍を編成し駐留するまで沖縄は、全くの「無防備地区」であったのだ（この直後、「本土防衛の防波堤」として沖縄の要塞化が進み、本島11か所、宮古島3か所、八重山3か所の飛行場が建設され、海軍根拠地隊も編成）。

重要なことは、この時代でさえもアジア太平洋地域の島嶼を巡る軍拡の危機に対して、各国の島嶼の非軍事化が推し進められたということだ。

もちろん、無防備都市（地区）宣言は、これだけでは事足りない。日本と中国の、政治的・経済的結びつきのいっそうの強まりとともに、社会的・文化的にも交流を深め、この宣言を契機として相互に信頼を醸成していくことが必要である。

日本と中国は、1978年に「日中平和友好条約」を締結し、その中で「武力による威嚇および覇権を確立」することを禁止することを謳った。そこには以下のように規定されており、その精神の確認こそが、今重要となっている。

「第一条 1 両締約国は、主権及び領土保全の相互尊重、相互不可侵、内政に対する相互不干渉、平等及び互恵並びに平和共存の諸原則の基礎の上に、両国間の恒久的な平和友好関係を発展させるものとする。

2 両締約国は、前記の諸原則及び国際連合憲章の原則に基づき、相互の関係において、すべての紛争を平和的手段により解決し及び武力又は武力による威嚇に訴えないことを確認する。

第二条 両締約国は、そのいずれも、アジア・太平洋地域においても又は他のいずれの地域においても覇権を求めるべきではなく、また、このような覇権を確立しようとする他のいかなる国又は国の集団による試みにも反対することを表明する。」

■情報公開請求で開示された南西諸島関連・防衛省文書

本章の筆者・小西誠は、２０１６年９月冒頭から、自衛隊の「島嶼防衛戦」の配備計画に関わる文書について、防衛省ならびに防衛省沖縄防衛局・九州防衛局に、情報公開請求を行った。

具体的な請求内容は、石垣島・宮古島・奄美大島における「陸自駐屯地建設業務計画」全容（協議書など）と、関連する文書および防衛省・自衛隊での南西諸島配置計画の全てを開示することである。この結果、奄美大島については、「奄美大島への部隊配備について」「基本構想業務の概要及び位置図」など23枚の文書が開示された。

この奄美大島の開示文書については、一部は新聞に掲載されているが、全文は公開されていない。しかし、文書を見れば明らかな通り、この文書は防衛省が公開を意図した形式となっており、これを公開していないということは、防衛省はもとより、奄美市などが露骨な秘密主義に陥っているということだ。

また、宮古島については、同年12月初め、「対象事業協議書」（宮古島駐屯地［仮］）の30頁および「宮古島市地下水審議会学術部会からの申請者への依頼について（回答）」の９頁の２つの文書が開示された。「対象事業協議書」は、本文でも記述されているとおり、同市の市民団体からの開示請求に対して宮古島市が「沖縄防衛局に返却したので開示できない」と、事実上開示を拒否した文書である。ここにも、自衛隊配備をめぐる宮古島市行政と防衛省の秘密主義が明白である。

これらの文書とともに、同年11月初め、防衛省は「南西地域の防衛態勢の強化」（13頁）という文書を、開示請求に基づき提出した。この文書は、作成日付も作成機関の名前も明記されていないが、内容からして、おそらく与党の国会議員向けの「宣伝文書」である。しかし、ここには先島諸島――南西諸島配備に関する全体像が示されているので、画像のまま掲載することにした。少し読みづらいが参考にしてほしい。なお、本書にはページ数の関係上、割愛して掲載したが、全文は以下の社会批評社のホームページに掲載している。

＊**「南西地域の防衛態勢の強化」**
http://www.maroon.dti.ne.jp/shakai/nansei-jsdf20.pdf

＊**「奄美大島への部隊配備について」**
http://www.maroon.dti.ne.jp/shakai/amami-jsdf.pdf

＊**「対象事業協議書」（宮古島駐屯地［仮］）、「宮古島市地下水審議会学術部会からの申請者への依頼について（回答）」**
http://www.maroon.dti.ne.jp/shakai/miyakoshima.pdf

南西地域の防衛態勢の強化

0

南西地域における防衛体制の現状
（平成２８年３月末）
○ 空自レーダーサイトや、空自通信隊、海自基地分遣隊等が所在するが、沖縄本島及び与那国島以外には陸自部隊の配置なし
○ 戦闘機部隊は第83航空隊の1個飛行隊のみであったが、平成28年1月31日に第9航空団を新編し、那覇基地におけるF－15戦闘機部隊を2個飛行隊化。
F－15
E－2C
奄美大島
南西地域所在隊員
●陸上自衛隊：約2，650名
●海上自衛隊：約1，490名
●航空自衛隊：約3，910名
（合計）約8，050名
空自：南西航空混成団等（約3，400名）
・戦闘機（F－15）：約40機
・ペトリオット：4個高射隊
・早期警戒機（E－2C）：4機程度
沖永良部島
海自：第5航空群等（約1，470名）
・固定翼哨戒機（P－3C）：約20機
・掃海艇：3隻
久米島
約420km
尖閣諸島
約290km
沖縄本島
約150km
約210km
宮古島
約110km
石垣島
（H29年度換装完了予定）
約120km
約130km
与那国島
陸自：第15旅団
（約2，200名）
P－3C
陸自：与那国沿岸監視隊
（約160名）
掃海艇
（注1）主要部隊のみ記載。（注2）人数については、自衛官・事務官等の合計である。（注3） はそれぞれレーダーサイトを示す。
1

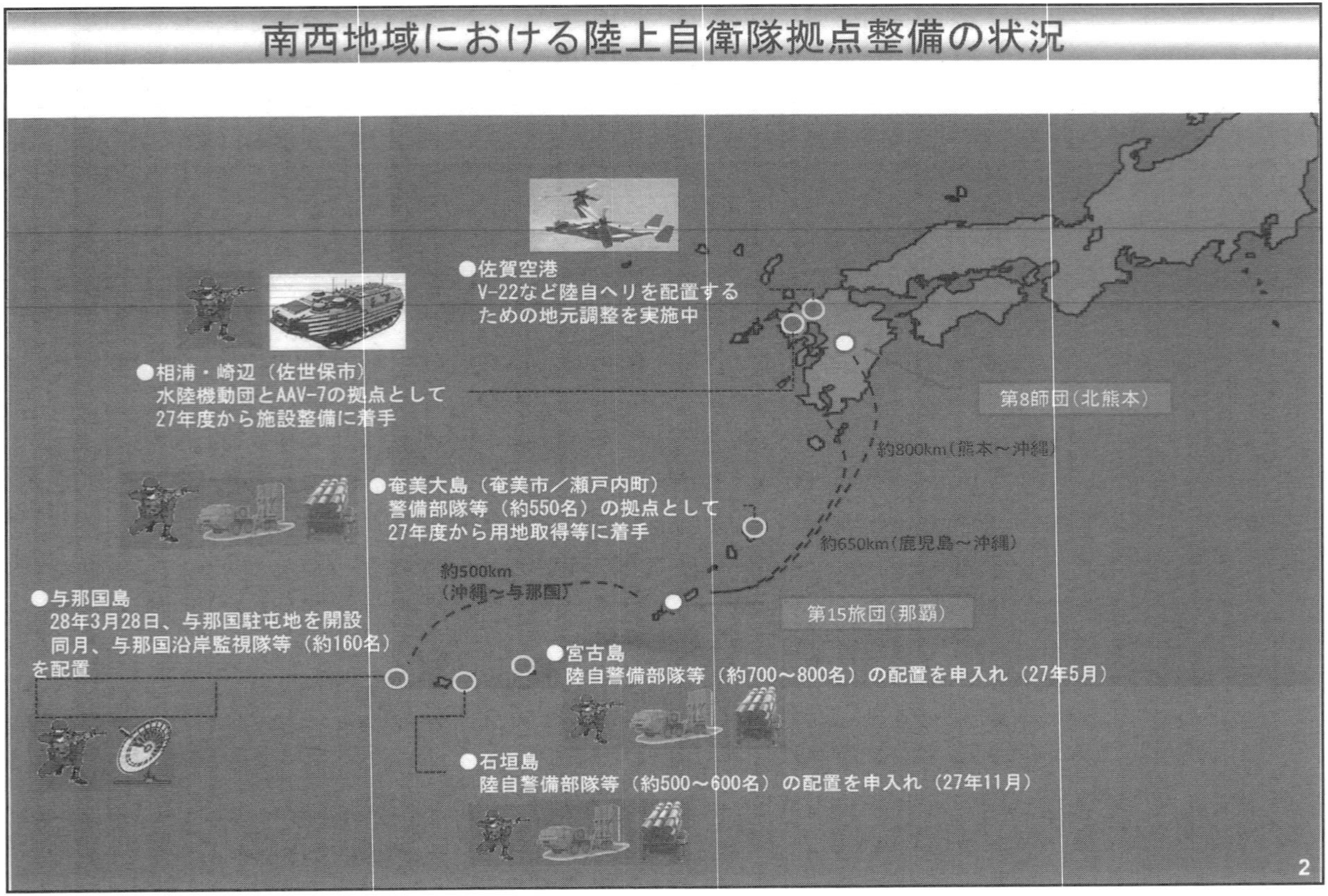
南西地域における陸上自衛隊拠点整備の状況
●佐賀空港
V-22など陸自ヘリを配置するための地元調整を実施中
●相浦・崎辺（佐世保市）
水陸機動団とAAV-7の拠点として
27年度から施設整備に着手
第8師団（北熊本）
約800km（熊本～沖縄）
●奄美大島（奄美市／瀬戸内町）
警備部隊等（約550名）の拠点として
27年度から用地取得等に着手
約650km（鹿児島～沖縄）
約500km
（沖縄～与那国）
●与那国島
28年3月28日、与那国駐屯地を開設
同月、与那国沿岸監視隊等（約160名）を配置
第15旅団（那覇）
●宮古島
陸自警備部隊等（約700～800名）の配置を申入れ（27年5月）
●石垣島
陸自警備部隊等（約500～600名）の配置を申入れ（27年11月）
2

南西地域における陸上自衛隊拠点整備の状況②

配置予定先		配置予定 候補地	配置予定部隊	配置部隊 の規模	配置要請	地元受入 表明	状況等
奄美大島	奄美市	奄美ｶﾝﾄﾘｰｸﾗﾌﾞ	警備部隊 地対艦誘導弾部隊 地対空誘導弾部隊	約550名	26年8月	○ （26年8月）	・ 用地取得に向け測量調査を実施中
	瀬戸内町	節子地区					
宮古島		大福牧場 千代田ｶﾝﾄﾘｰｸﾗﾌﾞ	警備部隊 地対艦誘導弾部隊 地対空誘導弾部隊	約700～800名	27年5月	△ （市議会では「陸自部隊の早期配備を求める市民団体の要請書」を可決（27年7月））	・ 現時点で、宮古島市長は受入れを表明していない
石垣島		平得大俣の東側にある市有地及びその周辺	警備部隊 地対艦誘導弾部隊 地対空誘導弾部隊	約500～600名	27年11月	—	・ 左藤前防衛副大臣から現地調査実施の協力を依頼【27年5月】 ・ **若宮防衛副大臣から警備部隊等の配置を申入れ【27年11月】**
与那国島		久部良地区 祖内地区	沿岸監視部隊	約160名	—	○ （町長が防衛大臣に対し自衛隊誘致を陳情（21年6月））	・ 陸自沿岸監視部隊配備の是非を問う住民投票(賛成632票、反対445票)【27年2月】 ・ **与那国駐屯地を開設し、与那国沿岸監視隊等を配置【28年3月28日】**

3

南西地域における警備部隊等の概要【奄美大島】

配置の必要性

■ 薩南諸島は、陸上自衛隊配備の空白地域
→ 初動を担任する警備部隊等の新編等を行い、態勢を強化することが必要

これまでの取組

■ 平成25年度及び平成26年度に、候補地の選定に向け、必要な現地調査等を実施。
■ 平成26年8月、武田元防衛副大臣が奄美大島を訪問し、配置する部隊の概要及び候補地について説明。同年同月、地元自治体から受入の意向を確認。
■ 平成27年度予算においては、用地取得及び調査等の経費として約32億円が認められた。
■ 平成28年度予算においては、敷地造成、実施設計等に係る経費として約87億円が認められた。
■ 奄美カントリー地区について、平成28年3月30日、用地取得の契約を締結。

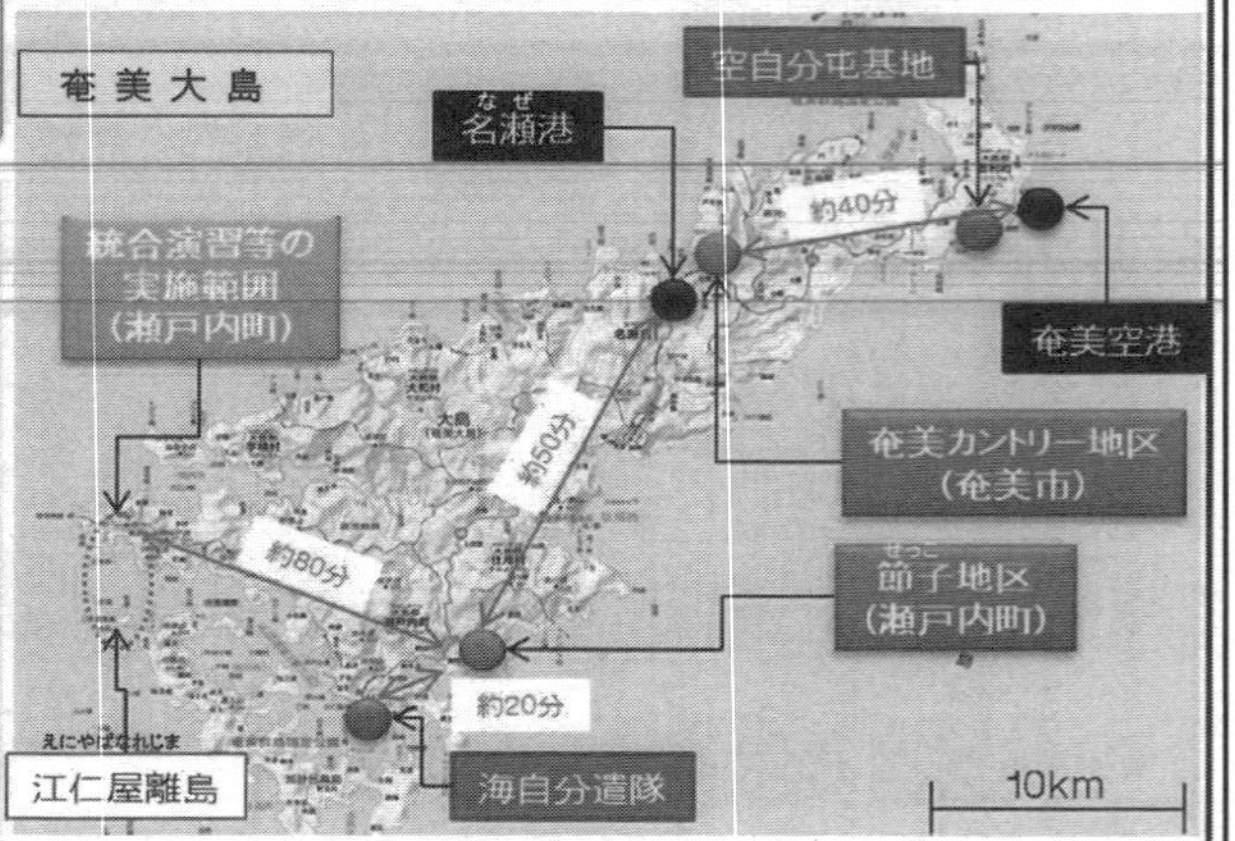

配置部隊のイメージ

奄美カントリー地区(奄美市) 約350人
- 警備部隊
- 中SAM
- 場外離着陸場、射撃場 燃料施設 小規模火薬庫

節子地区(瀬戸内町) 約200人
- 警備部隊
- SSM
- 場外離着陸場 燃料施設 大規模火薬庫

4

南西地域における警備部隊等の概要【宮古島】

■　宮古島の主な選定理由

○　宮古島には約４万８千人と多くの住民が暮らしているものの、陸自部隊が配備されておらず、島嶼防衛や大規模災害など各種事態において自衛隊として適切に対応できる体制が十分には整備されていない。

○　宮古島は部隊を配置できる十分な地積を有しており、島内に空港や港湾等も整備されていることから、南西諸島における各種事態への対処における部隊の連絡・中継拠点として、また災害対処における救援拠点として活用しうる。

○　隊員やその家族を受入れ可能な生活インフラが十分に整備されている。

■　予算関係

○　平成２８年度予算においては、用地取得、基本検討、敷地造成等に係る経費として約１０８億円が認められた。

■配置先候補地など

(※)グーグルマップに防衛省加筆

これら候補地に隊庁舎、グラウンド、火薬庫、訓練場等を整備することを念頭に置いているところ

(※)写真はイメージ

隊庁舎

グラウンド

火薬庫

訓練場

■主な部隊の概要

警備部隊

地対空ミサイル部隊

地対艦ミサイル部隊

隊員規模は700～800人程度

5

南西地域における警備部隊等の概要【石垣島】

■　石垣島の主な選定理由

○　石垣島及びその周辺離島には約５万３千人と多くの住民が暮らしているものの、陸自部隊が配備されておらず、島嶼防衛や大規模災害など各種事態において自衛隊として適切に対応できる体制が十分には整備されていない。

○　石垣島は、部隊を配置できる十分な地積を有しており、島内に空港や港湾等も整備されているとともに、先島諸島の中心に位置しており、各種事態において迅速な初動対応が可能な地理的優位性があること。また、災害対処における救援拠点として活用し得る。

○　隊員やその家族を受入れ可能な生活インフラが十分に整備されている。

■配置先候補地など

(※)グーグルマップに防衛省加筆

「平得大俣の東側にある市有地及びその周辺」に隊庁舎、グラウンド、火薬庫、射撃場等を整備する予定

(※)写真はイメージ

隊庁舎

グラウンド

火薬庫

射撃場

■主な部隊の概要

警備部隊

地対空ミサイル部隊

地対艦ミサイル部隊

隊員規模は500人
～600人程度

6

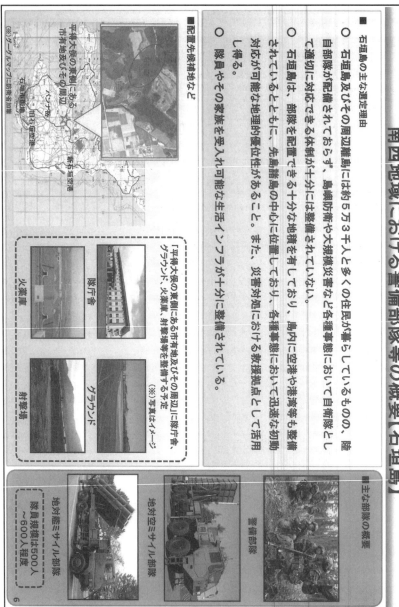

沿岸監視部隊の概要及び配置場所について【与那国島】

○　２８年３月２８日、与那国駐屯地を開設し、約１６０名規模の与那国沿岸監視部隊等を配置

○　沿岸監視部隊の任務は、我が国の領海、領空の境界に近い地域において、付近を航行・飛行する艦船や航空機を沿岸部から監視して各種兆候を早期察知すること

○　我が国の領海、領空の境界に近いこと（与那国島は日本最西端の島）や部隊配置を行う上で必要な地積や社会基盤（電力・通信・上下水道）等が存在していること等を総合的に考慮し、与那国島を配置場所として選定

○　与那国島の地理的環境（沖縄島から約５００ｋｍ）を踏まえ、警備機能及び会計・衛生等の後方支援機能を独自に保有

○　平成２８年度予算においては、宿舎整備に係る経費として約５５億円が認められた。

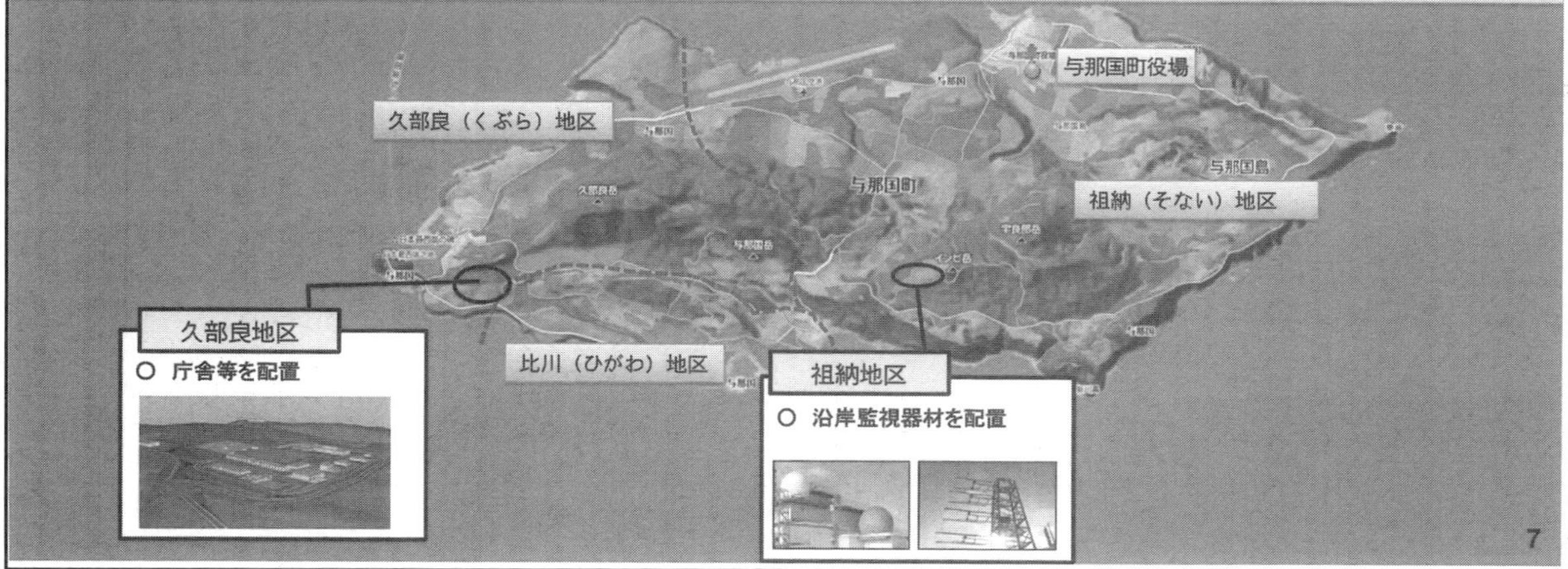

7

水陸機動団の概要

- 防衛大綱、中期防において、島嶼への侵攻があった場合、速やかに上陸・奪回・確保するための本格的な水陸両用作戦能力を新たに整備するため、連隊規模の複数の水陸両用作戦部隊等から構成される水陸機動団を新編することとしている。
- 28年度末に水陸機動教育隊を新編予定
- 27年度予算
  【相浦駐屯地】隊庁舎、緊急脱出訓練場等の施設整備等に係る経費約50億円
- 28年度予算
  【相浦駐屯地】庁舎の改修、燃料施設の増改修などの施設整備に係る経費約32億円

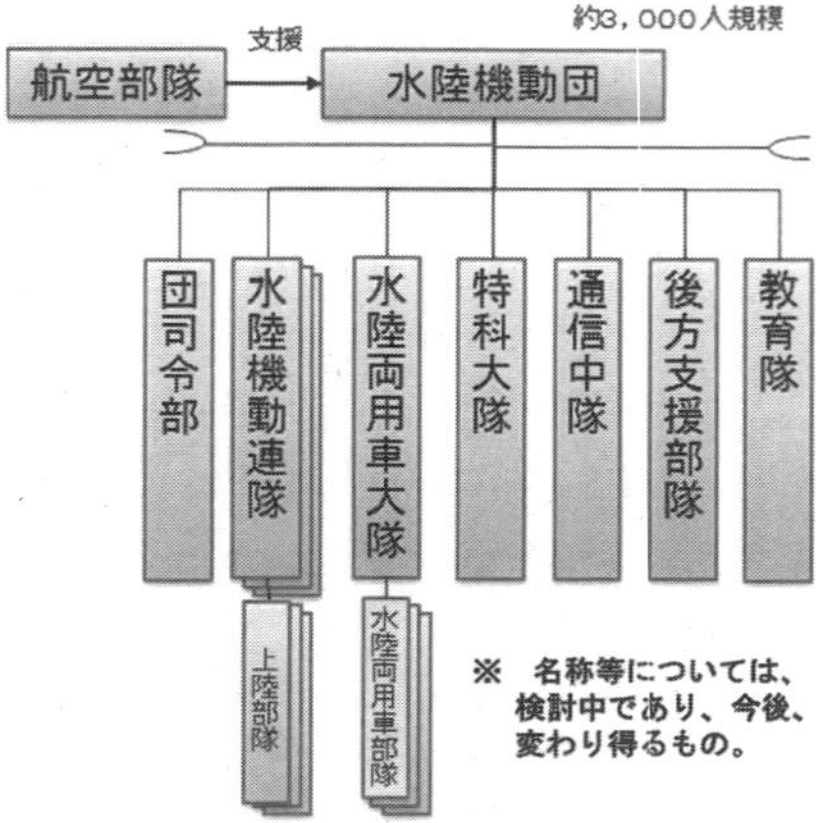

8

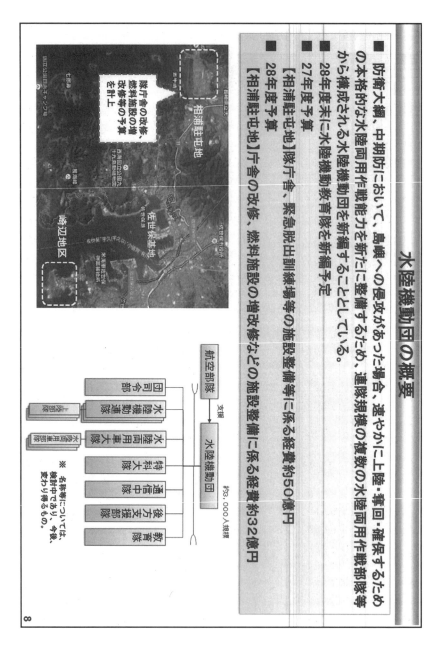

崎辺地区の施設整備構想

■ 崎辺西地区については、水陸両用車を運用する部隊を配置する予定
■ 崎辺東地区については、DDH等の大型護衛艦や「おおすみ」型輸送艦等が係留可能な大規模な岸壁等を整備する予定
■ 27年度予算
【崎辺西地区】用地取得及び調査・設計等に係る経費として約23億円
【崎辺東地区】必要な施設の整備を検討するための調査及び検討に係る経費として約2億円
■ 28年度予算
【崎辺西地区】隊庁舎、水陸両用車訓練場などの施設整備に係る経費として約74億円
■ 崎辺西地区については、佐世保重工業と不動産売買の契約を締結（27年12月11日）

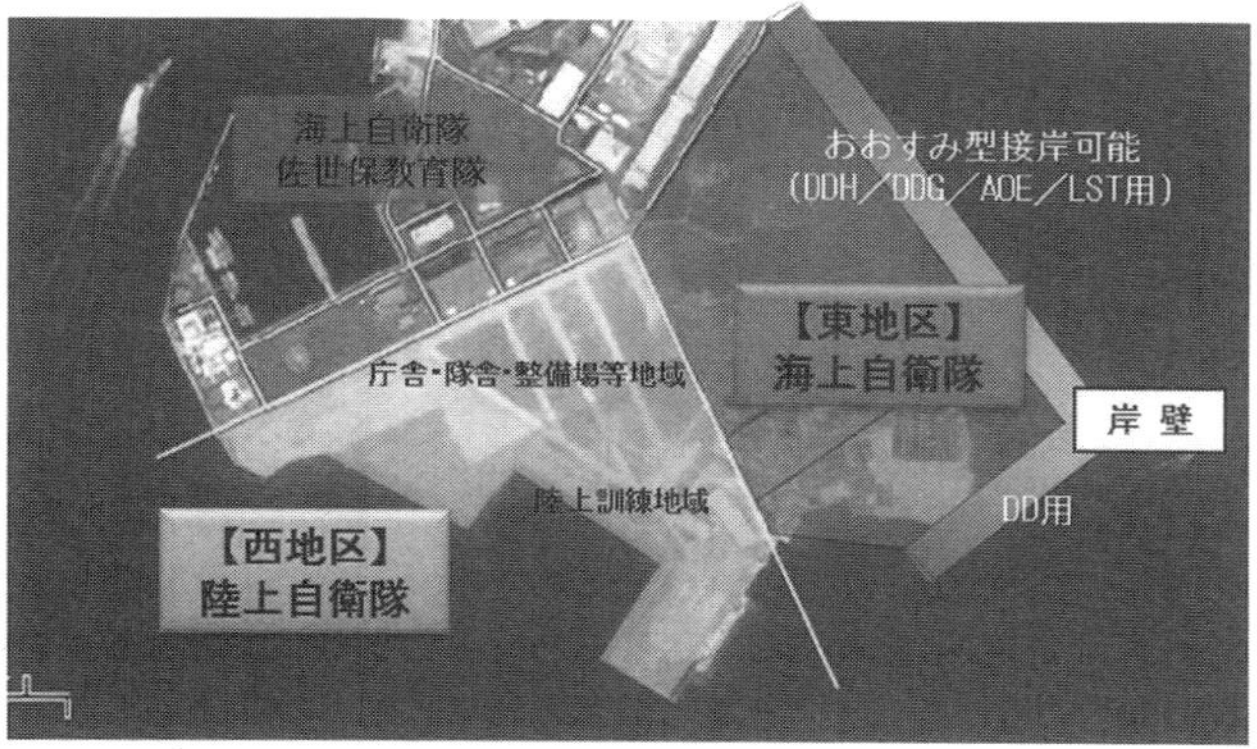

【水陸両用車を運用する部隊の配置先を崎辺西地区とした理由】
■ 水陸両用車に搭乗する水陸機動連隊の近傍に位置
■ 海自の艦艇に搭載して輸送することになるため、搭載が容易な港湾等の近傍に配置することで迅速に南西地域に展開することが可能

9

第9航空団の新編

- 那覇基地には、戦闘機部隊1個飛行隊で構成される第83航空隊が置かれていた。
- 近年、南西方面での緊急発進回数が増加するなど、南西地域における防空態勢を充実させる必要があることから、中期防において、那覇基地の戦闘機部隊を2個飛行隊とすることを決定。

28.3.31現在

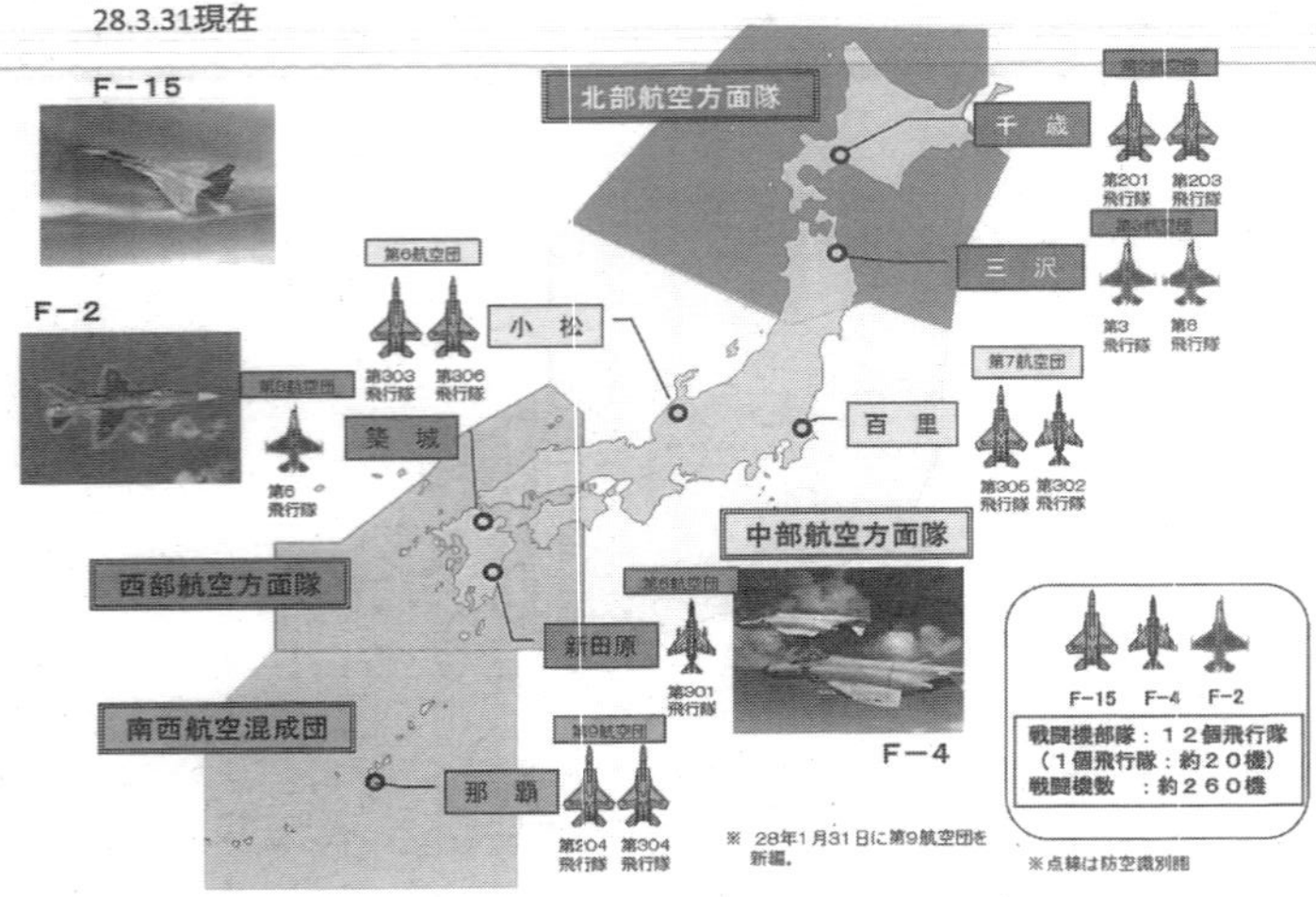

※ 28年1月31日に第9航空団を新編。

※点線は防空識別圏

航空方面隊等別緊急発進回数の推移

28.3.31現在

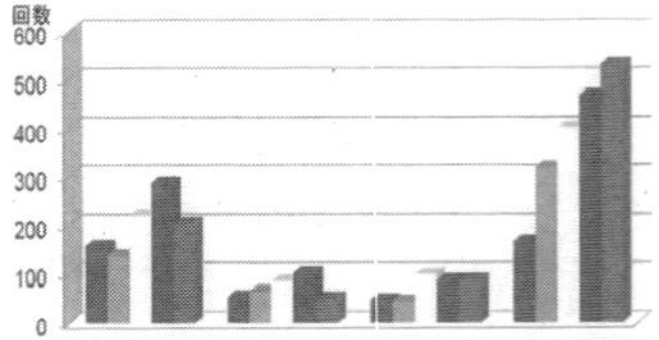

	北空	中空	西空	南混	合計
23年度	158	54	47	166	425
24年度	139	65	45	318	567
25年度	222	86	100	402	810
26年度	286	102	87	468	943
27年度	205	50	87	531	873

10

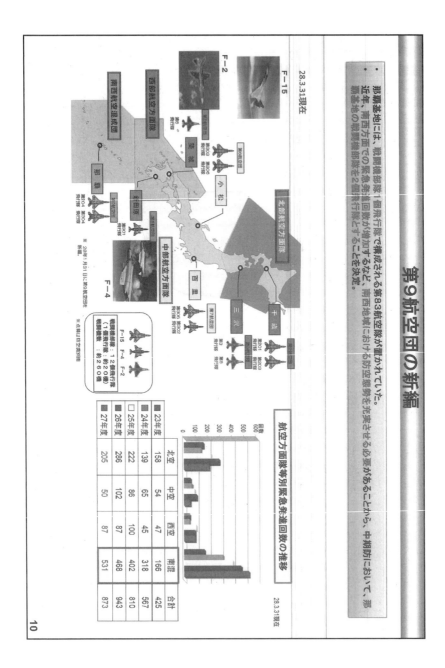

第9航空団の新編

27年度予算において、築城基地に所在する第8航空団から第304飛行隊（F−15部隊）を那覇基地に移動し、第83航空隊の第204飛行隊（F−15部隊）とあわせてF−15部隊2個飛行隊を配備するとともに、平成28年1月31日に第9航空団を那覇基地に新編。

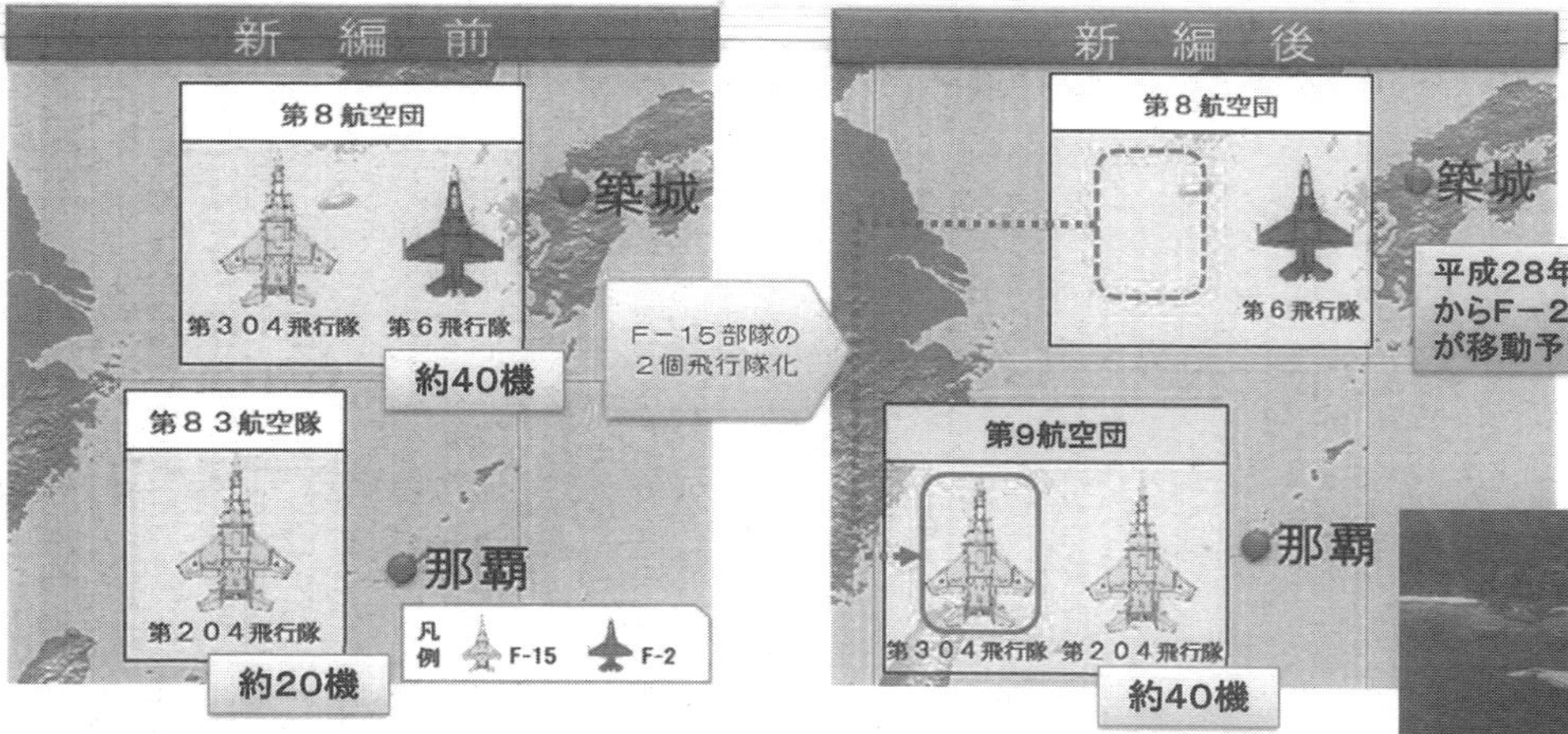

F−15

11

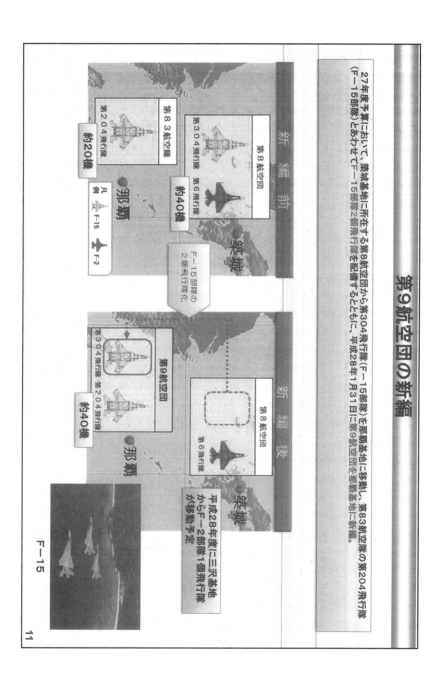

戦闘機部隊等の体制移行（南西地域）

○　南西地域の防衛態勢の強化を始め、各種事態における実効的な抑止及び対処を実現する前提となる航空優勢の確実な維持に向けた態勢を整えるため、戦闘機部隊の体制移行の実施。

○　平成２８年度においては、築城基地の戦闘機部隊を２個飛行隊とするとともに、新田原基地のＦ－４部隊と百里基地のＦ－１５部隊を入れ替え。

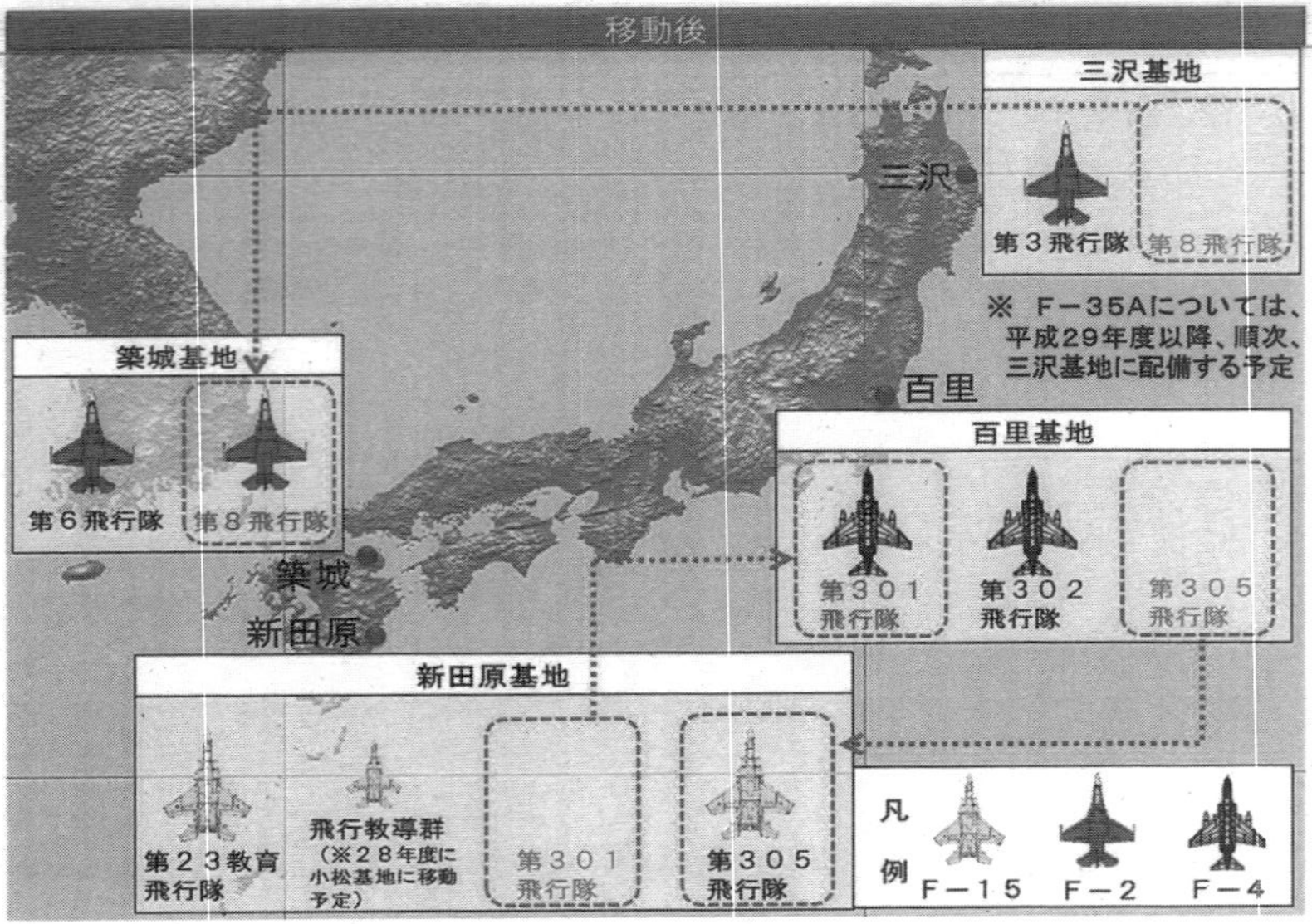

12

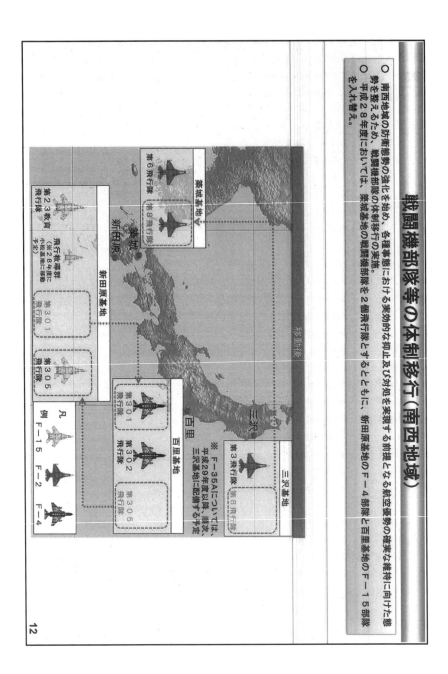

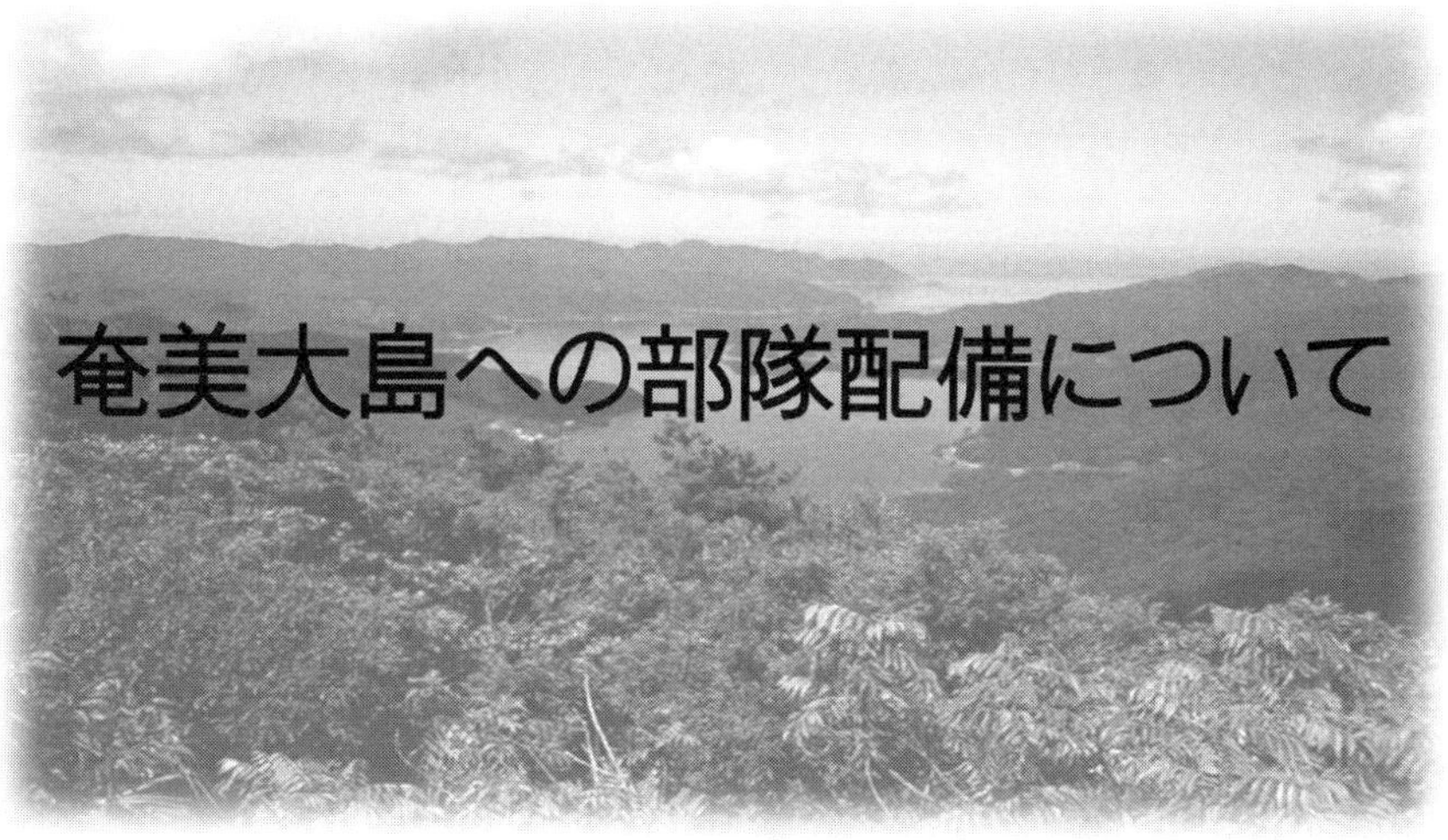

奄美大島への部隊配備について

平成28年　6月

九州防衛局 Kyushu Defense Bureau

目　次

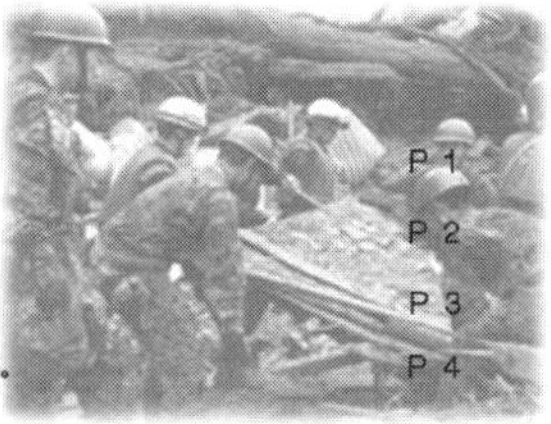

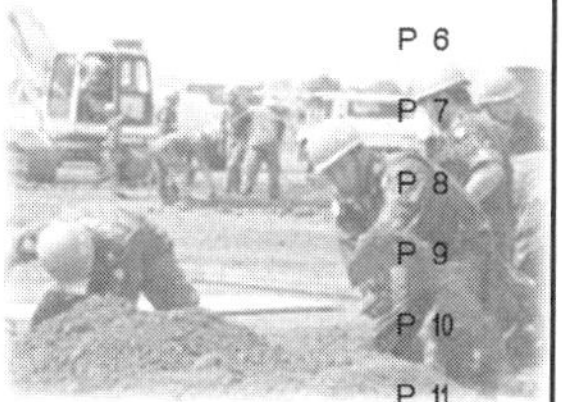

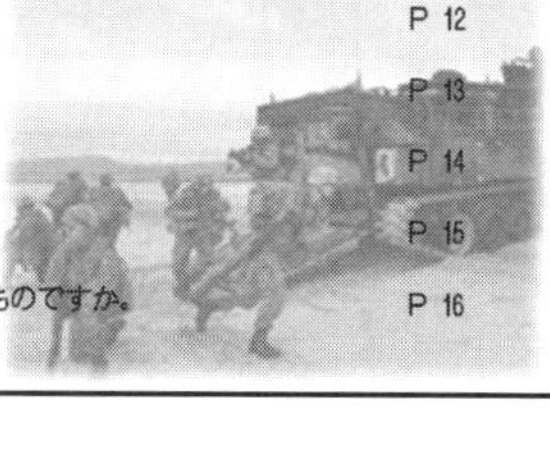

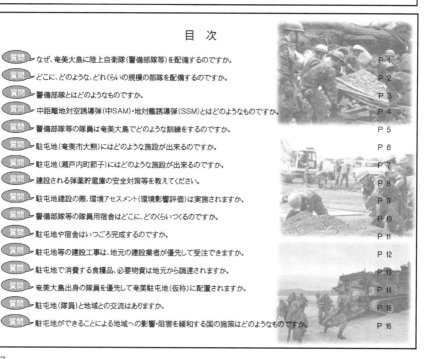

P1

質問　なぜ、奄美大島に陸上自衛隊（警備部隊等）を配備するのですか。

薩南諸島は、陸上自衛隊の空白地域であり、初動を担任する警備部隊等の新編を行うなど態勢の強化が必要です。このため、平成25年度に奄美群島の有人島を中心に調査を行い、また、実際に現地を調査するなど候補地選定を行った結果、奄美大島内の2箇所に警備部隊等を配置することとしました。

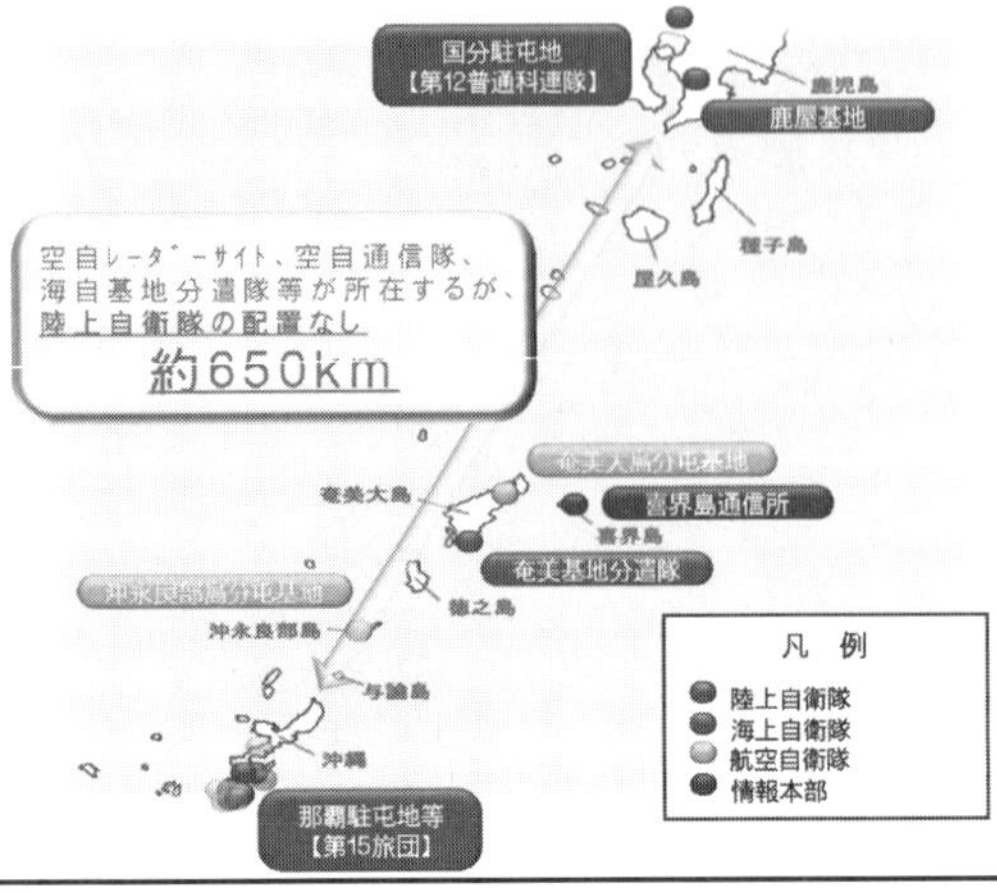

防衛計画の大綱

Ⅳ　防衛力のあり方
　3　各自衛隊の体制
　　(1)　陸上自衛隊
　　　ア　…自衛隊配備の空白地域となっている島嶼部への部隊配備、…により島嶼部における防衛態勢の充実強化を図る。

中期防衛力整備計画

Ⅱ　基幹幹部の見直し等
　1　…沿岸監視部隊や初動を担任する警備部隊の新編等により、南西地域の島嶼部の部隊の態勢を強化する。…

P2

質問　どこに、どのような、どれくらいの規模の部隊を配備するのですか。

配置する部隊については、①普通科を主体とした警備部隊、②中距離地対空誘導弾（中SAM）の部隊、③地対艦誘導弾（SSM）の部隊を予定しており、その規模については、奄美カントリークラブ地区と節子地区あわせて約550名程度を予定しています。

部隊配備場所の選定について

部隊配備場所の選定にあたっては、

・警備部隊等の配備に必要なまとまった地積の確保

・港湾及び空港等の重要施設の防護の観点から既存の自衛隊施設、港湾施設及び空港等との近接性に留意

・防衛・警備上必要な兵站施設（火薬庫等）の設置に際し安全な施設の管理・運営の観点

・部隊運用の実効性並びに教育訓練の容易性にも加え、訓練場の確保が必要であったこと

などから、奄美市及び瀬戸内町の協力を得て実施した現地調査や上記4点を総合的に勘案した結果、奄美市大熊の奄美カントリークラブ地区と瀬戸内町節子地区の町有地への配備が決定されました。

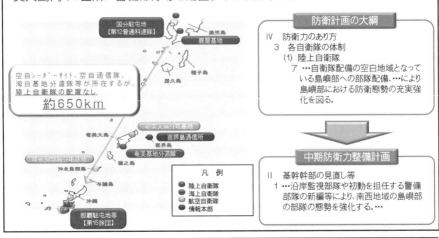

P4

質問 中距離地対空誘導弾（中SAM）・地対艦誘導弾（SSM）とはどのようなものですか。

②中距離地対空誘導弾（中SAM）
　陸上自衛隊の特科（高射）部隊に装備され、重要地域の防空を行うために使用されます。

③地対艦誘導弾（SSM）
　陸上自衛隊の特科（野戦）部隊に装備され、島嶼部に対する侵攻を可能な限り洋上において阻止するために使用されます。

中距離地対空誘導弾（中SAM）の部隊運用イメージ

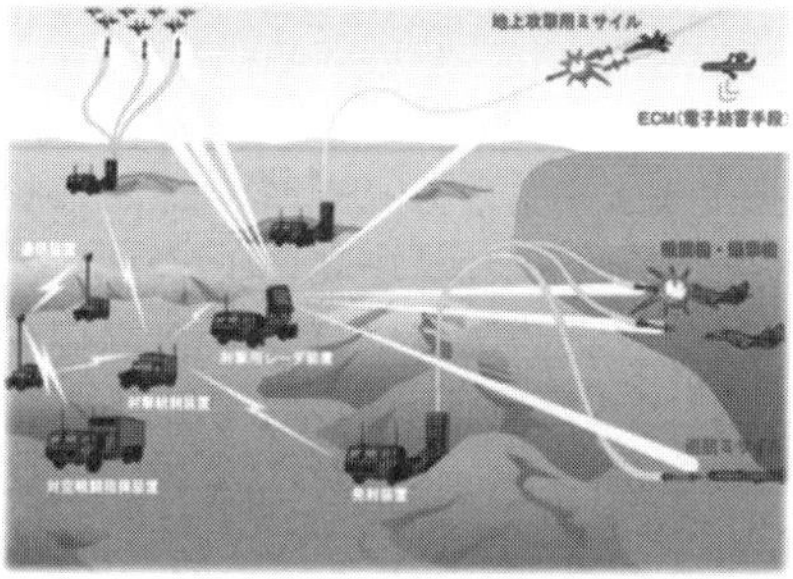

地対艦誘導弾（SSM）の部隊運用イメージ

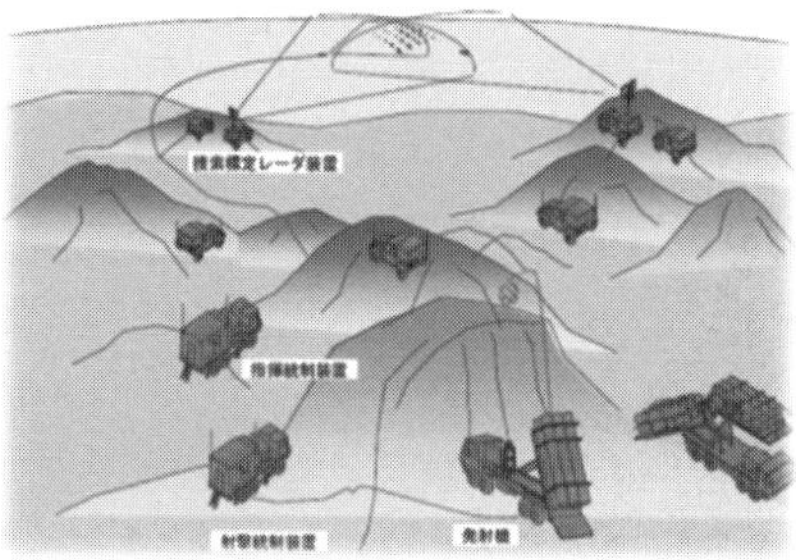

P6

質問 駐屯地（奄美市大熊地区）にはどのような施設が出来るのですか。

　駐屯地（奄美市大熊地区）については、警備部隊及び地対空誘導弾部隊の隊員が勤務する庁舎や、独身の隊員が生活する隊舎、整備工場、射撃場等を整備する予定であり、この他に体育館やグランドなども整備する予定です。

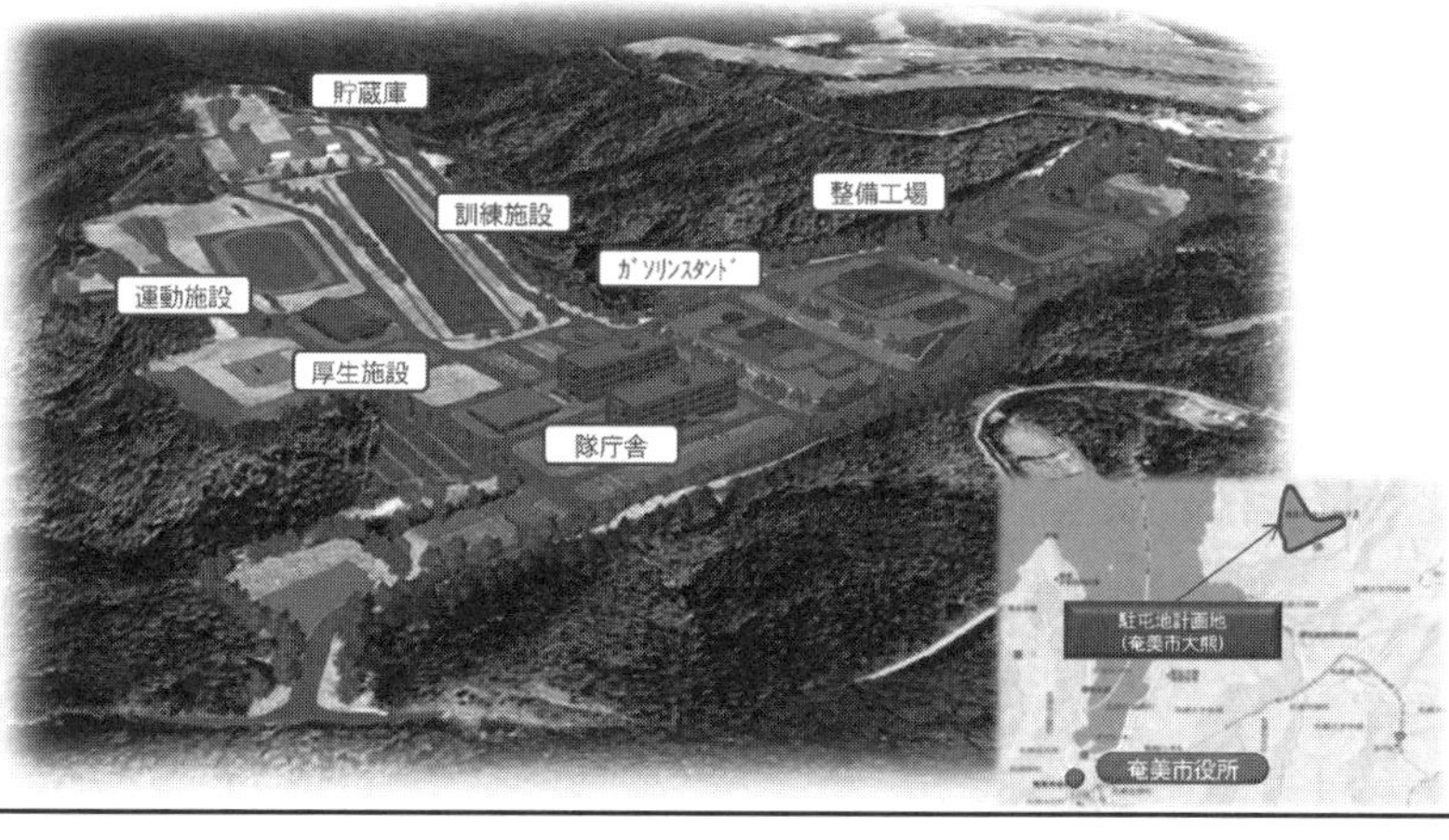

P7

質問 駐屯地(瀬戸内町節子地区)にはどのような施設が出来るのですか。

駐屯地(瀬戸内町節子地区)については、警備部隊及び地対艦誘導弾部隊の隊員が勤務する庁舎や、独身の隊員が生活する隊舎、整備工場等を整備する予定であり、この他に体育館やグランドなども整備する予定です。

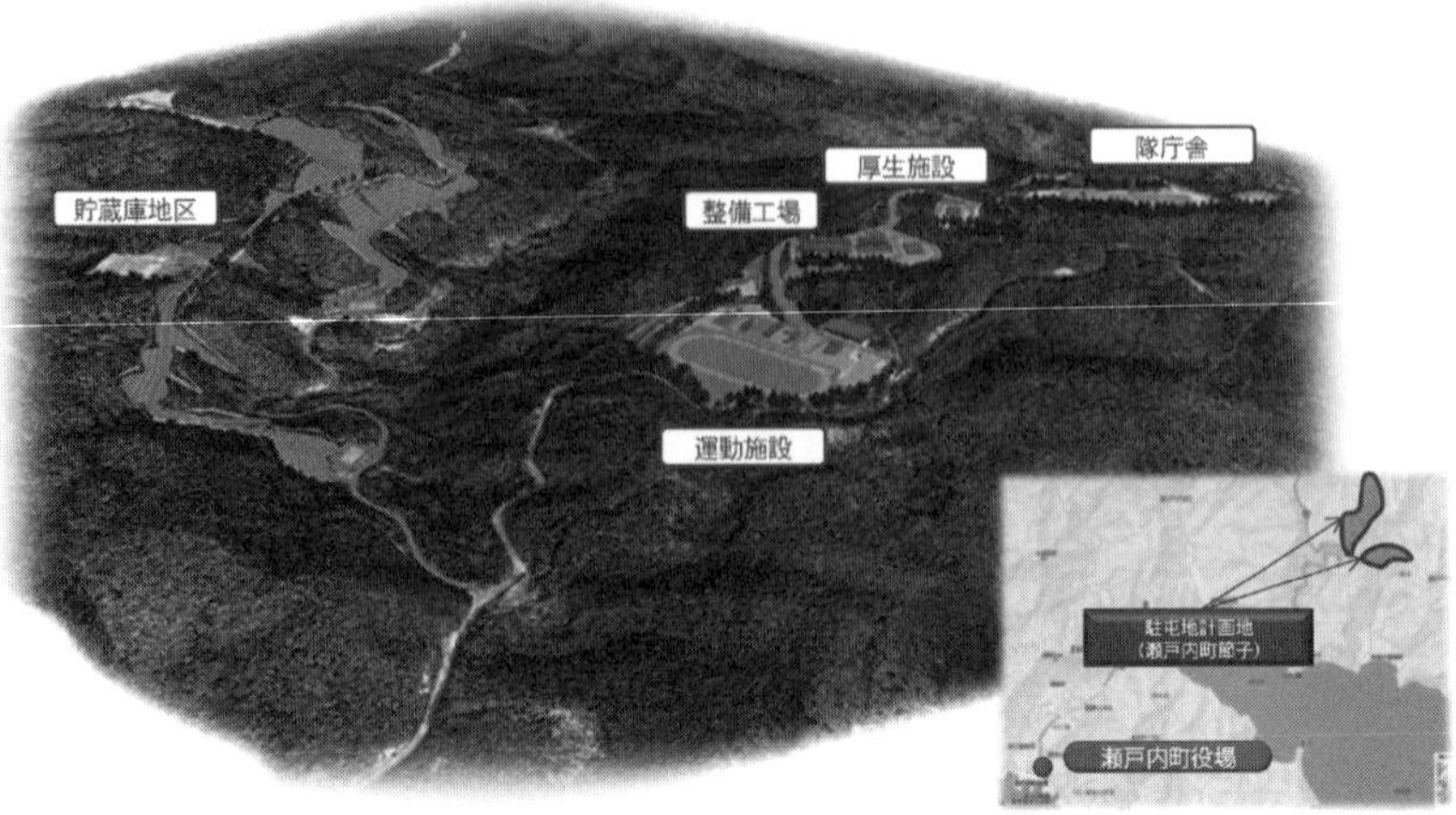

質問 建設される弾薬の貯蔵庫の安全対策等を教えてください。

火薬庫は、火薬類取締法に基づき整備される施設であり、その安全は確保されています。

○　火薬庫に保管する火薬類は、起爆の役目をする雷管・信管類と爆薬を区分して保管しております。また、爆薬が単体で爆発することはありません。
○　火薬庫には、内柵を設置し、自衛隊が24時間態勢で直接人員を配置して安全対策には万全の措置を講じます。

P11

質問 駐屯地や宿舎はいつごろ完成するのですか。

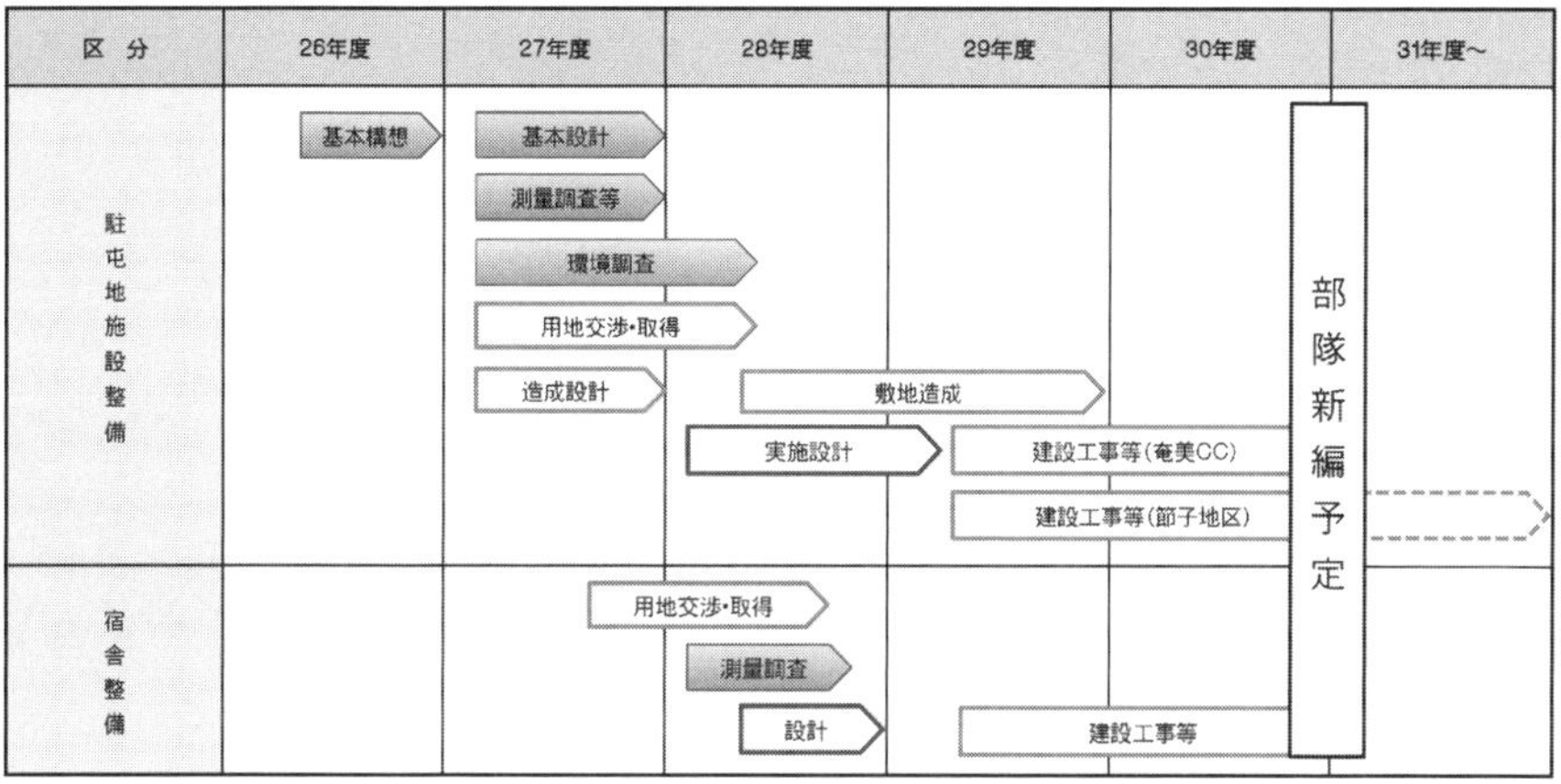

宮古島市に提出された宮古島駐屯地（仮）対象事業協議書

様式第7号（第5条関係）

対象事業協議書

沖防第５４９１号
２７年１２月１４日

宮古島市長　殿

住所　沖縄県中頭郡嘉手納町字嘉手納290-9
氏名　沖縄防衛局長　井上一徳　㊞

宮古島市地下水保全条例第3条第5号に規定する対象事業を行いたいので、同条例第20条第1項の規定に基づき関係図書を添付して下記のとおり協議を申し出ます。

記

1	対象事業の名称	陸上自衛隊駐屯地建設事業（多量の水を排水する事業） 陸上自衛隊駐屯地建設事業（その他市長が認めた事業）
2	対象事業の実施場所	宮古島市平良字西原2444、2445、2446、2446-2、2446-3、2446-6、2446-10、2446-18、2446-19、2446-20、2446-21、2455-2、2459-5、2459-6、2459-9、2470-2、2471-2、2472、2476、2477、2478、2479-1、2479-2、2481-10、2520-2、2538、2539、2540、2541、2542、2543、2544、2545、2546、2547、2548、2549-1、2549-2、2549-3、2550、2551、2552、2553-2、2553-6、2553-12、2554-1、2554-2
3	認定した面積	約295,000平方メートル
4	実施予定年月日	平成２９年３月　　日
5	備考	本協議書は現時点の計画に基づくものであり、実施予定年月日前に、確定した内容で再協議を申し出ます。

※事務担当：上下水道部水道総務課

事業計画書

1 事業の名称

陸上自衛隊駐屯地建設事業(多量の水を排水する事業)

陸上自衛隊駐屯地建設事業(その他市長が認めた事業)

2 事業の実施場所、面積

宮古島市平良字西原 2444、2445、2446、2446-2、2446-3、2446-6、2446-10、2446-18、2446-19、2446-20、2446-21、2455-2、2459-5、2459-6、2459-9、2470-2、2471-2、2472、2476、2477、2478、2479-1、2479-2、2481-10、2520-2、2538、2539、2540、2541、2542、2543、2544、2545、2546、2547、2548、2549-1、2549-2、2549-3、2550、2551、2552、2553-2、2553-6、2553-12、2554-1、2554-2　　約295,000㎡

3 事業工程

平成29年3月　用地取得契約締結

平成29年3月～　造成工事

平成29年12月～　建設工事

4 事業の概要

陸上自衛隊駐屯地の建設

(1) 配置施設　①庁舎、②貯蔵庫、③覆道射場、④車両整備場、⑤ボイラー室、⑥発電機室、⑦給油所、⑧洗車場、⑨屋外燃料置場　外

(2) 排水計画　合併処理浄化槽(し尿及び雑排水)　800人槽　膜分離活性汚泥方式

(参考)フジクリーン工業(株) 浄化槽 PMJⅡ－800JGの放流水質

(カタログ等添付)

・窒素含有量	50mg/L以下 (120mg/L以下)
・水素イオン濃度(pH)	5．8以上、8．6以下 (5．8以上、8．6以下)
・化学的酸素要求量(COD)	15mg/L以下 (160mg/L以下)
・大腸菌群数	日平均100個/㎤以下 (3，000個/㎤以下)

※(　)内は、第3次宮古島市地下水利用基本計画(平成26年9月)に記載の排水水質指針値

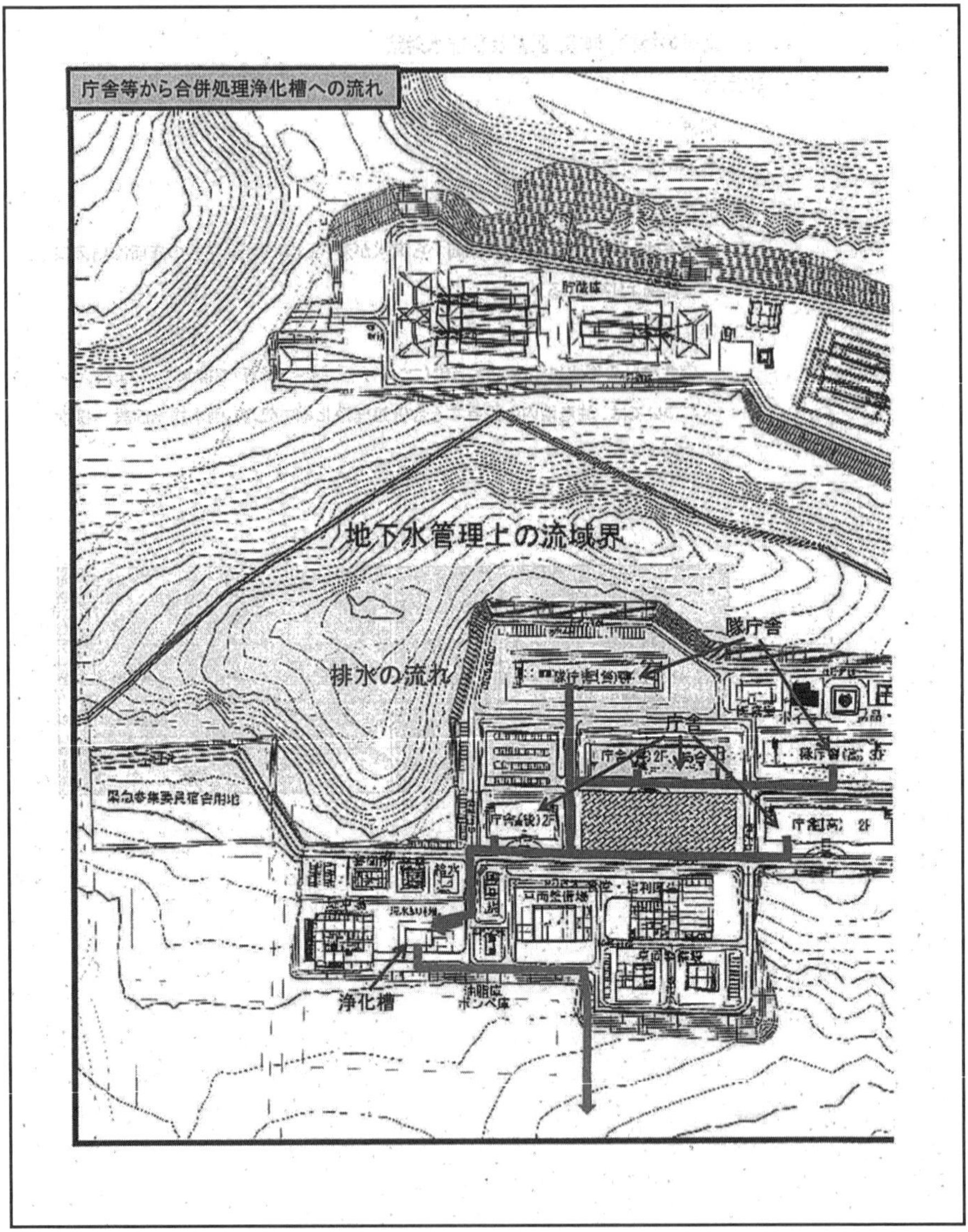
庁舎等から合併処理浄化槽への流れ
地下水管理上の流域界
隊庁舎
排水の流れ
庁舎
浄化槽

②貯蔵庫

ア 概要

火薬類を貯蔵及び取扱う施設である。

イ 構造・設備等

・火薬類取締法に基づき設置する。

・貯蔵庫鉄筋コンクリート造。扉は鋼製であり、外から雨水が浸入しない構造である。また、床面から雨水が浸入しないよう、貯蔵庫の床面は出入口道路面より高くする。

・貯蔵庫入口前面には土堤を設置する。

・貯蔵庫地区は立入防止のため、内柵を施す。

・落雷防止のため、避雷針を設置する。

・静電気除去のため、静電気除去施設を貯蔵庫出入口に設置する。

・湿度管理のため、除湿装置を設置する。

ウ 排水対策

上記のとおり、外部からは雨水が浸入しない構造である。貯蔵庫地区内の雨水は、雨水排水施設(コンクリート側溝、管等)で排水する。

貯蔵庫イメージ

③覆道射場

ア 概要

射撃訓練のための施設である。

イ 構造・設備等

・本体は鉄筋コンクリート造（RC造）、扉は鋼製であり、外から雨水が浸入しない構造である。

・覆道射場は、弾薬が外へ流出することを防止するため、使用時は密閉した状態となり、換気及び空調設備が必要となる。

ウ 排水対策

上記のとおり、覆道射場本体外からは雨水が浸入しない構造である。覆道射場地区内の雨水は、雨水排水施設（コンクリート側溝、管等）で排水する。

覆道射場イメージ

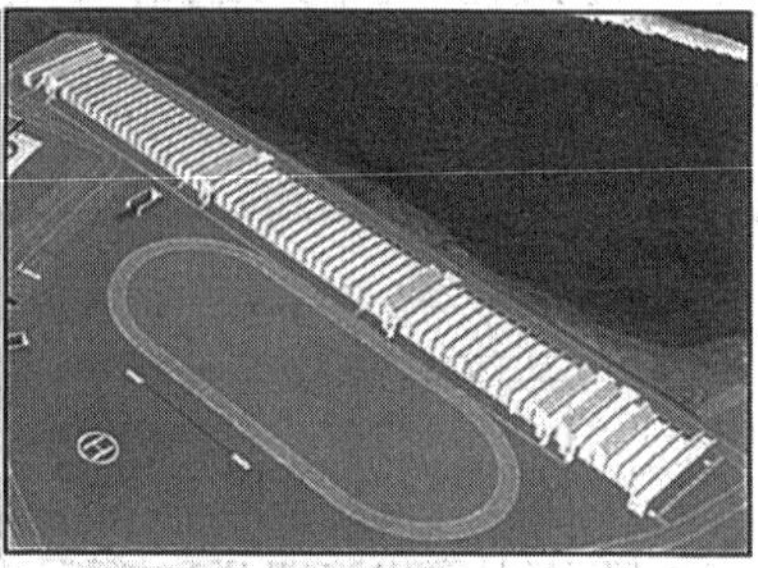

宮古島駐屯地（仮称）大福牧場地区配置（案）

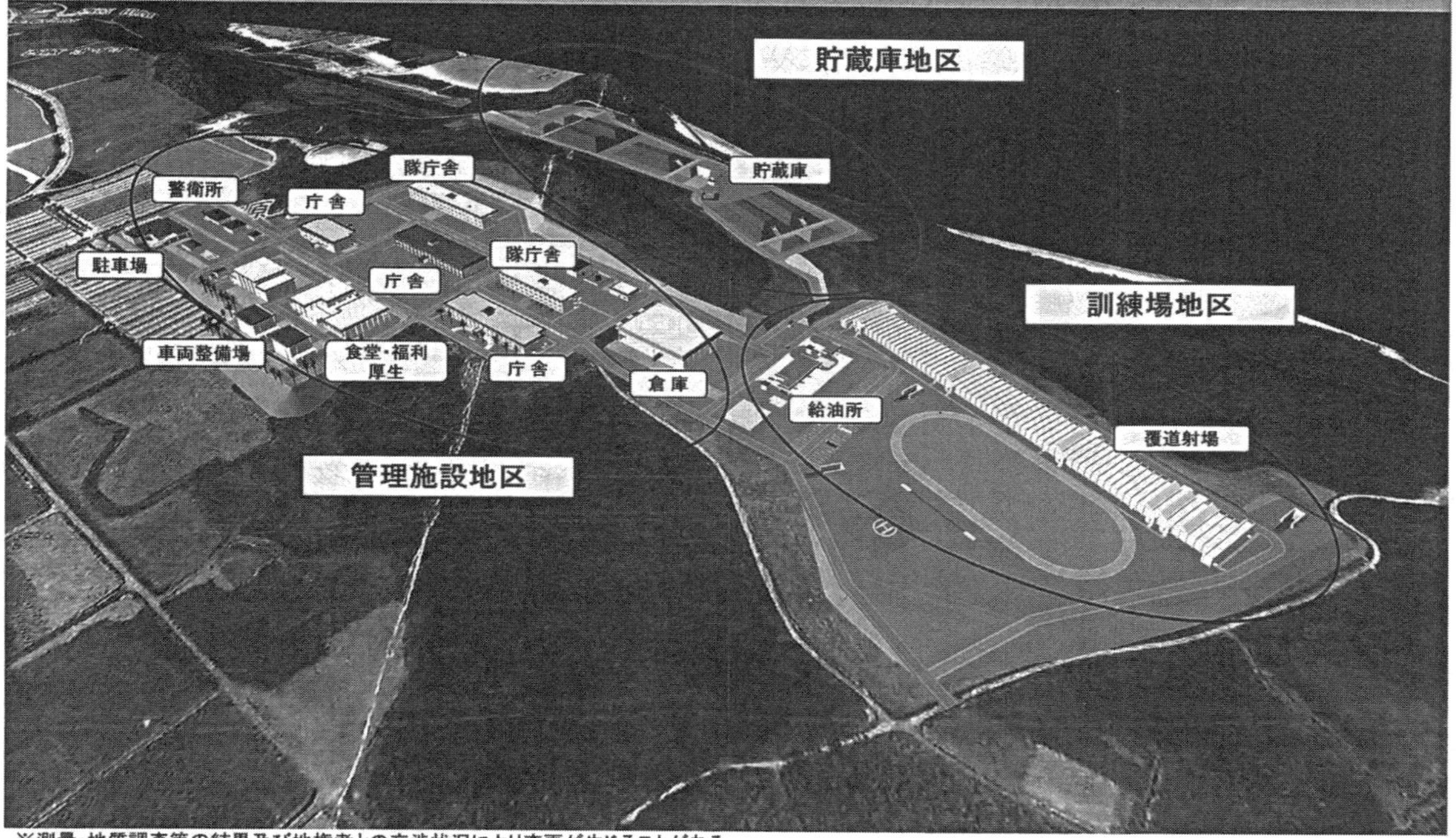

※測量・地質調査等の結果及び地権者との交渉状況により変更が生じることがある。

防衛省

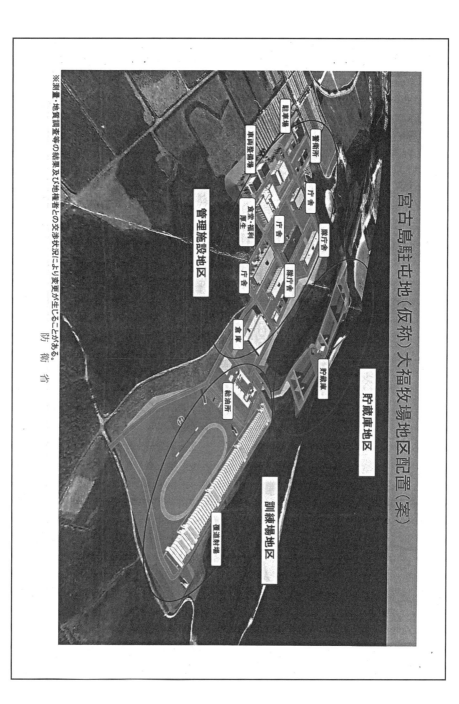

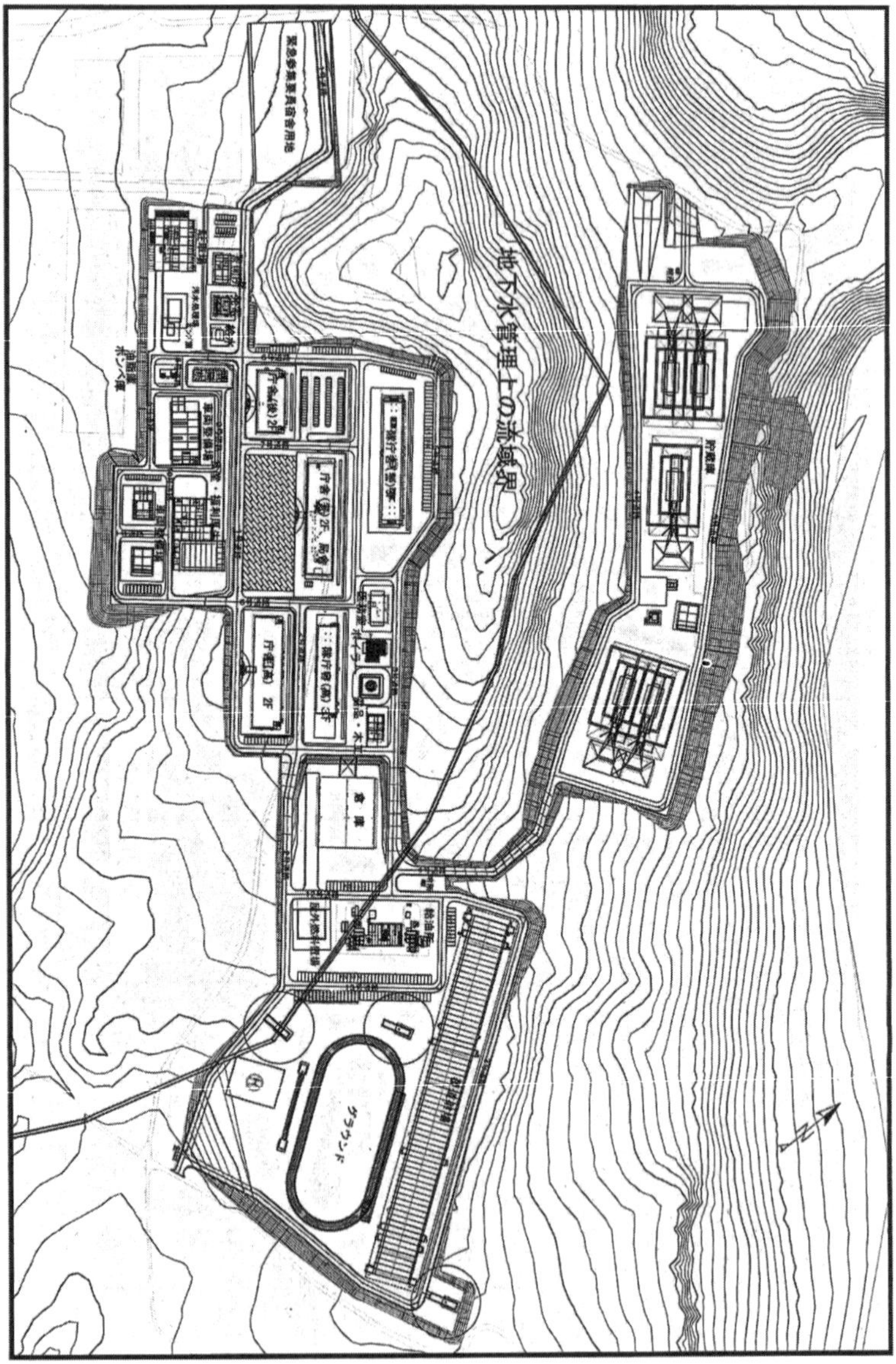
地下水管理上の流域界
緊急参集要員宿舎用地
グラウンド

沖防企第１４５２号
平成２８年３月２日

宮古島市水道事業
　宮古島市長　下地敏彦　殿

沖縄防衛局企画部長
森　浩久

宮古島市地下水審議会学術部会からの申請者への依頼について（回答）

平成２８年２月２２日付宮水道第１１３７号で依頼のあった件につきまして、下記のとおり回答いたします。

記

今回の協議は、宮古島市長より「法令に適合していること」を早期に確認することが求められていることから、基本検討（調査、設計等）前ではあるが、駐屯地内に配置予定の施設の排水の流れや浄化槽の性能について、類似施設の図面を参考にするなどして事業計画書を作成したものです。

このことから、基本検討後に確定する事項が多々あるので、質問事項について現時点で明確に回答できないものがあることをご理解願います。

なお、基本検討後の確定した内容で再度協議を申し出ることについては、今回の協議書に記載しているところです。

①水道水源地下水流域外での駐屯地設置案

平成２７年５月１１日に防衛副大臣から宮古島市長に対し、部隊配置の必要な要件を満たす候補地が、大福牧場と千代田カントリークラブの２か所である旨を説明しました。このうち大福牧場については、空港や港湾等の重要施設の近傍に位置している平坦で広大な用地を有しており、また、高台に位置していることから、災害時における自衛隊施設の被害を局限し、警備部隊や増援部隊等による救援活動の基盤となり得ることなどから選定しています。駐屯地建設において大福牧場敷地の形状から、地下水流域にかからないよう配置することは困難です。

②白川田及びその周辺地下水流域地図を図面基盤とした各施設の正確な設置位置と規模

各施設の正確な設置位置は、学術部会資料２頁の各施設配置図（案）及び別図となります。図示した地下水管理上の流域界は第３次宮古島市地下水利用基本計画（平成２６年９月）に記載された地下水流地図と概ね適合している旨、市側に確認済みです。

各施設規模については、別紙１のとおりです。

駐屯地内施設一覧		
施設名	構造	規模
庁舎	鉄筋コンクリート造	２階建　6,700 ㎡
庁舎	鉄筋コンクリート造	２階建　5,200 ㎡
庁舎	鉄筋コンクリート造	２階建　2,800 ㎡
隊庁舎	鉄筋コンクリート造	３階建　6,400 ㎡
隊庁舎	鉄筋コンクリート造	３階建　4,500 ㎡
食堂・福利厚生施設	鉄筋コンクリート造	２階建　4,200 ㎡
貯蔵庫	鉄筋コンクリート造	１階建、５棟合計　2,000 ㎡
覆道射場	鉄筋コンクリート造	１階建　11,500 ㎡
医務室	鉄筋コンクリート造	１階建　400 ㎡
警衛所	鉄筋コンクリート造	１階建　300 ㎡
需品・木工所	鉄筋コンクリート造	１階建　300 ㎡
車両整備場	鉄筋コンクリート造	１階建、３棟合計　2,800 ㎡
ボイラー室	鉄骨造	１階建　300 ㎡
受電所・発電機室	鉄筋コンクリート造	１階建　400 ㎡
給水所・ポンプ室	鉄筋コンクリート造	１階建　100 ㎡
汚水処理施設	鉄筋コンクリート造	１階建　200 ㎡
倉庫	鉄骨造	２階建　5,800 ㎡
ボンベ庫・油脂庫	鉄筋コンクリート造	１階建　100 ㎡
給油スタンド屋根	鉄骨造	１階建　800 ㎡
洗車場		300 ㎡
屋外燃料置場		600 ㎡
駐車場	鉄筋コンクリート造	２階建　4,100 ㎡

※ 概略検討のみのため、建物の面積については変更する場合があります。

入 札 公 告（建設工事）

次のとおり一般競争入札（政府調達協定対象外）に付します。
平成26年9月18日

支出負担行為担当官
沖縄防衛局長　井上　一徳

1　工事概要
(1) 工事名　与那国(26)駐屯地新設土木その他工事（５地区）
(2) 工事場所　沖縄県八重山郡与那国町内
(3) 工事内容　本工事は、沖縄県八重山郡与那国町内における、貯蔵庫等の新設に係る以下の土木工事等を行うものである。
【土木工事】
1. 造成工事（切土　約700m³、盛土　約18,000m³）
2. 舗装工事（ｱｽﾌｧﾙﾄ舗装　約2,000m²、ｺﾝｸﾘｰﾄ歩道　約70m²等）
3. 給水工事（水道配水用ﾎﾟﾘｴﾁﾚﾝ管 φ100　約140m等）
4. 雨水排水工事（硬質塩ビ管φ400　約30m、
落蓋式U型側溝250他　約190m等）
5. 汚水排水工事（ﾘﾌﾞ付硬質塩ビ管　φ150　約14m等）
6. 法面工事（Ｕ型擁壁　約16m、箱型函渠　約13m、
ジオテキスタイル補強盛土工　約15,000m²等）
7. 環境整備工事（森林表土利用工　約2,600m²等）
8. 取壊し撤去工事（仮設排水路・排水管撤去　約490m等）
【建築・設備工事】
1. 貯蔵庫(A)　新設　(RC－１/延べ面積　380m²)
2. 貯蔵庫(B)　新設　(RC－１/延べ面積　15m²)
3. 貯蔵庫(C)　新設　(RC－１/延べ面積　17m²)
4. 交付所　新設　(RC－１/延べ面積　32m²)
5. 哨舎(C)　新設　(RC－１/延べ面積　30m²)
【建築工事】
・防爆壁　新設　(RC造　一式)
なお、詳細については、特記仕様書による。また、ここに記載の内容が、特記仕様書等と異なる場合には、特記仕様書等を優先するものとする。
(4) 工期　平成28年１月31日まで
(5) 本工事は、入札時に「簡易な施工計画」を受け付け、価格と価格以外の要素を総合的に評価して落札者を決定する総合評価落札方式のうち、品質確保のための施工体制その他の施工体制の確保状況を確認し、施工内容を確実に実現できるかどうかについて審査し、評価を行う施工体制確認型総合評価落札方式（簡易・地域評価型）の試行対象工事である。
また、地域の優良企業を特定建設工事共同企業体の構成員として活用する試行対象工事である。
(6) 本工事は、資料提出及び入札等を電子入札システムにより行う工事である。
ただし、電子入札システムにより難いものは、発注者の承諾を得て紙入札方式に代えるものとする。

なお、紙入札方式の承諾に関しては沖縄防衛局総務部契約課に紙入札方式参加承諾願を提出するものとする。
(7) 本工事は、工事費内訳明細書の提出を義務付ける工事である。

与那国駐屯地の建物計画概要（沖縄防衛局の与那国島住民説明会資料）

（３）建物等計画概要

駐屯地・監視所（久部良）

建物名	構造	延べ面積	備考
庁舎	RC−2	約2,000㎡	
厨房・厚生施設・隊舎	RC−2	約1,500㎡	
隊舎	RC−2	約3,000㎡	
整備場A	RC−1	約400㎡	
整備場B	RC−2	約1,000㎡	
受電所	RC−1	約300㎡	
局舎	RC−2	約600㎡	
倉庫	RC−1	約1,000㎡	
訓練施設	RC−1	約500㎡	
燃料施設		1箇所	スタンド等
警衛所・哨舎	RC−1	約60㎡	
貯蔵庫施設	RC−1	約500㎡	
体育館	RC−2	約1,500㎡	
監視施設	RC−1	約700㎡	
鉄塔	H=30m	1基	
グラウンド	全天候型400mトラック		
訓練場	芝張り		
空自レーダーパット	1基		
受水槽、浄化槽	各1基		
洗車場	大型車用、小型車用		

監視所（祖納）

建物名	構造	延べ面積	備考
監視施設	RC−1	約600㎡	
鉄塔	H=20〜40m	5基	

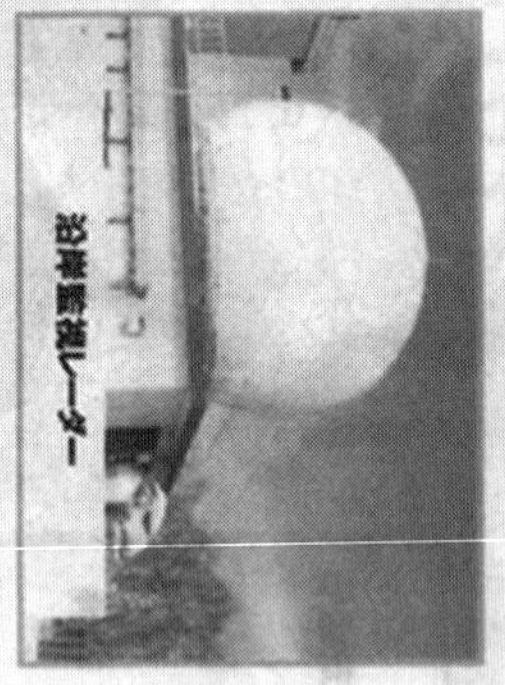
沿岸監視レーダー

移動式警戒レーダー

②

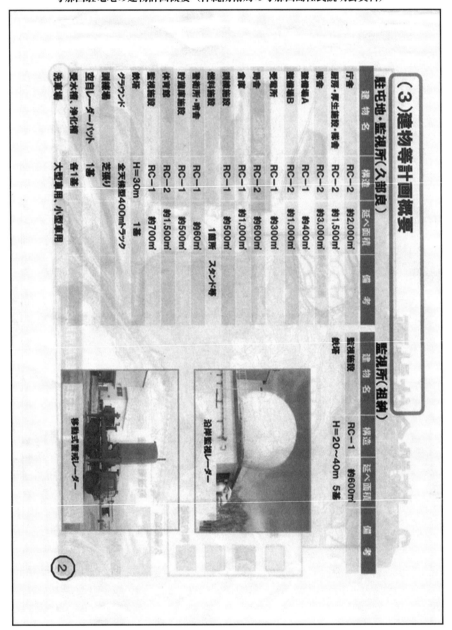

●標的の島
——自衛隊配備を拒む先島・奄美の島人

2017年2月24日　第1刷発行

定　価　（本体1700円＋税）
編著者　「標的の島」編集委員会
装　幀　根津進司
発　行　株式会社　社会批評社
東京都中野区大和町1-12-10小西ビル
電話／03-3310-0681　FAX／03-3310-6561
郵便振替／00160-0-161276
URL　http://www.maroon.dti.ne.jp/shakai/
Facebook　https://www.facebook.com/shakaihihyo
E-mail　shakai@mail3.alpha-net.ne.jp
印　刷　シナノ書籍印刷株式会社